山东省技能型特色名校建设工程成果系列教材

物流信息技术

主　审　王建良
主　编　于韶华
副主编　付瑞芬　薛　刚

山东大学出版社

图书在版编目(CIP)数据

物流信息技术/于韶华主编．—济南：山东大学出版社，2015.8

山东省技能型特色名校建设工程成果系列教材

ISBN 978-7-5607-5342-3

Ⅰ.①物… Ⅱ.①于… Ⅲ.①物流—信息技术—教材 Ⅳ.①F253.9

中国版本图书馆 CIP 数据核字(2015)第 197789 号

责任策划:刘 彤
责任编辑:姜 明
封面设计:牛 钧

出版发行:山东大学出版社
社 址 山东省济南市山大南路 20 号
邮 编 250100
电 话 市场部(0531)88364466
经 销:山东省新华书店
印 刷:山东泰安金彩印务有限公司
规 格:787 毫米×1092 毫米 1/16
13.75 印张 315 千字
版 次:2015 年 8 月第 1 版
印 次:2015 年 8 月第 1 次印刷
定 价:36.00 元

总序

为加强对山东省内高等学校的分类指导，强化内涵和特色发展，提高人才培养质量，发挥名校带动作用，增强高等教育服务我省经济社会发展的能力，2011年，山东省教育厅、财政厅联合组织实施了山东省高等教育名校建设工程。山东交通职业学院是山东省技能型特色名校首批立项建设单位之一，共有汽车运用技术、道路桥梁工程技术、物流管理、机械设计与制造、工程机械运用与维护、轮机工程技术6个专业成为省财政重点支持建设专业和工程造价、公路运输与管理、机电一体化、航海技术4个专业列入非省财政重点支持建设专业。

项目建设初期，学院牵头成立了山东省交通运输职业教育专业建设指导委员会，邀请省内外教育专家和行业企业的技术骨干，对名校工程10个专业的建设方案及任务书进行了充分论证。我院项目建设期间，各专业主动适应行业企业加快经济发展方式转变、产业结构调整和优化升级的需要，主动服务山东半岛蓝色经济区和黄河三角洲高效生态经济区两个国家战略的实施，以提高质量为核心，不断创新校企合作体制机制，大力推进人才培养模式转型，优化课程体系构建，全面提升了学校的专业建设水平和人才培养质量。

经过三年建设，10个专业积累形成了一批紧密结合生产实际、独具行业企业特色的专业教材，成为"山东省高等教育名校建设工程"建设项目的重要成果之一，也是"课程体系构建与核心课程建设"内容的重要载体。为了该系列教材的出版，各专业多次召开教材编写会议，组织各课程负责人及参编人员认真学习领会"山东省高等教育名校建设工程"建设精神，深入行业企业进行专业调研和分析，以培养适应区域经济社会发展的高素质技能型人才和我省行业企业急需的高级技能型人才。根据各专业实际需求，重新架构、设计教材体系，以力求做到理论知识学习和职业技能训练的合二为一。

衷心希望名校工程的建设成果，能为我省交通运输主干专业建设和人才培养起到积极的推动和引导作用。

陈留彬

2015年2月

前 言

随着国内物流企业对信息技术的认知度逐步提高，企业内信息化建设的程度越来越高，为了培养与之匹配的高科技人才需求，我们编写了本书。

物流信息来源于制造商、消费者、批发零售商、供应商等不同的领域，故而形成物流信息的来源广、信息量大等特点，这些特点决定了学生有必要借助先进的信息技术来完成对物流信息的采集、存储、传输、交换和处理等工作。

山东交通职业学院与深圳中诺思股份科技有限公司的长期友好合作，为学生打造了一个良好的校内实验实训基地。我们既可以让学生通过学习理论知识来了解常见的物流信息技术，也可以让学生通过动手操作相应的设备来掌握操作技巧，更借助信息时代的虚拟现实技术来实现通过模拟软件体验现实中比较难以理解的国际物流、供应链管理等流程，以实现新的教学模式，实现“教学做一体化”，真正实现以学生为主体、教师为主导的明确师生定位，课堂教学取得了良好的教学效果并保证学生到企业可以适应企业的信息化程度。

本书结合物流信息的特点、以工学结合、校企合作为指导，从物流活动的运输、仓储等环节的典型工作任务中的信息分析入手，确定了知识体系；以物流企业相应的工作岗位能力培养为主线，以项目为载体，设计教学情境，构建教学内容；强化物流信息的低成本、高效率的重要作用。

本书共分为两大部分。第一部分是“技术篇”，其中，项目一是常见的物流信息技术的概述，项目二介绍了物流领域常见的信息技术，如条码技术、射频技术、GPS 技术、GIS 技术、互联网技术和物联网技术；第二部分是“系统篇”，其中，项目三是物流管理信息系统概述，项目四介绍了常见的物流管理信息系统，如供应链管理与优化系统、运输管理系统、仓储管理系统、销售时点系统、企业资源计划、国际物流。每个任务的开头部分，明确了知识目标、能力目标和素质目标。

学生在边学习边操作的过程中，逐步加深对知识的理解，同时逐步提高了动手操作的能力，并辅以每个任务汇总的 PPT 报告形式完善对知识的理解程度。

在编写过程中，编者参阅了国内外一些专家和学者的研究成果及相关文献；另外，深圳中诺思股份科技有限公司的李文黎参与了供应链管理与优化系统、运输管理系统、仓储管理系统及国际物流等任务的编写，在此一并表示感谢！本教材出版得到各兄弟院校同行、行业企业专家的大力支持，特致谢意。

经过近两年的课题研究与探索，本套教材终于正式出版了，我们希望通过本套教材，为各高职高专院校提供一个可实施的基于双证书的专业教学方案，也热切盼望着各位关心高职高专教育的读者能够对本教材的不当之处给予批评指正，提出修改意见，并积极与我们联系，共同探讨教学改革和教材编写等相关问题。

编 者

2015 年 2 月

目 录

技 术 篇

系 统 篇

技术篇

项目一　初识物流信息及其相关信息技术

物流信息技术是现代信息技术在物流各个作业环节中的综合应用，是"现代物流"区别于"传统物流"的根本标志，也是物流技术中发展最快的领域，尤其是计算机网络技术的广泛应用使物流信息技术达到了较高的应用水平。

运用于物流各环节中的信息技术，根据物流的功能以及特点，物流信息技术包括条码技术、射频识别技术、全球定位系统(GPS)、地理信息系统(GIS)、计算机技术、网络技术、物联网技术等。

物流信息技术是物流信息化的重要标志，也是物流技术中发展最快的领域，从数据采集的条形码系统，到办公自动化系统中电脑和笔记本、互联网，各种终端设备等硬件及计算机软件都在日新月异地发展。同时，随着物流信息技术的不断发展，产生了一系列新的物流理念和新的物流经营方式，推进了物流的变革。

在供应链管理方面，物流信息技术的发展也改变了企业应用供应链管理获得竞争优势的方式，成功的企业通过应用信息技术来支持它的经营战略并选择它的经营业务。通过利用信息技术来提高供应链活动的效率性，增强整个供应链的经营决策能力。

在国内，各种物流信息技术已经广泛应用于物流活动的各个环节，对企业的物流活动产生了深远的影响。

任务1　物流信息技术

知识目标

1. 了解数据与信息的关系。
2. 了解物流信息。
3. 了解常见的物流信息技术。

能力目标

1. 首先可以识别出一些常见的物流信息技术。
2. 调研并生成企业的信息化进程报告。

职业素养

1. 具备现代物流从业人员应掌握的基本知识。

2. 了解现代物流从业人员应掌握的基本技能。

引导案例

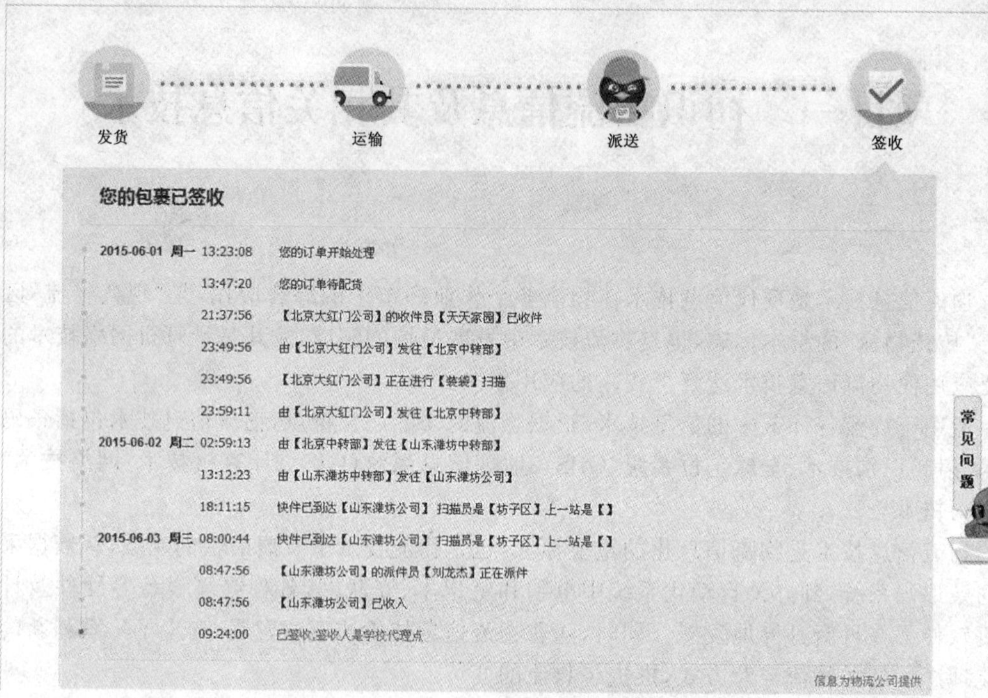

这是一张非常容易获得的物流信息表，当我们从网上购物以后，物流信息每天都会在网上更新，货物更是可以在两三天的时间内就送达到我们的手上。

物流信息及时准确地更新，让用户有了更好的客户体验，对物流活动更加放心。

我们是如何获取得到该物流信息的？是通过先进的信息技术。

知识准备

一、数据与信息

我们可以将与知识存在转化关系的五种不同的要素按照从较低价值向较高价值递进的方式划分为五层，分别是：数据→信息→知识→能力→智慧。它们之间互相联系，构成一条由浅入深、由易到难的序列。它们之间的关系如下图所示：

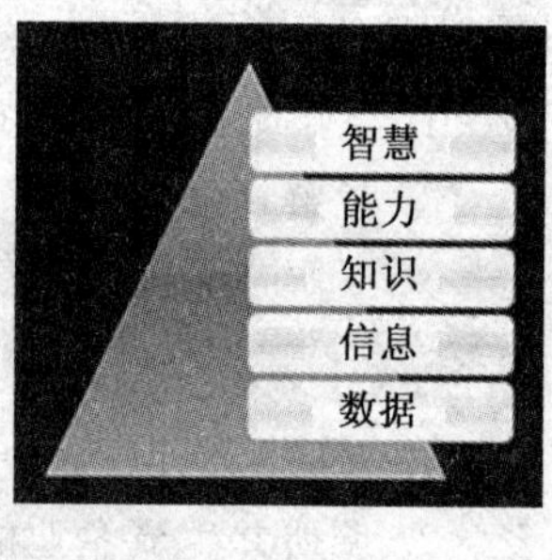

(一)数据

数据(data)是原始的、不相关的事实，是对客观事物记录下来的可以鉴别的符号，是客观事物的性质、属性、形态、数量、位置及其相互关系等等的抽象表示。数据可以是数字、字符、文字、图形、图像、声音等，它仅仅是一种抽象的量的概念，本身不代表任何意义或一类具体的东西。数据的格式往往和具体的计算机系统有关。

例如：载重20t的东风载货汽车，其中“20t”“东风”就是核心数据，反映了一辆特定的载货汽车。

在信息技术中，每个数据都有三个基本特征：数据名、类型和长度。数据名是数据的唯一性标识；数据类型表示数据内容的性质，如数值型、浮点型、字符型、日期型、备注型等，一个数据只能归属某一种类型；数据长度以字节为单位来说明，表示需要占用的存储空间。

（二）信息

21世纪是信息化时代、互联网时代，当今社会是信息化社会、网络社会。

1. 信息的定义

信息（information）是经过加工而形成的、具有特定意义和形式的、对人有用且能够影响人们行为的数据。即信息是加工处理后的数据，比如报表、账册、图纸、问卷报告等。

简单地说，信息有四层含义。第一，信息是数据。所谓数据是指对各种事物的性质、特性、外观和变化的原始记录，记录的载体有纸质材料、照片、光盘等。第二，信息是加工、处理后的数据。第三，信息具有特定的表现形式，是对数据加工处理后按特定的形式（如表格、逻辑图等）呈现的数据。第四、信息对接收者的行为产生影响。

从抽象的角度看，信息可以定义为实体、属性、值所构成的三元组。

2. 信息的基本特征

（1）真实性

根据信息的概念，我们知道信息是人们对各种事物的特征及变化的客观描述和反映。失真的信息毫无意义，不仅没有价值，反而可能导致接收者采取错误的行为。因此，真实性是信息的核心价值。

（2）时效性

由于事物时刻都在发生变化，信息通常只是在某一时刻或某一段时间内对事物的真实反映，其价值具有明显的时间期限。不同的信息，其时效的长短不同。

例如：汽车时刻表反映的信息可能在几个月内有效，而天气预报的信息可能只在一两天内有效。

信息的价值只表现在一定时间内，在信息的有效期内，利用信息能产生效益，过了这个时期，信息就不会产生效益。因此，信息如同一种产品，也具有生命周期。信息的生命周期是指信息从产生、搜集、加工、传输、使用到失效的全过程。

(3)针对性

信息是对数据加工的产物，加工过程具有一定的针对性和目的性，针对性越强，某一方面的价值越大，对人们的影响也越大。

例如：对仓库的商品进行统计，就形成库存信息，对销售具有指导意义；对暂缺的商品进行统计，就形成缺货商品信息，对补货有参考价值。

(4)可变性

信息的可变性包括三层含义：一是信息内容的再加工方式可以不同，可以进行检索、综合、分解、重组等处理；二是信息的传播形式可以变换，可以通过数字、文字、图形、图像、声音或视频等形式传输；三是信息的存储方式可以变换，有磁盘、光盘、移动硬盘、网盘等方式。

(5)价值性

信息的价值性是指人们通过利用信息，可以获得的效用，因此，信息也是一种资源。

很多情况下，信息的价值性是隐含的，它只有被人认识和利用，才能发挥出来。对于许多企业来说，信息的价值性是间接的，必须通过其他资源的有效利用，例如人、财、物、媒介等，其价值才能得以实现，而对于咨询业、保险业、服务业等行业，信息的价值是直接的。

(6)不对称性

由于各种原因的限制(如专业知识、市场需求、制作技术等)，在市场中交易的双方所掌握的信息量是不相等的，不同的企业掌握信息的程度各有不同，这就形成了信息的不对称性。

信息的这一特征为企业带来了商机，企业掌握的信息越充分，对其决策越有利。企业还可以充分利用信息的不对称性，对于不同地区或不同用户实行差别定价策略，以获得最高的利润。但随着信息技术的应用，这种不对称性将在相当短的时间内降至极低。信息不对称的程度不同，企业采取的经营策略应该是不同的。

(7)滞后性

信息滞后于数据。信息的滞后时间包括信息的价格时间和加工时间。

信息的间隔时间是指获取同一信息的必要间隔时间。例如：要获得企业"每季度的物流运输成本"这个信息，必须在每季度结束时才能获取，因此"每季度的物流运输成本"这个信息的间隔时间是"一个季度"。每个信息由于自身的特点各有其特定的信息间隔时间，任何少于信息间隔时间加工的信息是没有意义的。信息的间隔时间是不能随意改变的。

信息的加工时间是指为获取信息而进行数据加工所需要的时间。由于人们采用不同的手段和工具来加工数据以获得信息，因此其加工的时间也不同。例如：在获取"每季度的物流运输成本"这个信息时，采用手工计算方式，如果需要一天能完成，那采用计算机处理则只需两个小时即可完成。运用信息技术的一个基本目标就是缩短信息的加工时间。

(8)可传输性

信息可以从一个地方传输到其他任何地方，利用信息技术，信息以比特的形式存储，可以更快、更便利地在世界范围内传输。

(9)共享性

自然界中的资源和人类社会中的资源,例如:各种矿产、水资源、人力、资金等资源,在同一时间内是不可共享的,要么我得你失,要么你得我失;在企业内部,企业赖以生产经营的各种资源,例如员工、资金、机器设备、材料等也是不可共享的。

信息则不同,它具有共享性,不具有独占性,你得我也可以得,在同一时间可以为多人所掌控。但这种共享是一种非零和的共享,即共享的诸方受益、受损是不确定的,各方面因共享同一信息而获得的价值并不等于少数方独占该信息所获得的价值。

(10)可扩散性

由于信息的传输性,因此信息可以通过各种介质向外扩散。

信息的扩散性具有正负两种效应。正效应是利于知识的扩散,节约资源,提高效率和效益;负效应则是会造成信息的贬值,不利于信息的保密。

对于某个个人或企业来说,当其掌握的信息失密后,可能意味着这种信息给其带来的价值减少。因此,要注重信息的保密性,减少信息扩散的负效应。在企业内部,要充分利用信息的共享性,在信息有效的时间内,在内部快速扩散,对外部则应该抑制信息扩散的负效应。

3. 数据和信息之间的关系(如下图)

(1)数据经过加工处理就成了信息,数据是原材料,而信息就是产品;

(2)数据需要用信息系统来加工成为信息,才能够让管理者在决策中使用;

(3)数据是信息的载体,信息要通过数据来表达;

(4)数据和信息是相对而言的。一种数据经过加工处理后成为某部门决策时采用的信息,但这种信息对上级部门或其他部门来说仅仅是数据。

(三)知识

知识则是从信息中得出的系统化的规律、概念、经验或结论,是对信息的推理和验证。

知识是数据转换到信息之后的下一个更为复杂的或业务价值更高的阶段。

(四)能力

能力,就是指能顺利完成某项活动所必需的主观条件。在某些语境下,能力可以直接理解为本事。

知识只有用于实践，才能转化成能力。而能力中也包含许多隐性的知识，可以通过隐性知识的显性化，进一步完善知识。

（五）智慧

智慧是对事物能迅速、灵活、正确地理解和判断的能力。

智慧可以培养出能力，能力也可以衍生出智慧。

（六）信息与决策

人的行为是在大脑的支配下完成的，是大脑获取足够的信息量后作出的。做什么？为什么做？怎样做？什么时候做？这些都是一个分析、判断、作出决定的过程。作出正确的判断决定必须要有足够的信息。

人们为了使自己的决策更加合理、科学，使自己在未来改造客观世界的行动中得到更大的收益，就要从成功的经验和失败的教训中不断获得让自己成长的新的信息，在获得了新的信息后，人们对客观世界就有了进一步的了解，在此基础上的决策就自然更加合理、科学，采取的行动也就更加有成效。

企业的经营决策则是一个更为复杂的过程。

因此，信息与决策的关系，表现为信息经过分析、处理形成决策，决策执行的结果又成为新的信息，如此往复循环。

在物流企业三级管理中，不同层次的决策与信息的关系可分为：

1. 战略性决策

其任务是研究企业实现自身目标所应采取的战略。用于辅助决策的信息系统应提供对企业能力的评价，对企业未来潜力的预测，对本地区、全国乃至全世界市场需求的估计，企业投资风险的推算等。战略层要求对广泛的概括性数据进行加工处理，不仅需要内部的信息，而且还需要外部的相关信息加以支持以作出正确全面的判断与决策。

这类问题的主要特征在于结构化程度低、规律性不强，即问题的相关要素以及要素之间的关联关系和制约关系是难以描述的、不确定的，甚至影响问题的要素都不确定。例如，市场预测、企业投资方向决策。

2. 战术性决策

这一层主要活动是对经营管理中的数据进行各种分析，多发生在战术管理层。例如：物流企业配送中心编制月度采购计划的过程，就是根据本月末预计的商品库存、商品销售量、用户需求（包括合同和市场需求预测），来确定下月计划采购的商品品种、数量和日期，在其编制中用到的部分信息（如市场需求预测、本月末预计的商品库存等）准确度就较差，同时物流活动过程中也存在着相当大的不确定因素，所以这一处理过程和得出的结果就只有部分是比较确定的。

3. 日常业务活动的决策

通常是确定型的管理决策问题，即问题的相关要素以及要素之间的关系和制约关系是可知、可描述、确定的，多发生在操作管理层。

信息量大、更新频率高、规律性强、内容具体、结构化程度高是这类决策的主要特征。物流企业的主要日常业务活动有进货、合同、出入库、统计数据汇总、各种台账报表、数据查询等。通过管理信息系统，完成日常业务活动基础数据处理，对数据进行简单的加工。

二、物流信息

(一)物流信息的定义

物流信息(logistics information)是反映物流各种活动内容的知识、资料、图像、数据、文件的总称。

物流信息一般有狭义和广义之分。

狭义的物流信息是指物流活动(运输、仓储、包装、装卸、包装、流通加工等)直接相关的信息。

广义的物流信息则不仅包括与物流活动直接相关的信息，而且还包括与物流活动间接相关的信息，例如政策法规等，整合了从供应商、生产制造企业、批发商、零售商直至最终消费者的整个供应链。

(二)物流信息的特点

物流信息除了具备一般信息的特点外，由于其信息流动和获取方式等表现出自己的特点：

1. 信息量大

物流信息不仅包含企业经营环节的信息，如采购、库存、生产、运输、销售等信息，而且还包括外部环境信息，如市场、供应、交通等信息。

2. 覆盖范围广

物流信息覆盖了从供应商、制造商到分销商，再到零售商直至最终消费者整个供应链的所有环节。其信息流分为需求信息流和供应信息流，这是两个不同流向的信息流。当需求信息(如客户订单、生产计划、采购合同等)从需求方向供应方流动时，便引发物流，同时供应信息(如入库单、完工报告单、库存记录、可供销售量、提货发运单等)又同物料一起从供应方向需求方流动。

3. 更新速度快

物流信息动态性强，实时性高，信息价值衰减速度快，时效性强。市场瞬息万变，各种作业活动频繁发生，这使物流中的信息变化极快，所以应该选择适当的技术随时更新信息，以保持信息的时效性。

4. 来源广

不仅有完成物流活动各环节的信息，而且还有与物流活动相关联的其他信息，使得物流信息的搜集、分类等工作难度增加。

5. 标准化

物流涉及各行各业，方方面面，这就需要在编码、文件格式、数据接口等相关方面实现标准化，以消除不同企业之间的信息沟通障碍。

（三）物流信息的分类

物流的分类有很多种，信息的分类更是有很多种，因此物流信息的分类方法也很多。

1. 按功能分类

按信息产生和作用所涉及的不同功能领域分类，物流信息可分为仓储信息、运输信息、加工信息、包装信息、装卸信息等。

对于某个功能领域还可以进行进一步细化，例如，仓储信息分成入库信息、出库信息、库存信息、搬运信息等。

2. 按环节分类

根据信息产生和作用的环节，物流信息可分为输入物流活动的信息和物流活动产生的信息。

3. 按作用层次分类

根据信息作用的层次，物流信息可分为基础信息、作业信息、协调控制信息和决策支持信息。

基础信息是物流活动的基础，是最初的信息源，如物品基本信息、货位基本信息等。

作业信息是物流作业过程中产生的信息，信息的波动性大，具有动态性，如库存信息、到货信息等。

协调控制信息主要是指物流活动的调度信息和计划信息。

决策支持信息是指对物流计划、决策、战略具有影响或有关的统计信息或有关宏观信息，如科技、产品、法律、政策等方面的信息。

4. 按加工程度的不同分类

按加工程度的不同，物流信息可以分为原始信息和加工信息。

原始信息是指未加工的信息，是信息工作的基础，也是最有权威性的凭证性信息。

加工信息是对原始信息进行各种方式和各个层次处理后的信息，这种信息是原始信息的提炼、简化和综合，利用各种分析工作在海量数据中发现潜在的、有用的信息和知识。

（四）物流信息的管理

物流信息管理是对物流信息进行采集、处理、分析、应用、存储和传播的过程，也是将物流信息从分散到集中、从无序到有序的过程。

物流信息管理具有以下几方面的要求：

1. 可得性

保证大量分散、动态的物流信息在需要的时候能够容易获得，并且以数字化的适当形式加以表现。

2. 及时性

随着社会化大生产的发展和面向客户的市场策略变化，社会对物流服务的及时性要求也更加强烈。物流服务的快速、及时要求物流信息必须及时提供、快速反馈。

及时的信息可以减少不确定性，增加决策的客观性和准确性。

3. 准确性

物流信息中不准确的信息带来的决策风险有时比没有信息支撑的决策更大。

4. 集成性

物流信息的基本特点就是信息量大，每个环节都需要信息输入，并产生新的信息进入下一环节，所涉及的信息需要集成，并使其产生互动，实现资源共享，减少重复操作，减少差错，从而使得信息更加准确和全面。

5. 适应性

适应性包含两方面的内容：一是指适应不同的使用环境、对象和方法；二是指能够描述突发或非正常情况的事件，如运输途中的事故、货损，仓储作业中出库货物的异常变更、退货、临时订单的补充等。

三、物流信息技术

（一）信息技术

信息技术（Information Technology，IT）可以从广义、中义和狭义三个层面来定义。

1. 广义而言，信息技术是指凡是能充分利用和拓展人类信息器官功能的各种方法、工具与技能的总和。该定义强调的是哲学意义上的信息技术与人的本质关系。

2. 中义而言，信息技术是指对信息进行采集、传输、存储、加工、表达的各种技术之和。该定义强调的是对信息技术功能与过程的一般理解。

3. 狭义而言，信息技术是指利用计算机、网络、广播电视等各种硬件设备及软件工具与科学方法，对文图声像各种信息进行获取、加工、存储、传输与使用的技术之和。该定义强调的是信息技术的现代化与高科技含量。

现代信息技术主要包括传感技术、计算机技术、通信技术、网络技术、物联网技术。

（二）物流信息技术

物流信息技术（Logistics Information Technology，LIT）是指运用于物流各环节中的信息技术。

物流信息技术主要由通信、软件、面向行业的业务管理系统三大部分组成，包括基于各种通信方式基础上的移动通信手段、条码技术、射频技术、全球卫星定位系统、地理信息系统、计算机网络技术以及先进的物联网技术等现代尖端科技。在这些尖端科技的支撑下，形成以移动通信、资源管理、监控调度管理、自动化仓储管理、业务管理、客户关系管理、财务管理等多种信息技术集成的一体化现代物流管理体系。

作为现代信息技术的重要组成部分，本质上都属于信息技术的范畴。只是因为信息技术应用于物流领域而使其在表现形式和具体内容上存在一些特性，但其基本要素仍然同现代信息技术一样，可以分为 4 个层次：

1. 基础技术

基础技术即有关元件、器件的制造技术，它是整个信息技术的基础。例如微电子技术、光子技术、光电子技术等。

2. 系统技术

系统技术即有关物流信息的获取、传输、处理、控制的设备和系统的技术，它是建立在信息基础技术之上的，是整个信息技术的核心。其内容主要包括物流信息获取技术、物流信息传输技术、物流信息处理技术及物流信息控制技术。

3. 应用技术

应用技术即基于管理信息系统(MIS)技术、优化技术和计算机集成制造系统(CIMS)技术而设计出的各种物流自动化设备和物流信息管理系统,例如自动化分拣与传输设备、自动引导车(AGV)、集装箱自动装卸设备、仓储管理系统(WMS)、运输管理系统(TMS)、配送优化系统、全球定位系统(GPS)、地理信息系统(GIS)等等。

4. 安全技术

借助网络技术发展起来的物流信息技术,在享受网络飞速发展带来的巨大好处的同时,也时刻饱受着可能遭受的安全危机,例如网络黑客无孔不入的恶意攻击、病毒的肆掠、信息的泄密等。应用安全防范技术,保障企业的物流信息系统或平台安全、稳定的运行,是企业长期将面临的一项重大挑战。

安全技术即确保物流信息安全的技术,主要包括密码技术、防火墙技术、病毒防治技术、身份鉴别技术、访问控制技术、备份与恢复技术及数据库安全技术等。

(三)国内物流信息技术发展现状

如今国内各种物流信息技术已经广泛应用于物流活动的各个环节。

1. 自动化设备技术应用

物流自动化设备技术的集成和应用的热门环节是配送中心,其特点是每天需要拣选的物品品种多、批次多、数量大,因此在国内超市、医药等行业的配送中心部分地引进了物流自动化拣选设备。

一种是拣选设备的自动化应用,如北京市医药总公司配送中心,其拣选货架上配有可视化的分拣提示设备,这种分拣货架与物流管理信息系统相连,动态地提示被拣选的物品和数量,指导着工作人员的拣选操作,提高了货物拣选的准确度和速度。

另一种是物品拣选自动化,是用条码或电子标签附在被识别的物体上(一般为组包后的运输单元),由传送带送入分拣口,然后由装有识读设备的分拣机分拣物品,使物品进入各自的组货通道,完成物品的自动分拣。

分拣设备在国内大型配送中心有所使用,但这类设备及相应的配套软件基本上是由国外进口,也有进口国外机械设备,国内配置软件。

立体仓库和与之配合的巷道堆垛机在国内发展迅速,在机械制造、汽车、纺织等行业都有应用。

国内堆垛机在其行走速度、噪音、定位精度等技术指标上都有了很大改进,运行也比较稳定。但是与国外著名厂家相比,在堆垛机的一些精细指标如最低货位极限高度、高速(80 米/秒以上)运行时的噪音、电机减速性能等方面还存在不小的差距。

2. 设备跟踪和控制技术

物流设备跟踪主要是指对物流的运输载体及物流活动中涉及到的物品所在地进行跟踪。

物流设备跟踪的手段有很多,可以用传统的通信手段如电话等进行被动跟踪,可以用 RFID 手段进行阶段性跟踪,但目前国内用得最多的还是利用 GPS 技术跟踪。

GPS 技术跟踪利用 GPS 物流监控管理系统,它主要跟踪货运车辆与货物的运输情况,使货主及车主随时了解车辆与货物的位置与状态,保障整个物流过程的有效监控与快速运转。物流 GPS 监控管理系统的构成主要包括运输工具上的 GPS 定位设备、跟踪服务平台(含地理信息系统和相应的软件)、信息通信机制和其他设备(如货物上的电子标签或条码、报警装置等)。

3. 动态信息采集技术应用

企业竞争的全球化发展、产品生命周期的缩短和用户交货期的缩短等都对物流服务的可控性提出了更高的要求。实时物流理念也应运而生。如何保证对物流过程的完全掌控,物流动态信息的采集应用技术是必需的要素。动态的货物或移动载体本身具有很多有用信息,例如货物的名称、数量、重量、质量、出产地,移动载体(如车辆、轮船等)的名称、牌号、位置、状态等一系列信息。这些信息可能在物流中反复使用,因此,正确、快速读取动态货物或移动载体的信息并加以利用可以明显地提高物流效率。

在流行的物流动态信息采集技术应用中,条码技术应用范围最广,其次还有射频识别技术、磁条、语音识别等技术。

四、企业信息化发展

运用信息化手段提高运输质量和运输效率,提高客户服务能力,从而提高核心竞争力,也是很多第三方物流企业应对市场竞争的必然选择。根据企业对信息化系统的应用程度,第三方物流行业的信息化建设划分为以下三个阶段:

(一)单点应用阶段

物流信息化的第一阶段是针对个别的信息处理活动,引入各种软件工具,建设各种单点应用系统,如全球定位系统(GPS)、地理信息系统(GIS)、电子标签(RFID)、自动识别软件、物流仿真软件以及各种通用的软件工具,如办公套件、企业邮箱等。

基础层面的信息化,主要是解决信息采集问题,实现信息的传递和共享,统一信息标准,提高效率和降低成本。

(二)流程优化阶段

物流信息化的第二个阶段是针对物流企业的个别业务流程或管理职能,实施部门级的信息系统建设,通过信息处理活动的改进来优化和改善各业务流程或管理职能的运行。

该阶段的信息化建设内容包括运输管理系统(TMS)、仓储管理系统(WMS)、配送管理系统(DMS)、电子报关系统、网上跟踪查询系统、货主企业与第三方物流企业之间的数据对接平台等,以及各种通用的信息系统,如OA系统、财务管理系统、人力资源管理系统等。

(三)综合管理阶段

物流信息化的第三个阶段是针对整个物流企业的综合管理,实施企业级的信息系统建设。

该阶段的信息化建设内容包括各种物流企业专用的生产管理系统、客户关系管理系统等。

在第三阶段,物流企业需要跨越部门的界限,实现各个部门的数据和信息的互联互通,并在此基础上,实现信息的集中查询和集中发放。

优化层面的信息化,是企业通过系统建模、信息分析处理,可以实现优化带来的效益。一是流程的优化,持续改进;二是日常决策的优化,如每一个阶段库存都按预定目标有所降低、运输效率也逐渐提高等。这要求信息系统中有优化的模块,有进行优化的模型和算法，要求对企业物流业务有非常深入的了解，还要求在数学建模上的功夫。

五、物流标准化

物流标准化是指以物流为一个大系统，制定系统内部设施、机械装备、专用工具等的技术标准，包装、仓储、装卸、运输等各类作业标准以及作为现代物流突出特征的物流信息标准，并形成全国以及和国际接轨的标准化体系。

物流标准根据其定义分为物流软件标准和物流硬件标准。

复习思考题

1. 什么是信息？信息的特征是什么？
2. 简要说明信息与决策的关系。
3. 什么是物流信息？
4. 什么是物流信息技术？

任务2　电商和物流

引导案例

2014年11月11日，阿里“双十一”全天的营业额为571亿元。

阿里巴巴集团控股有限公司于2011年11月1日向国家商标局提出了“双十一”商标注册申请；2012年12月28日取得该商标的专用权；2014年10月末，阿里发出通告函称阿里集团已经取得了“双十一”注册商标。

随着国内和跨境电商的蓬勃发展和在人们生活中的普及，一些问题也不可避免地出现在网购过程中，如“买来的东西难退货”“运费超过商品本身”“转运公司掉包商品”等等，还有个别消费者反映直邮商品耗时甚至比转运还长，境内外电商市场急需进一步规范。

知识准备

一、电子商务

(一)何为“电子商务”

电子商务(Electronic Commerce)是指在互联网(Internet)、企业内网(Intranet)和增

值网(Value Added Network,VAN。这些工具主要包括电报、电话、广播、电视、传真、计算机、网络、移动通信等)上以电子交易方式进行的全球范围内的各种商务交易活动和相关服务活动,是传统商业活动各环节的电子化、网络化。

广义的电子商务定义为,使用各种电子工具从事商务活动。

狭义的电子商务定义为,主要利用 Internet 从事商务活动。

无论广义还是狭义的电子商务概念,电子商务都涵盖了两方面:一是离不开互联网这个平台,没有网络就称不上电子商务;二是通过互联网完成的一种商务活动。

电子商务是一个不断发展的概念,IBM 公司于 1996 年提出了 Electronic Commerce (E-Commerce)的概念,到了 1997 年,该公司又提出了 Electronic Business(E-Business)的概念。E-Commerce 集中于电子交易,强调企业与外部的交易与合作,而 E-Business 则把涵盖范围扩大了很多。

(二)电子商务的类型

1. 按照商业活动的运行方式

电子商务可以分为完全电子商务和非完全电子商务。

2. 按照商务活动的内容

电子商务可以分为间接电子商务(有形货物的电子订货和付款,仍然需要利用传统渠道如邮政服务和商业快递车送货)和直接电子商务(无形货物和服务,如某些计算机软件、娱乐产品的联机订购、付款和交付,或者是全球规模的信息服务)。

3. 按照开展电子交易的范围

电子商务可以分为区域化电子商务、远程国内电子商务、全球电子商务。

4. 按照使用网络的类型

电子商务可以分为基于专门增值网络(EDI)的电子商务、基于互联网(Internet)的电子商务及基于企业内网(Intranet)的电子商务。

5. 按照交易对象

电子商务可以分为企业对企业的电子商务(B2B)、企业对消费者的电子商务(B2C)、企业对政府的电子商务(B2G)、消费者对政府的电子商务(C2G)、消费者对消费者的电子商务(C2C)、企业、消费者代理商三者相互转化的电子商务(ABC)、以消费者为中心的全新商业模式(C2B2S)、以供需方为目标的新型电子商务(P2D)。

二、电子商务与物流的关系

电子商务的发展使交易成本大大降低,而现代物流的发展则使货物流通成本大大降低,从而降低社会商品总成本。

物流的功能是永恒的,不论交易方式如何变化,是现金支付还是信用支付,是面对面交易还是网上交易,货物总是要从卖者交到买者,直至到达消费地。因此,电子商务的发展离不开现代物流,而现代物流又离不开电子商务的技术支持。

物流与电子商务的相关性非常紧密,它们相互促进、相互影响,这是当今人们的普遍共识,也是许多电子商务公司和物流企业经过多年探索之后得出的结论。

对于电子商务企业来说,如果没有与之相匹配的物流,早晚要被淘汰。

（一）电子商务对现代物流业发展的影响

电子商务把商务、广告、订货、购买、支付、认证等实物和事务处理虚拟化、信息化，使它们变成脱离实体而能在网络上处理的信息，又将信息处理电子化，强化了信息处理，弱化了实体处理。这必然导致产业大重组。产业重组的结果使得产业只剩下两类行业：一类是实业，包括制造业和物流业；一类是信息业，包括服务、信息处理业等。在实业中，物流企业会逐渐强化，主要是因为在电子商务环境中它必须要承担更重要的任务。

电子商务为物流企业提供了技术条件和市场环境，为物流功能集成和物流企业实现规模化经营创造了有利的条件。电子商务活动中的任何一笔交易都离不开信息流、商流、资金流、物流这四种基本的“流”，电子商务是通过网络及时准确地监控物流的全过程。电子商务对现代物流业发展的主要影响如下：

1. 对物流理念的影响

在电子商务环境下，它对物流理念的影响主要体现在以下几个方面：

(1)电子商务使得物流系统中信息流的作用范围更为拓宽，不再仅仅是传统意义上企业内部物流系统运行的基础，它已变成了整个供应链运营的环境基础，对供应链一体化起着控制和主导的作用。

供应链管理的变化，电子商务缩短了生产厂家与最终用户之间供应链上的距离，改变了传统的结构。企业可以通过自己的网站与客户直接沟通，这样降低流通成本、缩短了流通时间，使物流径路短路化。在电子商务环境下，供应链实现了一体化，供应商与零售商、消费者通过 Internet 连在了一起，通过 EOS、POS 等，供应商可以及时且准确地掌握产品销售信息与顾客信息。

第三方物流成为物流业的主要组织形式，第三方物流是指由物流劳务的供方、需方之外的第三方去完成物流服务的物流运作方式。

(2)企业的市场竞争将更多地表现为以互联网所代表的企业联盟的竞争，即网上竞争的直接参与者将逐步减少，更多的企业将以其商品或服务的专业化优势参与到有品牌优势、知识优势、管理优势的核心企业为龙头的分工协作的物流体系中去，在更大的范围内建成一体化的供应链，并作为核心企业组织机构虚拟化的实体支持系统。

(3)市场竞争的优势将不再是企业拥有多少物质资源，而在于它能调动、协调、整合多少社会资源来增强自己的市场竞争力。企业的竞争将变为以物流系统为依托的信息联盟或知识联盟的竞争，物流系统的管理也从对有形资产存货的管理转为对无形资产信息或知识的管理。

(4)在供应链成员企业之间如何有效地分配信息资源，在追求物流总成本最低的同时为客户提供个性化的服务将成为物流系统所面临的基本技术问题。

2. 对物流系统结构的影响

电子商务对物流系统结构的影响主要体现在以下几个方面：

(1)网上客户可以直接面对制造商，并可获得个性化服务，使得传统物流渠道中的批发商和零售商等中介将逐步淡出，但是区域销售代理将受制造商委托逐步加强其在渠道和地区性市场中的地位，作为制造商产品营销和服务功能的直接延伸。

(2)网络中的“零距离”特点，使得网上虚拟物流与现实世界实际物流状况的反差增大，客户对产品可得性的心理预期加大，导致企业交货速度的压力变大。物流系统中的港、站、库、配送中心、运输线路等设施的布局、结构和任务将面临较大的调整，专业化的配送服务半径也将加大。

(3)信息共享的即时性使制造商在全球范围内进行资源配置成为可能，组织结构将趋于分散并逐步虚拟化。

(4)大规模的电信基础设施建设，使得那些能够在网上直接传输的书报、音乐、软件等可数字化的有形产品的物流系统隐形化，它们的物流系统将逐步与网络系统重合，并最终被网络系统所取代。

3. 对客户服务的影响

(1)在电子商务环境下，要求企业与客户能在客户咨询服务界面上即时保持互动。网站主页的设计不仅要宣传企业和介绍产品，而且要能够与客户一起就产品的设计、质量、包装、改装、交付条件、售后服务等进行一对一的交流，帮助客户拟定产品的可得性解决方案，帮助客户下订单，这就要求得到物流系统中每一个功能环节的即时的信息支持。

(2)只有当物流企业对客户需求的响应实现了某种程度的个性化对称时，物流企业才能获得更多的商机，因此在电子商务环境下，要求物流企业对客户的服务具有个性化。

(3)要求物流企业对客户的追踪服务具有个性化。网络时代客户需求的个性化增大了市场预测的离散度，客户个性化服务需求的统计特征主要依赖对客户资料的收集、统计、分析和追踪，建立客户档案并追踪服务本身。

(4)对于电子商务环境下的物流，顾客不仅希望在网上支付货款以后能及时、快速地获得所购买的商品，而且要求所送的货物达到质量要求，送货成本也要尽可能的低，这就要求物流企业大大简化业务流程，降低企业运作成本，采取正确的营销策略，提供强有力的资金支持，确保服务的及时性、产品的及时性、信息的及时性和决策反馈的及时性。这些都必须以强有力的物流能力作为保证。

(5)在电子商务环境下，不但要求物流企业在传统的运输和仓储服务中有更加严格的服务质量，而且还要求它们大大拓展物流业务，提供尽可能多的增值性物流服务。

4. 对物料采购的影响

在电子商务环境下，从企业的立场来看，如果频繁地更换供应商，将会增加资质认证的成本支出，并面临较大的采购风险。而从供应商的立场来看，作为应对竞争的必然对策是积极地寻求与制造商建成稳定的渠道关系，并在技术、管理、服务等方面与制造商结成更深度的战略联盟。制造商也会从物流的理念出发来寻求与合格的供应商建立一体化供应链。作为利益交换条件，制造商和供应商之间将在更大的范围内和更深的层次上实现信息资源共享。

5. 对物流网络信息化的影响

电子商务能增加物流系统各环节对市场变化反应的灵敏度，从而减少库存，节约成本。

加速物流网络信息化建设，这是物流信息化的必然，是电子商务下物流活动的主要特征之一。信息流由闭环变为开环。现代和未来的物流企业注重供应链管理，以顾客服务为中心，它通过加强企业间合作，把产品生产、采购、库存、运输、配送、销售等环节集成起来，将生产企业、配送中心（物流中心）、分销商网络等经营过程的各个方面纳入一个紧密的供应链中。

实体物流网络的变化主要表现在：

首先，仓库数目将减少，库存集中化，配送中心的库存将取代社会上千家万户的零散库存。

其次，将来的物流结点的主要形式是配送中心，在电子商务环境下，物流管理以时间为基础，货物流转更快，制造业逐步实现“零库存”，仓库又为第三方物流企业所经营，这些决定了“保管仓库”将减少，而“流通仓库”将发展为配送中心。

6. 对运输的影响

在电子商务环境下，库存集中起来，而库存集中必然导致运输集中。多式联运将会大力发展。多式联运与其说是一种运输方式，不如说是一种组织方式或服务方式，它可能将成为运输所提供的首选服务方式。

（二）物流在电子商务中的作用

1. 物流是实现电子商务的根本保证

电子商务的出现极大地方便了最终消费者，电子商务＝网上信息＋网上交易＋网上支付＋物流配送。

一个完整的电子商务活动必然要涉及到信息流、商流、资金流和物流等。在电子商务环境下，信息流、商流、资金流均可通过计算机和网络通信设备实现，但对于物流，只有诸如电子出版物、信息咨询等少数商品和服务可以直接通过网络传输进行，多数商品和服务仍要由物流配送方式传输。

物流是电子商务的重要组成部分，是信息流和资金流的基础和载体。物流虽然只是电子商务若干环节中的一部分，但却是商品和服务价值的最终体现。如果没有现代物流支持，电子商务前端环节的价值就无法体现，电子商务给消费者带来的购物便捷将等于零。

2. 物流能够扩大电子商务的市场范围

只有建立完善、配套的物流系统，才能实现跨过交易或跨区交易的电子商务物流，才能扩大电子商务的市场范围。

3. 物流提高电子商务的效率与效益并支持电子商务的快速发展

在电子商务环境下，商品生产和交换的全过程都需要物流活动的支持。在电子商务交易过程中，只有将商品及时送到用户手中，完成商品的空间转移，才能标志着电子商务的结束。

物流系统的效率高低是电子商务成功与否的关键。只有在现代化的物流运作模式下，有高效的、合理的、畅通的物流配送系统支持，才能发挥电子商务的优势，提高电子商务的效率与效益，支持电子商务的快速发展。

复习思考题

1. 电子商务对现代物流业的发展有什么影响？

2. 物流对电子商务有什么作用？

任务3 绿色物流和物流标准化

引导案例

越来越多的人提倡吃当地的果蔬，因为过度物流会带来破坏自然生态平衡的规律。请问你怎么看这个问题?

知识准备

一、绿色物流

(一)何为“绿色物流”

绿色物流(Environmental Logistics)是指在物流过程中抑制物流对环境造成危害的同时，实现对物流环境的净化，使物流资源得到最充分利用。它包括物流作业环节和物流管理全过程的绿色化。从物流作业环节来看，包括绿色运输、绿色包装、绿色流通加工等。从物流管理过程来看，主要是从环境保护和节约资源的目标出发，改进物流体系，既要考虑正向物流环节的绿色化，又要考虑供应链上的逆向物流体系的绿色化。绿色物流的最终目标是可持续性发展，实现该目标的准则是经济利益、社会利益和环境利益的统一。

(二)绿色物流与传统物流

与传统物流相比，绿色物流在目标、行为主体、活动范围及其理论基础四个方面都有自身的一些显著的特点：

1. 绿色物流的理论基础更广，它包括可持续发展理论、生态经济学理论和生态伦理学理论。

2. 绿色物流的行为主体更多，它不仅包括专业的物流企业，而且还包括茶品供应链上的制造企业和分销企业，同时也包括不同级别的政府和物流行政主管部门等。

3. 绿色物流的活动范围更宽，它不仅包括商品生产的绿色化，而且还包括物流作业环节和物流管理全过程的绿色化。

4. 绿色物流的最终目标是可持续性发展，实现该目标的准则不仅仅是经济利益，而且还包括社会利益和环境利益，并且是这些利益的统一。

二、物流标准化

(一)物流标准化的定义

标准化是对产品、工作、工程或服务等普遍的活动规定统一的标准,并且对这个标准进行贯彻实施的整个过程。标准化是国民经济管理和企业管理的重要内容,也是现代科学体系的重要组成部分,是由于社会大分化、生产大分工之后,为合理组织生产,促进技术进步,协调社会生活所出现的事物,标准化管理是有权威的有法律效力的管理。

物流标准化是指以物流为一个大系统,它包括以下内容:制定系统内部实施、机械装备、专用工具等各个分系统的技术标准;制定系统内各分领域如包装、装卸、运输等方面的工作标准;以系统为出发点,研究各分系统与分领域中技术标准与工作标准的配合性,按配合性要求,统一整个物流系统的标准;研究物流系统与相关其他系统的配合性,进一步谋求物流大系统的标准统一。

(二)我国物流标准化现状分析

标准化的内容,实际上就是经过优选之后的共同规则,为了推行这种共同规则,世界上大多数国家都有标准化组织,例如英国的标准化协会、中国的国家技术监督局等。

在日内瓦的国际标准化组织(ISO)负责协调世界范围的标准化问题。

目前,标准化工作开展较普遍的领域是产品标准,这也是标准化的核心,围绕产品标准,工程标准、工作标准、环境标准、服务标准等也出现了发展的势头。

尽管近几年来,我国的标准化工作取得了一定的进展,但由于诸多原因,目前我国的标准化状况仍不容乐观,存在着诸多问题。

1. 在标准制定的内容上

(1)条块分割、部门分割、地区分割

由于物流及其物流管理思想在我国诞生较晚,组成物流大系统的各个分系统在没有归入物流系统之前,早已分别实现了本系统的标准化。这就必然导致在标准制定内容上的条块分割、部门分割。同时由于行政管理体制的影响,各地区、各行业各自为政,物流标准不一致,跨区域性、多式联运物流效率下降。

(2)在货物的仓储、装卸和运输等过程中缺乏基本设备的统一规范

仓储、装卸和运输是物流系统中极其重要的组成部分,其效率的高低直接影响物流速度和效率。目前,我国物流系统货物的仓储、装卸和运输等各环节因缺乏统一的规范而难以实现有效的衔接。如托盘的尺寸、卡车的大小、仓库货架的尺寸等无法配套使用。其中托盘标准存在的问题较为典型,我国的物流企业有的采用欧美标准,有的采用日韩标准,还有的干脆自己定义,由于与产品包装箱尺寸不匹配,严重影响了物流系统的运作效率。

(3)信息标准化落后

目前我国许多部门和单位都在建自己的商品信息数据库,但数据库的字段、类型和长度都不一致,形成一个个信息孤岛,严重影响了作为物流管理基础的信息交换和电子商务的运作。

(4)采用国际标准的比例低

在长期计划经济的影响下,我国的标准包括物流相关标准在制定过程中较少考虑与

国际标准的一致性。因此，目前能与国际标准接轨的物流标准所占比例很低，这就为我国的国际贸易设下了障碍。

2. 推广、执行难度大

尽管我国建立了物流标准体系，并制定了一些重要的国家标准，但这些标准的推广应用存在着严重问题。例如《储运单元条码》的应用正确率不足15%。这种现象的广泛存在，深刻揭示了我国物流标准化管理工作落后的现状。制约物流标准化的推广、执行的因素有很多，主要包括以下几个方面：

(1)体制性障碍

在长期计划经济体制的影响下，物流管理形成了一种条块分割、部门分割、地区分割的状态。物流系统各分系统的标准往往由不同的政府部门分别管理，且执行的是本行业内的标准，这对于整个物流系统各环节的配合和衔接十分不利。

(2)物流标准化意识淡薄

一些国有企业和相关部门还没有意识到物流这个“第三利润源”的作用，企业的“大而全”“小而全”的经营状况十分严重，市场经济要求社会化的专业细分，但现在分离进程非常缓慢，很多企业的物流都依赖自己的仓库和车队，标准化程度极低且破损率极高，大大降低了物流速度，提高了物流成本。

(3)物流市场发育不足

物流市场发育不足也是既有标准得不到推广的一个重要原因。在市场经济中，技术标准通常是从行业自发需求中产生的。在我国，市场需求还没有形成足够的规模，国内除了宝钢、海尔等几家大企业之外，很多物流企业都是从传统行业转型过来的中小企业，尽管更换了公司名称，但操作理念和规范还比较陈旧。由于标准化的普及有赖于产业自身的发育程度，在这些企业中推行物流标准化显然具有很大难度。

3. 物流标准化人才极其匮乏

由于中国的物流及物流管理的思想诞生较晚，历年来在计划经济体制的影响下，对物流重视的程度不够，导致物流人才极其缺乏。目前物流行业的从业人员，绝大部分是从相关行业转过来的，真正具有扎实的现代物流理论基础与实践经验的人少之又少。特别是对于物流标准化而言，人才匮乏现象更为严重。

复习思考题

1. 何为绿色物流？
2. 何为物流标准化？

项目二　常见物流信息技术

任务1　条码技术在物流领域的应用

知识目标

1. 了解条码的概念。
2. 了解条码设计的软件。
3. 了解条码的打印及使用方法。
4. 了解条码识读的工作原理。

能力目标

1. 能按要求设计出相应的条码。
2. 能够熟练使用条码识读设备。

职业素养

1. 熟悉条码的设计、打印、使用、识读等各环节。
2. 熟练操作各环节的技术要点。
3. 熟知条码技术在物流领域各环节的地位和作用。

引导案例

条码技术是随着计算机与信息技术的发展与应用而诞生的。它是集编码、设计、印刷、识别、数据采集和处理于一身的新兴技术。利用条码技术、计算机技术和通信技术对企业物流进行有效管理是降低企业成本、提高生产效率、提升管理水平的重要手段之一。

在物流供应链管理方面，条码技术就像一条纽带，把产品生命周期中各个阶段发生的信息连接在一起，可以跟踪产品从生产到销售的全过程，使企业能够在激烈的市场竞争中处于有利地位。产品信息的条码化可以保证数据的准确性。条码识读设备高效便捷的功能可以保证供应链管理的信息化。

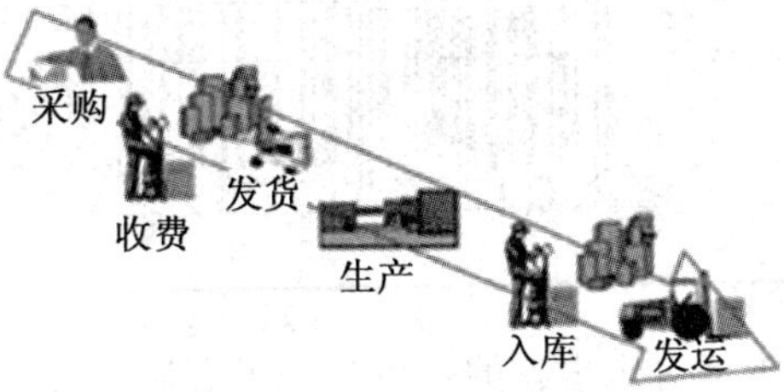

随着市场竞争的加剧，物流管理不单要考虑从生产者到消费者的货物配送问题，而且还要考虑从供应商到生产者对原材料的采购，以及生产者本身在产品制造过程中的运输、保管和信息传递等各个方面，综合地提高经济效益和效率的问题。因此，现代物流是以满足消费者的需求为目标，把制造、运输、销售等市场情况统一起来考虑的一种战略措施。

高超的和不断改善的物流能力，实时地监督物流动态的信息系统，识别潜在的作业障碍，在向顾客提供服务之前，采取正确的行动，从而创造完美的客户体验，获得持久的竞争优势。

由于条码技术提供了一种对供应链中的物品进行表示和描述的方法，企业借助自动识别技术、POS 系统等现代技术手段可以随时了解有关产品在供应链上的位置；处于集成供应链上的每个企业通过 ERP 软件相连，规定各个相连企业间货物的最低和最高库存，当上游企业通过 ERP 发现下游企业的库存达到最低时，则马上组织供货。

当今在欧美等发达国家兴起的 QR、ECR、ACEP 等供应链管理策略，都离不开条码技术的应用。条码技术是实现 POS 系统、电子商务、供应链管理的技术基础，是实现物流管理现代化、提高企业管理水平和竞争力的重要技术手段。

知识准备

一、条码技术

随着自动识别技术和数据采集技术的发展和应用，物流信息采集效率得到了快速的提升，物流作业时间和成本大幅度降低。条码技术是当下比较成熟的自动识别技术之一。

条码技术最早出现在 20 世纪 40 年代，70 年代得到了广泛的实际应用。近些年来，随着计算机技术的发展与普及，条码技术的应用得到了极大的发展。作为一种可靠性强、输入速度快、准确性高、成本低的自动识别技术，如今已被广泛应用在物流的各个环节。

条码技术广泛应用于商业、邮政、图书管理、仓储、工业生产过程控制、交通等领域，它是在计算机应用中产生并发展起来的，具有输入快、准确度高、成本低、可靠性强等优点。

（一）条码技术概述

1. 条码的定义

条码(Bar Code)是由一组按一定编码规则排列的条、空符号，用以表示一定的字符、数字及符号的标记。条和空组成的数据表示一定的信息，通过特定的识别设备，可以转换成与计算机兼容的语言（二进制或十进制信息）。其中，“条”指对光线反射率较低的部分；“空”指对光线反射率较高的部分。

条码当中常见的概念还有：

代码：是指一组用来表征客观事物的一个或一组有序的符号。

条码的码制：是指条码符号的类型。

字符集：是指某种码制的条码符号可以表示的字母、数字和符号的集合。

连续性与非连续性：连续性是指每个条码字符之间不存在间隔；非连续性是指每个条码字符之间存在间隔。

定长条码与非定长条码：定长条码是条码字符个数固定的条码仅能表示固定字符个数的代码；非定长条码是指条码字符个数不固定的条码，能表示可变字符个数的代码。

双向可读性：是指从左、有两侧开始扫描都可被识别的特性。

自校验特性：是指条码字符本身具有校验特性。

条码密度：是指单位长度条码所表示条码字符的个数。

条码质量：是指条码的印制质量，其判定主要从外观、条（空）反射率、条（空）尺寸误差、空白区尺寸、条高、数字和字母的尺寸、校验码、译码正确率、放大系数、印刷厚度和印刷位置几个方面进行。

2. 条码技术的工作原理

条码阅读器扫描条码时，电源激发内部发光二极管射出一束红外线来扫描条码，由于空白与线条的不同，反射回来的光线的强弱不同，使光感应接收器产生不同的信号，此信号经光电转换为一组与线条、空白相对应的电子信号，经解码后还原为相应的资料信息，再传入计算机处理后识别出条码内容。

（二）条码的分类和功能

条码可分为一维条码和二维条码。

1. 一维条码

一个完整的一维条码是由两侧静区、起始符、左侧数据符、中间分隔符、右侧数据符、校验符（可选）和终止符组成，如下图：

空白区	起始字符	数据字符	校验字符	终止字符	空白区

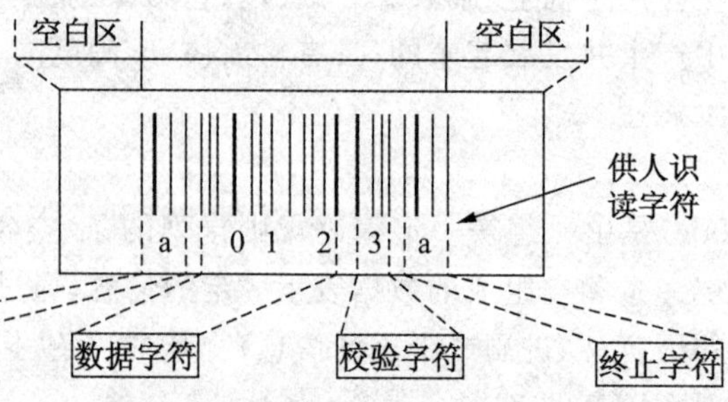

一维条码的结构

(1)静区

条码左右两端外侧的空白区域。它主要使阅读器进入准备阅读状态。

(2)起始/起止符

位于条码开始和结束的若干条与空,标志着条码的开始和结束。

(3)数据符

位于条码中间的条和空结构,包含条码所表达的特定信息。

(4)校验符

用来判定此次阅读是否有效的字码,通常是一种算术运算的结果,扫描器读入条码进行解码时,先对读入的各字符进行运算,如运算结果与校验码相同,则判定此次阅读有效。

(5)中间分隔符

中间没有字符间隔的条码称为连续型条码,否则称为非连续性条码。

2. 二维条码

二维条码(Two-dimensional bar code)又称"二维码",是用某种特定的几何图形,按一定的编码规则在平面(二维方向)上分布的条、空相间的图形来记录数据符号信息。

它具有条码技术的一些共性,如每种码制有其特定的字符集,每个字符占有一定的宽度,具有一定的校验功能等。它能在横向、纵向两个方位同时表达信息,不仅能在有限的几何空间内表达大量的信息,而且还能够表达汉字、存储图像、链接网站等功能,且具有高密度、抗磨损等特性。它在一平方英寸内可记录高达2000个字符信息,是各种大容量、高可靠性信息实现存储、携带并自动识别的技术。

二维条码还可以分为堆叠式(行排式/堆积式/层排式)和矩阵式(棋盘式)两种类型。

(1)堆叠式二维条码

堆叠式二维条码编码原理是建立在一维条码上。

Data Matrix　Maxi Code　Aztec Code　QR Code　Vericode

二维条码在代码编制上巧妙地利用构成计算机内部逻辑基础的"0""1"比特流的概念,使用若干个与二进制相对应的几何形体来表示文字数值信息,通过图像输入设备或光电扫描设备自动识读以实现信息自动处理。在许多种类的二维条码中,常用的码制有:Data Matrix,MaxiCode, Aztec code,QR Code, Vericode,PDF417,Ultracode,Code 49,Code 16K等。QR Code码是1994年由日本DW公司发明。QR是来自英文"Quick Response"的缩写,即快速反应的意思,源自发明者希望QR码可让其内容快速被解码。QR

码最常见于日本、韩国，为目前日本最流行的二维空间条码。但二维码的安全性也正备受挑战，带有恶意软件和病毒正成为二维码普及道路上的绊脚石。发展与防范二维码的滥用正成为一个亟待解决的问题。

(2)矩阵式二维条码

矩阵式二维条码是以矩阵的形式组成，在矩阵相应元素位置上，用点的出现表示二进制的“1”，不出现表示二进制的“0”，点的排列组合确定了矩阵码所代表的意义。其中的点可以是方点、圆点或其他形状的点。

矩阵式二维条码是建立在计算机图形图像处理技术、组合编码原理等基础上的图形符号自动识别的码制。

具有代表性的矩阵式二维码有 Data Matrix、Maxi Code、Vericode、QR Code 等。

现行的火车票的右下角就是二维条码，属于 QR Code。

二维条码具有以下功能：①信息获取；②网站跳转；③广告推送(用户扫描)；④手机电商；⑤防伪溯源；⑥优惠促销；⑦会员管理；⑧手机支付。

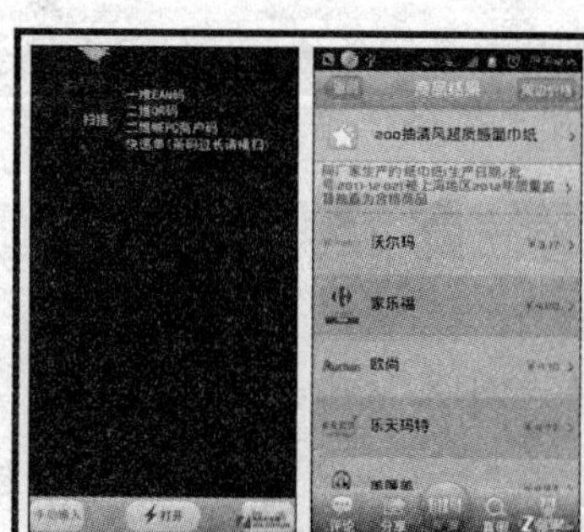

二、物流条码

物流条码是供应链中用以标识物流领域中具体实物的一种特殊代码，是整个供应链过程(包括生产厂家、运输企业、仓储企业、消费者等)环节的共享数据。它贯穿整个毛衣过程，并通过物流条码数据的采集、反馈，提高整个物流系统的经济效益。

目前现存的条码码制多种多样，但国际上通用和公认的用于物流领域的条码标准主要有三种，即通用商品条码（EAN-13 条码）、储运单元码（ITF-14 条码）和贸易单元 128 码（UCC/EAN-128 条码）。

选用条码时，要根据货物的不同和商品包装的不同，采用不同的条码码制。单个大件商品（如电视机、电冰箱、洗衣机等）的包装箱往往采用 EAN-13 条码。储运包装箱常常采用 ITF-14 条码或 UCC/EAN-128 条码，包装箱内可以是单一商品，也可以是不同的商品。

（一）通用商品条码

EAN 码是国际物品编码协会制定的一种商品用条码，长度固定、无含义、所表达的信息全部为数字，主要用于商品标识，通用于全世界。EAN 码符号有标准版（EAN-13）和缩短版（EAN-8）两种。标准版表示 13 位数字，又称为“EAN13 码”，缩短版表示 8 位数字，又称为“EAN8 码”。两种条码的最后一位为校验位，由前面的 12 位或 7 位数字计算得出。

EAN-13 条码时比较通用的一般终端产品的条形码协议和标准，主要应用于超市市场和其他零售业，因此这是我们比较常见的，随便拿起身边的一个从超市买来的商品都可以从包装上看得到的条码码制。

1. EAN-13 条码的结构

EAN（European Article Number）码由前缀码、厂商识别码、商品项目代码和校验码四部分组成。

（1）前缀码

前缀码是国际 EAN 组织标识各会员组织的代码，我国为 690～699。前缀码只表示分配和管理厂商识别代码的国家（或地区）编码组织成员，并非产品的原产地。当你看到条码的数字串开头部分是 690～699 时，就知道这件商品的生产商在中国大陆地区申请的商品条码，690～692 代表中国大陆，693 代表合资商品。另外，图书和期刊作为特殊的商品也采用 EAN-13 码表示，前缀码为 977 用于期刊号 ISSN，前缀码 978 用于图书号 ISBN，中国被分配使用 7 开头的 ISBN 号，所以中国出版的图书在 978 后面加 7。

前缀码	编码组织所在国家（或地区）/应用领域	前缀码	编码组织所在国家（或地区）/应用领域
000～019　030～039　060～139	美国	627	科威特
020～029　040～049　200～299	店内码	628	沙特阿拉伯
050～059	优惠券	629	阿拉伯联合酋长国
300～379	法国	640～649	芬兰
380	保加利亚	690～699	中国
383	斯洛文尼亚	700～709	挪威

1991 年 4 月 9 日，中国物品编码中心正式加入了国际物品编码协会。许多企业获得了条码标记的使用权，使中国的大量商品打入了国际市场，给企业带来了可观的经济效益。

结构种类	前缀码	厂商识别代码	商品项目代码	校验码
结构一	690/691	$X_{10}X_9X_8X_7$	$X_6X_5X_4X_3X_2$	X_1
结构二	692	$X_{10}X_9X_8X_7X_6$	$X_5X_4X_3X_2$	X_1

(2)厂商识别代码

厂商识别码用于对厂商的唯一标志。

我国目前使用的 EAN-13 码有两种代码结构，当前缀码为 690、691 时，其代码结构如下图所示的结构一；当前缀码为 692 时，其代码结构如下图所示的结构二。

即对于 690、691 打头的条码，由 3 位国别代码、4 位厂商代码、5 位商品代码及 1 位校验码构成。

例如：690 MMMM PPPPP C(690 厂商识别码 商品代码 校验码)

对于 692 打头的条码，由 3 位国别代码、5 位厂商代码、4 位商品代码及 1 位校验码构成。

例如：692 MMMM PPPPP C(692 厂商识别码 商品代码 校验码)

缩短码：由 8 位数字构成的条码，只有当标准码尺寸超过总印刷面积的 25%时，才允许申报使用缩短码。

缩短码的 8 位数字由 7 位商品代码和 1 位校验码构成。

例如：69XXXXXC(商品代码 校验码)

(3)商品项目代码

商品项目代码是由厂商自行编码，且必须遵循以下原则：对同一商品必须编制相同的商品项目代码；对不同的商品必须编制不同的商品项目代码。一定要保证商品项目与其标志代码一一对应，即一个商品项目只有一个代码，一个代码只标志一个商品项目。

(4)校验码

校验码用于校验厂商识别码、商品项目代码的正确性。

校验码是根据条码字符的数值按一定的数学方法计算得出的。EAN 码的标准版和缩短版的校验码计算方法相同。

校验码计算程序如下：

步骤 1　从代码位置序号 2 开始，所有偶数位的数字代码求和为 A。

即
$$A=X_{12}+X_{10}+X_8+X_6+X_4+X_2$$

步骤 2　将上步中的 A 乘以 3 为 C。

即
$$C=3\times A$$

步骤 3　从代码位置序号 3 开始，所有奇数位的数字代码求和为 B。

即
$$B=X_{13}+X_{11}+X_9+X_7+X_5+X_3$$

步骤 4　将 C 和 B 相加为 D。

即
$$D=C+B$$

步骤 5　取 D 的个位数 E。

步骤 6　用 10 减去 E 即为校验位数值。

即
$$X_1=10-E$$

2. EAN-13 条码的编码规则

与其他商品代码的编码规则一样，EAN-13 码的编码必须遵循如下原则：

(1)唯一性

唯一性要求同种规格的同种产品对应同一个产品代码，同种产品不同规格应对应不同的产品代码。

(2)永久性

永久性是指产品代码一经分配，就不再更改，并且是终身的。当此种产品不再生产时，其对应的产品代码只能搁置起来，不得重复启用再分配给其他的商品。

(3)无含义

为了保证代码有足够的容量以适应产品频繁更新换代的需要，最好采用无含义的顺序码。

3. 条码与商标的区别

商品条码在现代商品销售自动化管理上应用十分广泛，而且还常常与商标同时出现在商品的包装或附着物上，与商标有着紧密的联系。但由于两者之间的功能作用不同，其区别也是很明显的。

(1)表现形式和标记的内容不同

条码是由条、空及对应的字符组合而成的识别商品的手段，而且仅为适应计算机自动化管理而区别商品的手段，这些代码数字本身及其位置并不代表商品的任何特征和特定信息。

商标是用文字、图形及其组合而成的标志，是用于标示识别商品生产者或经营着的标志。

(2)使用的目的不同

条码主要是便于商店自动化销售管理而使用的。

商标则主要是便于消费者购买商品而使用的。

(3)国家主管机关不同

国家质量技术监督局主管全国条码的管理工作。

国家工商行政管理局商标局主管全国商标的管理工作。

(4)法律特性不同

条码不具排他性、专有性、时效性和有价性等属性，一般来讲，条码的任意使用，只能损害使用者自己，不直接发生侵权后果。

商标则具有排他性、专有性、时效性和有价性等属性，假冒他人注册商标、影射或未经商标权人同意而使用他人注册商标，则会发生侵权行为，应承担法律责任。

4. EAN-13条码的注册程序

商品条码注册的程序

(1)申请人可以到所在地的编码分支机构办理申请厂商识别代码手续，并提供企业法人营业执照及其复印件三套(分别由中国物品编码中心、申请人所在地的编码分支机构和申请人所在企业内部存档保留)。

(2)填写《中国商品条码系统成员注册登记表》，可直接在线填写注册登记表(如在网上填写申请表还需打印、盖章，然后提交到当地编码分支机构)。

(3)申请人的申请资料经所在地的编码分支机构初审后，符合条件的资料，由编码分支机构签署意见并报送到中国物品编码中心审批。

(4)中国物品编码中心收到初审合格的申请资料及申请人交纳的费用后，对确实符合规定要求的，中国物品编码中心向申请人核准注册厂商识别代码，完成审批程序。

(5)申请单位收到中国商品条码系统成员证书，申请结束。

现代条码设计越来越具有时尚性，除了条码本身的特性，还融入了艺术性及美观性，与商品的特色融为一体。

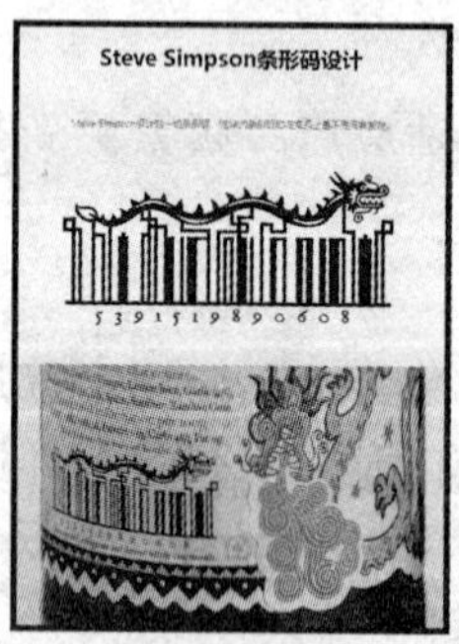

5. 商品条码应用的种类

(1)原印条码

原印条码指商品在制造商生产阶段已经印在包装上的商品条码，通常由商品的供应商申请，在产品出厂前即已印好在商品上，适合于大量生产的商品。

(2)店内条码

一种仅供店内自行使用的自印自贴在商品上的条码，仅可以在店内使用，不能对外流通的条码。

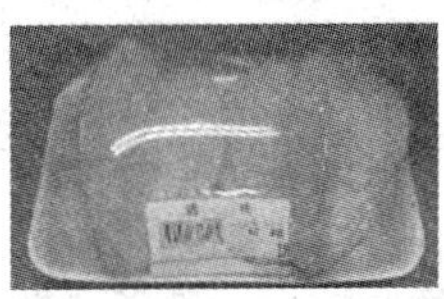

(二)储运单元条码

储运单元条码是专门表示储运单元编码的一种条码，这种条码常见于搬运、仓储、订货和运输过程中，一般由消费单元组成的商品包装单元构成。在储运单元条码中，又分为定量储运单元(由定量消费单元组成的储运单元)和变量储运单元(由变量消费单元组成的储运单元)。

(00) 3 5412345 123456789 2 (420) 1000

A B C D E F G

定量储运单元一般采用 13 位或 14 位数字编码。当定量储运单元同时又是定量消费单元时，应按定量消费单元进行编码，如电冰箱等家用电器，其定量消费单元的编码等同于通用商品编码。当含相同种类的定量消费单元组成定量储运单元时，可给每一定量储运单元分配一个区别于它所包含的消费单元代码的13位数字代码，也可以用14位数字进行编码。

定量储运单元包装指示符V用于制定定量储运单元的不同包装，取值范围为$V=1,2,\cdots,8$。定量消费单元代码是指包含在定量储运单元内的定量消费单元代码去掉校验字符后的12位数字代码。定量储运单元代码的条码标识可用14位交叉二五码(ITF-14)标识定量储运单元。当定量储运单元同时又是定量消费单元时，应使用EAN-13条码表示。也可以用EAN-128条码标识定量储运单元的14位数字代码。

变量储运单元编码由14位数字的主代码和6位数字的附加代码组成。附加代码(Q1～Q5)是指包含在变量储运单元内，按确定的基本计量单位(如公斤、米等)计量取得的商品数量。变量储运单元的主代码用ITF-14条码标识，附加代码用ITF-6(6位交叉二五码)标识。变量储运单元的主代码和附加代码也可以用EAN-128条码标识。

(三)UCC/EAN-128条码

目前我国所推行的128码是EAN-128码，EAN-128码是根据EAN/UCC-128码定义标准将资料转变成条码符号，并采用128码逻辑，具有完整性、紧密性、联结性及高可靠度的特性。辨识范围涵盖生产过程中一些补充性质且易变动之资讯，如生产日期、批号、计量等。可以用于货运栈板标签、携带式资料库、连续性资料段、流通配送标签等。

三、条码阅读器及条码打印机

用来扫描条码读取条码所代表的字符、数值及符号的设备称为条码阅读器或条码扫描器。通常分为笔式条码扫描器、固定式条码扫描器、光耦合条码扫描器和激光条码扫描器。

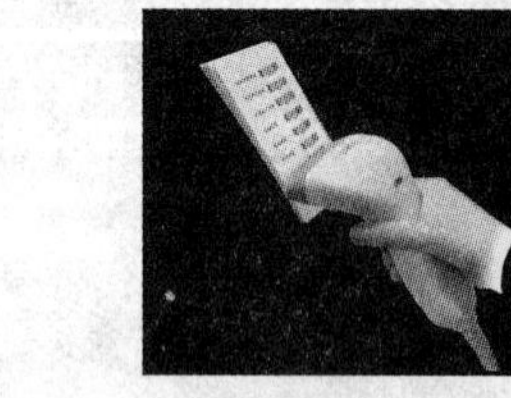
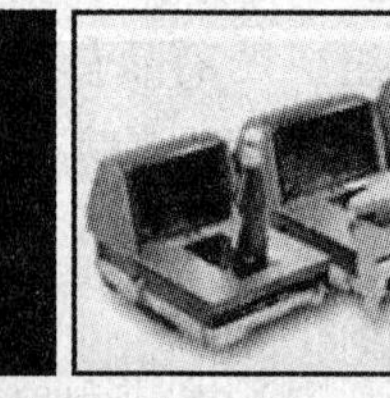

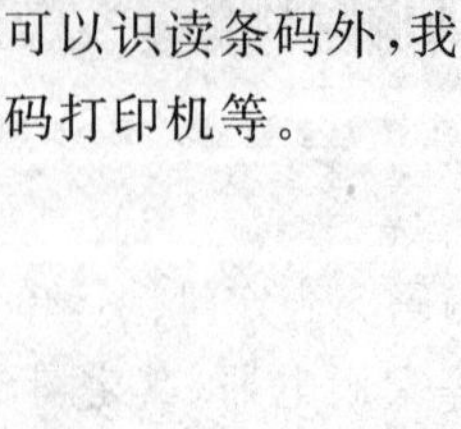
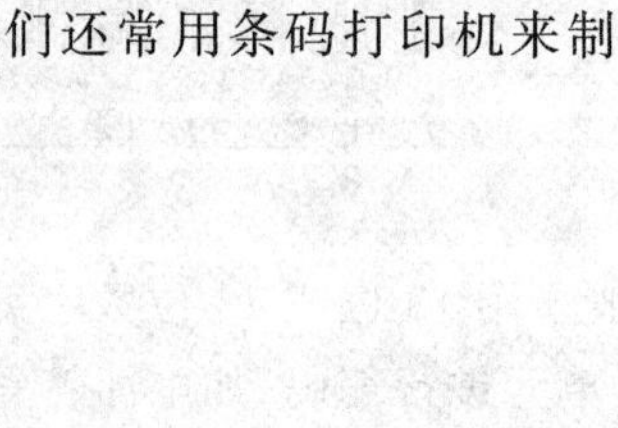

除了条码阅读器可以识读条码外，我们还常用条码打印机来制作条码。常用的打印机有斑马和西铁城条码打印机等。

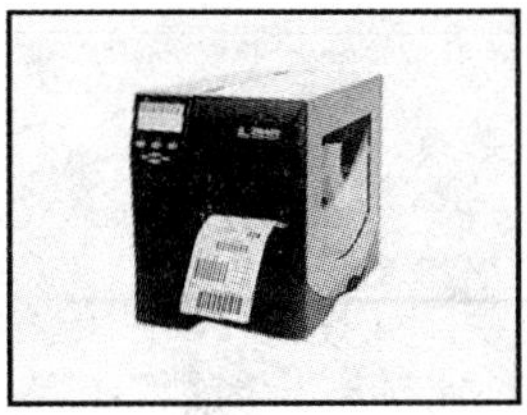 

四、条码技术的作用

条码为公司提供了一种提高生产力的方法，应用条码技术后在物流行业降低了物流成本，缩短了时间，提高了正确性。整个供应链的管理方面，会有非常明显的效益。

(一)对制造商的益处

1. 便于采集商品信息，了解消费趋势，快速回应消费者需求；
2. 使用同一标签，减少了重复作业，节省了人力；
3. 库存管理工作效率提高，精准度提高；
4. 出货、送货工作效率提高，降低了物流作业成本；
5. 由于信息可以迅速采集、分析，便于对产品的生产计划和销售定价。

(二)对批发商的益处

1. 迅速、准确地处理订货、送货工作，提高服务品质；
2. 库存管理精准、详细，防止资本积压；
3. 提高对零售业的服务品质；
4. 确保掌握商业信息，增强竞争力，创造更高的利润。

(三)对零售商的益处

1. 采集运用商品资料，掌握畅销商品，增加获利；
2. 结账更迅速而精确；
3. 节省大量人力，防止舞弊；
4. 方便商品价格的变动；
5. 得到有效的管理，如库存、订货、出货、营业额分析等；
6. 为消费者提供更好的服务，建立顾客的忠诚度。

(四)对物流从业人员的益处

1. 作业更加快速无误，精神愉快不易疲劳；
2. 避免例行性工作的枯燥造成的职业倦怠；
3. 简化了工作流程，工作更轻松。

(五)对消费者的益处

1. 获得迅速、友善的服务；
2. 结账前排除了计算上的错误，使顾客可以安心购买；
3. 商店能维持较多、较好的商品选择，而不致有缺货的情形发生；
4. 获得较佳的购物环境。

（六）在仓储管理系统中的应用

条码的编码和识别技术的应用解决了仓库信息管理中录入和采集数据的难题，为仓储信息管理系统的应用提供了有力的技术支持。

在仓库库存和仓库业务管理中，通过对不同货物品种分配唯一的编码，即“货号”，可实现分货号管理货物库存、货物的出入库、盘库、移库等作业，建立相应的仓库数据，使仓库操作和货物库存更加准确；在库位管理中，库位条码号与产品条码号一一对应，使得库位状态更加清晰，管理更加精确，在出库时可以按照库位货物的库存时间实现先进先出或批次管理。与此同时，还可以实现对单件产品的跟踪管理。

职业能力训练

训练目标

独立完成设计、打印、识读条码的完整过程。

训练条件

条码实验室。

实训案例

情景描述：

使用 BarTender 设计新生报到赠饮卡。

操作步骤：

步骤1　打开 BarTender 软件，选择“开始新的标签格式”按钮；

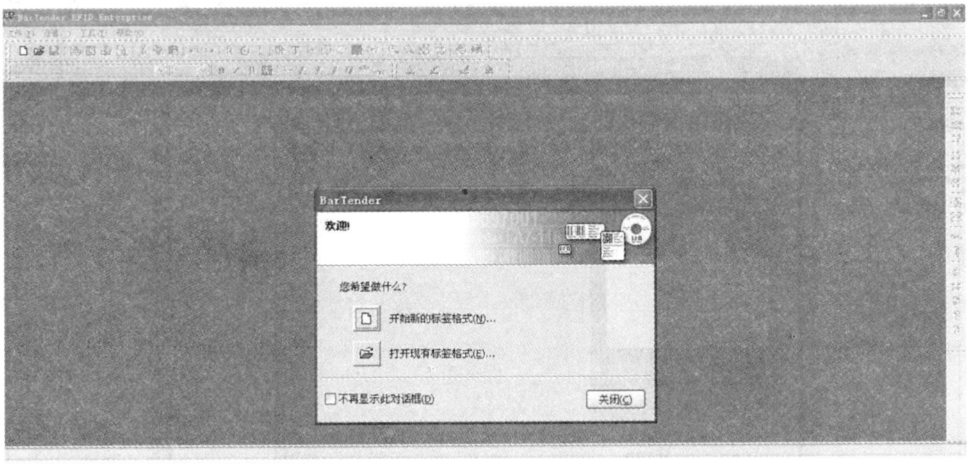

步骤2　在“新增标签格式向导”中逐步设置空白标签格式等相关操作；

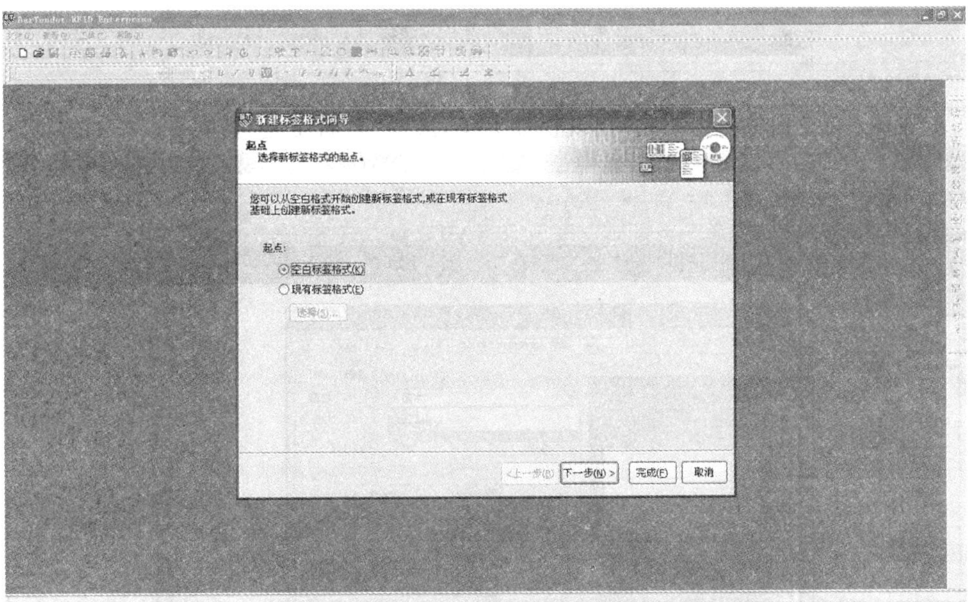

步骤 7　浏览素材“背景”并选中“背景”图后选择“打开”按钮；

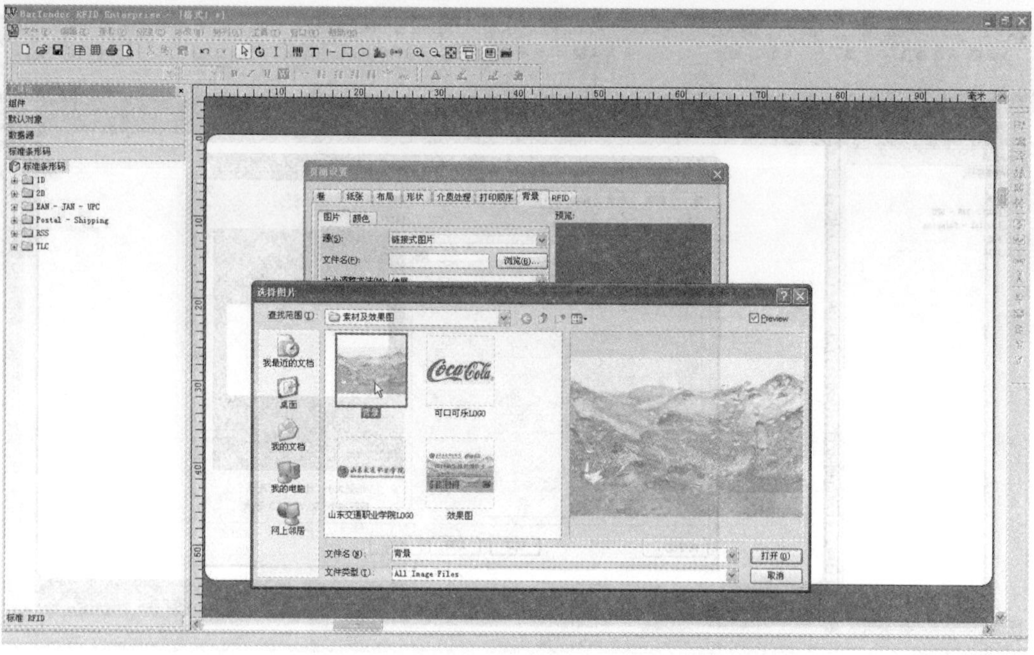

步骤 8　背景设置好之后的预览效果，如下图所示；

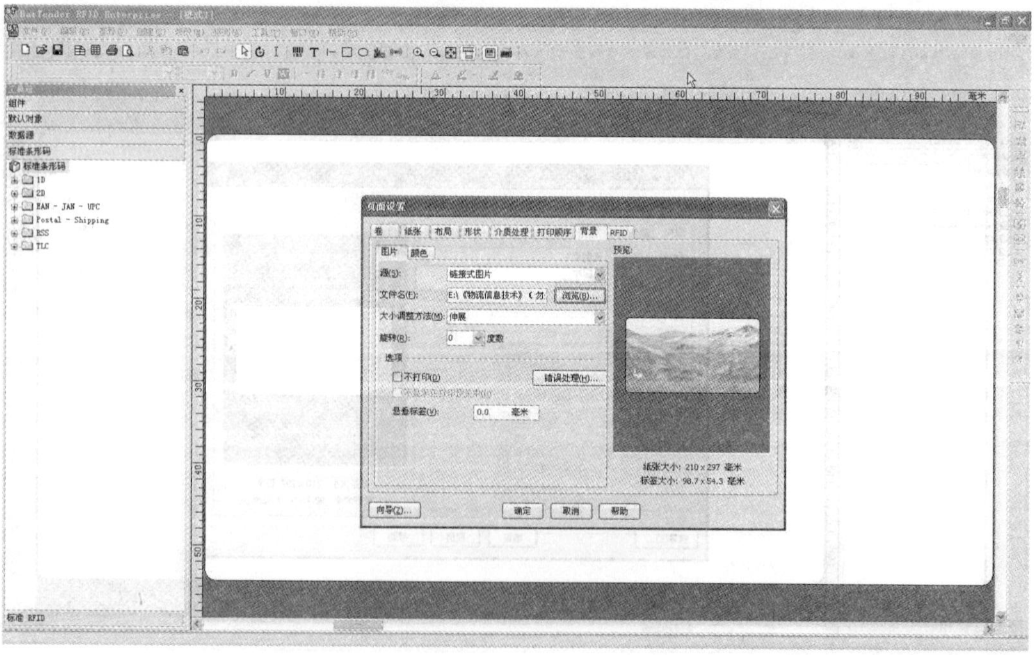

步骤 9　背景设置完成后效果；

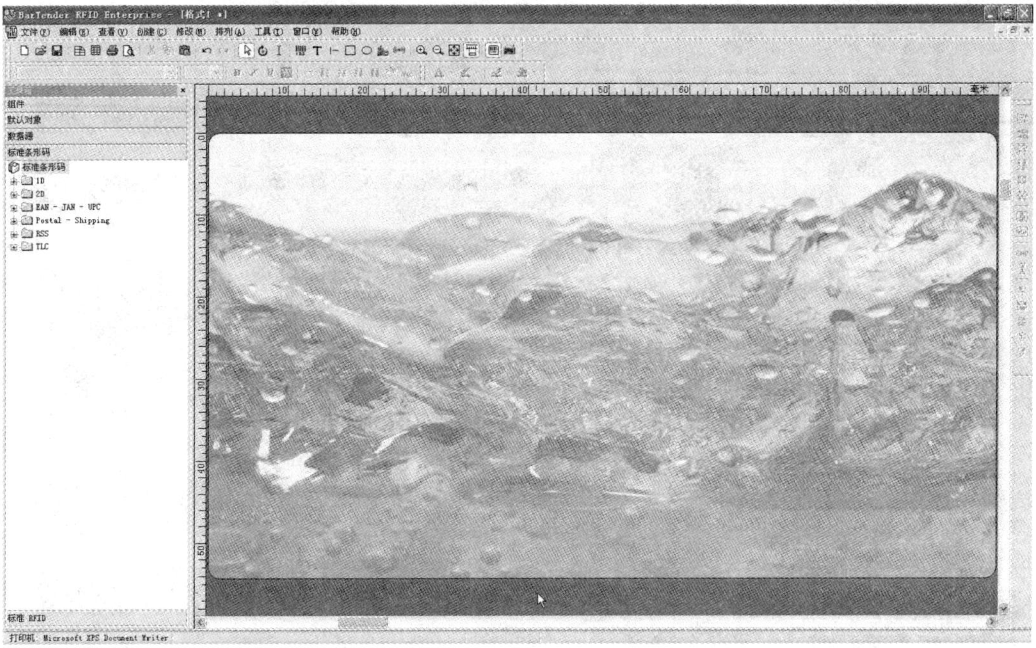

步骤 10　拖拽一个图片对象在设置好背景的标签上；

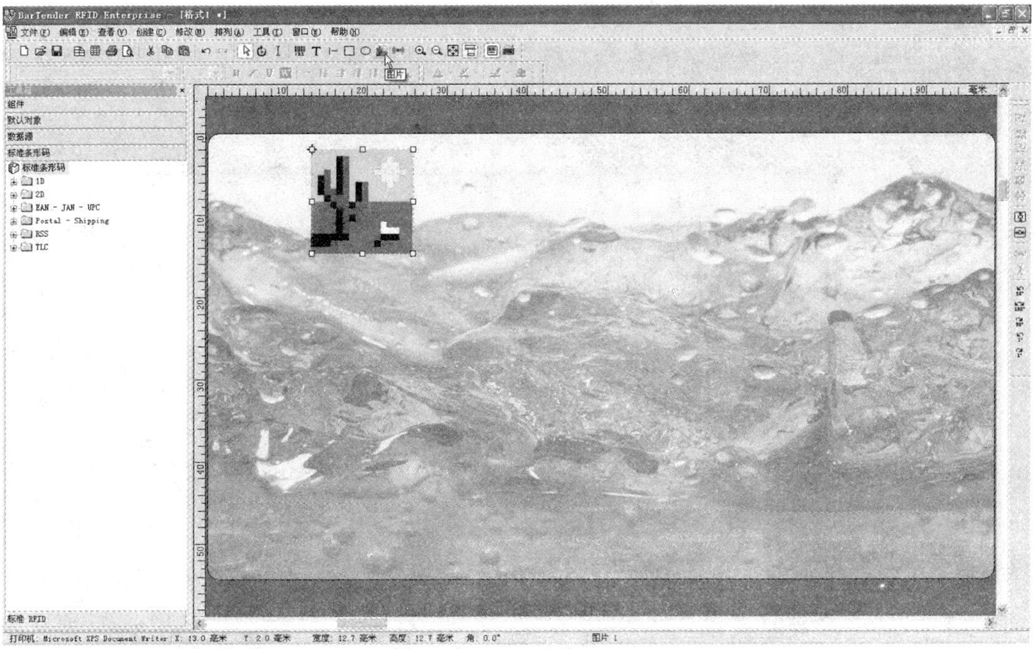

步骤 11　双击图片，出现“修改所选图片”对话框；

步骤 12　在“图片”选项卡中将“源”设置为“链接式图片”后，找到素材中的“山东交通职业学院 LOGO”后选择“打开”按钮；

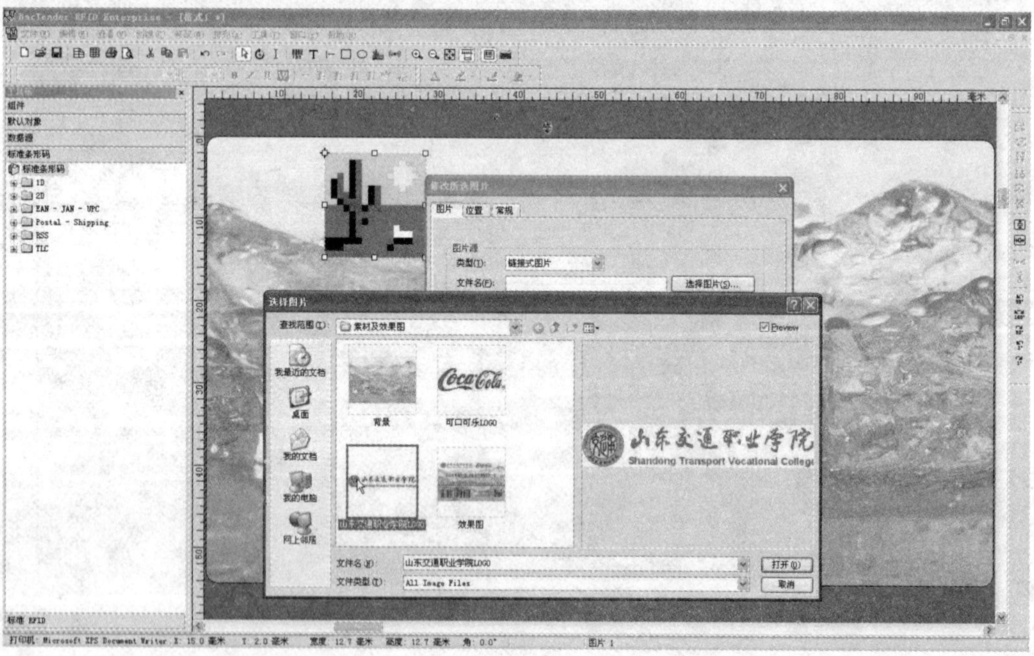

步骤 13　设置好的山东交通职业学院的 LOGO 后的效果如下图所示；

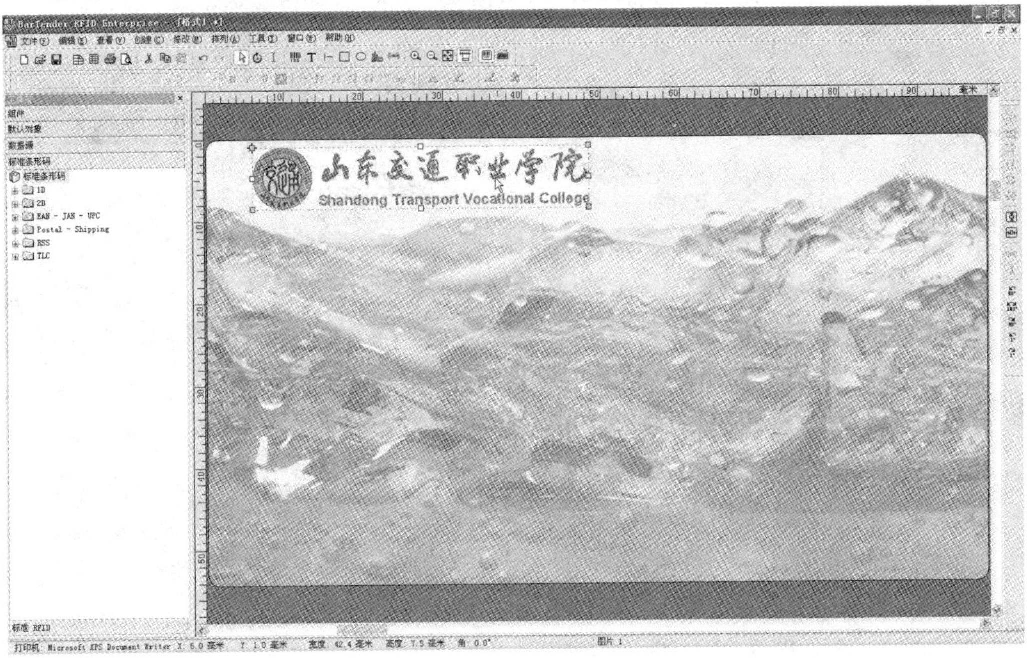

步骤 14　如上操作将"Coca Cola"的 LOGO 也设置好；

步骤 15　调整其大小及位置；

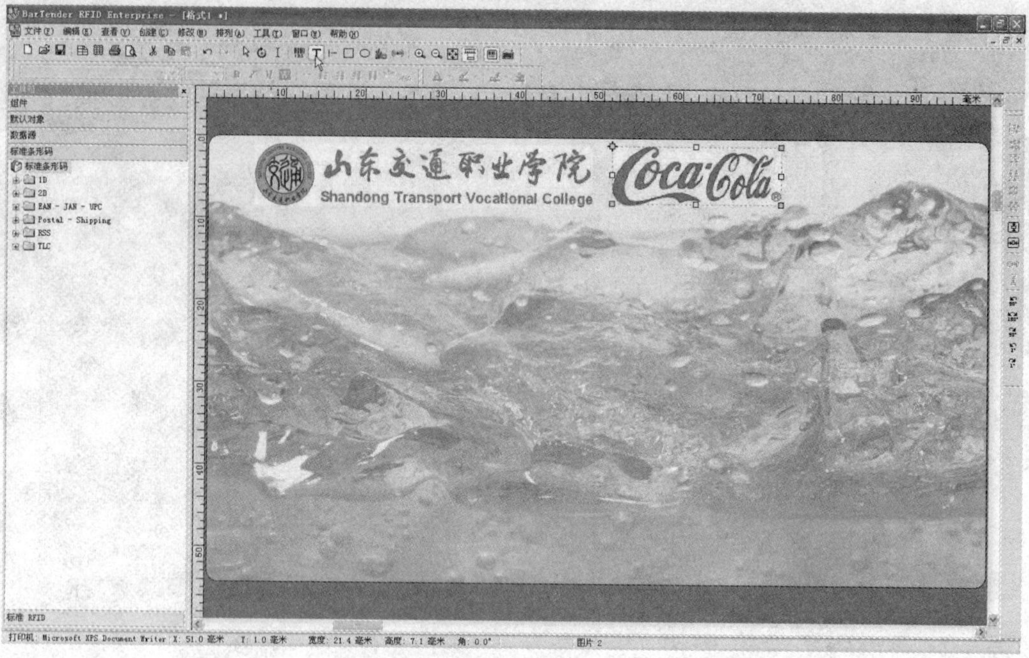

步骤 16　拖拽一个文本框在标签的相应位置上；

步骤 17　输入内容为“2014 新生报到赠饮卡”的文本；

步骤 18　双击文本框，出现“修改所选文本对象”对话框，通过字体、前景色、字体大小等选项将文本设置为如下图所示的效果；

步骤 19　文本设置好后的效果如下图所示；

步骤 20　如上所示的操作分别将“凭”“可免费获取可口可乐”“两”“瓶”等文本设置好；

步骤 21　添加一条“直线”，将标签分为上下两部分；

步骤 22　双击“直线”，在“修改所选线条”对话框中将其样式进行相应的调整；

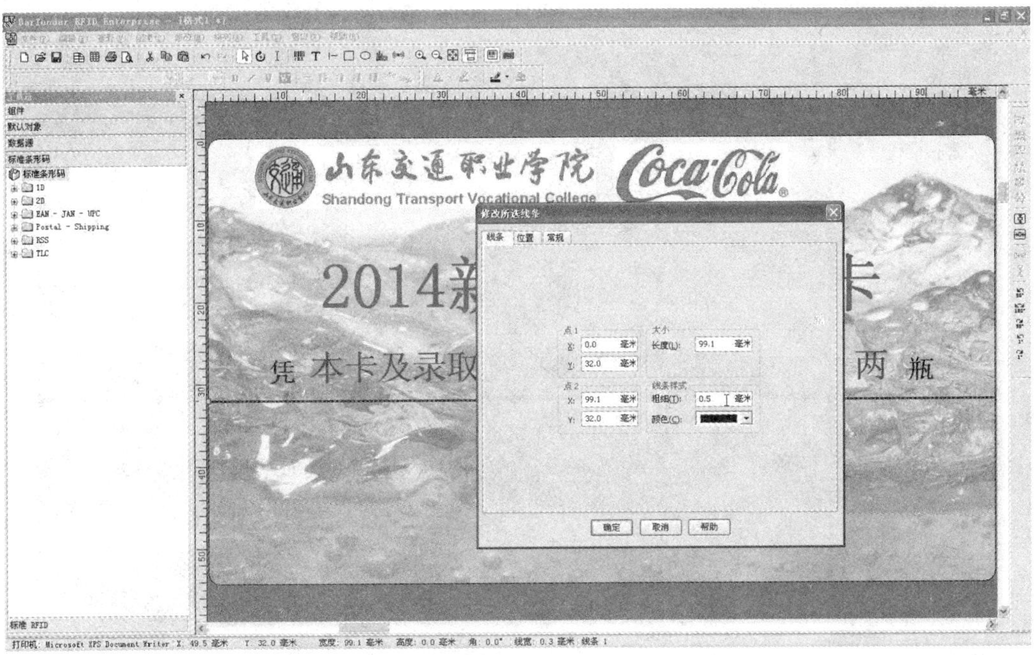

步骤 23　继续添加直线下的文本内容；

步骤 24　文本添加好后，看设计的图片效果；

步骤 25　拖拽一个 EAN-13 条码在相应的位置上；

步骤 26　双击条码，出现"修改所选条形码对象"对话框；

步骤 27　选择“修改所选条形码对象”的“数据源”选项卡，将其“屏幕数据”修改为 6901234567892；

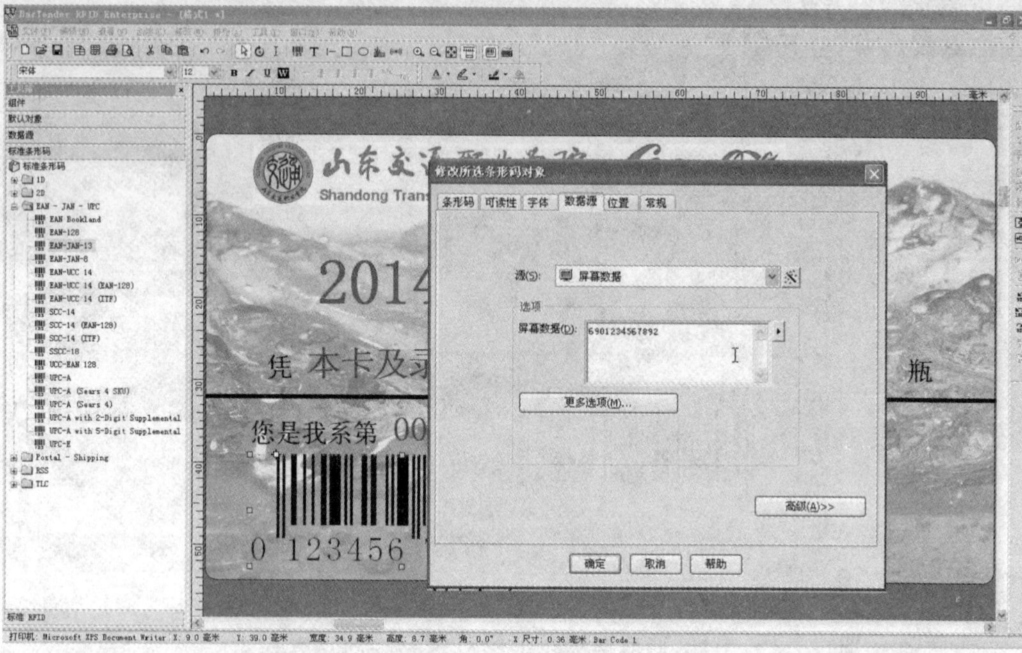

步骤 28　EAN-13 一维条码设置好后的效果如下图所示；

步骤 29　选择一个 QR Code 二维条码；

步骤 30　拖拽一个 QR Code 二维条码在赠饮卡的相应位置，设置大小及位置；

步骤 31　双击 QR Code 二维码，出现“修改所选条形码对象”对话框；

步骤 32　通过 http://www.sdjtzyxy.com 打开山东交通职业学院的首页；

步骤 33　通过首页中二级学院的级联菜单中找到管理与信息学院；

步骤 34　打开管理与信息学院的网页；

步骤 35　通过 IE 浏览器的地址栏将山东交通职业学院的管理与信息学院网址复制；

步骤 36　将二维条码的数据源设置为山东交通职业学院的管理与信息学院的网址；

步骤 37　2014 新生报到赠饮卡制作完成。

任务 2 射频技术在物流领域的应用

知识目标

1. 了解无线射频的概念。
2. 了解无线射频的组成。
3. 了解无线射频技术在物流领域的应用。

能力目标

1. 能够熟练使用无线射频识读器读取标签信息。
2. 能够科学合理地处理 RFID 技术收集到的数据,以便在物流作业层面合理利用。

职业素养

1. 熟知无线射频技术在物流领域的地位和作用。
2. 会利用先进的 RFID 技术整合物流作业层面和信息层面的有效结合。

引导案例

近些年,我国的高速公路发展非常快,但是目前高速公路收费却存在一些问题,如春运期间收费站交通堵塞问题。而 RFID 技术应用在高速公路自动收费上能够充分体现射频技术的优势。在车辆正常行驶通过高速公路收费站的同时自动完成缴费,解决了交通的瓶颈问题,提高了车行速度,避免了拥堵,提高了收费计算效率。

知识准备

一、射频技术理论

(一)何为"射频技术"

射频识别(Radio Frequency Identification, RFID)技术,又称"无线射频技术",是一种运用无线电信号远距离识别动态或静态对象信息的技术。

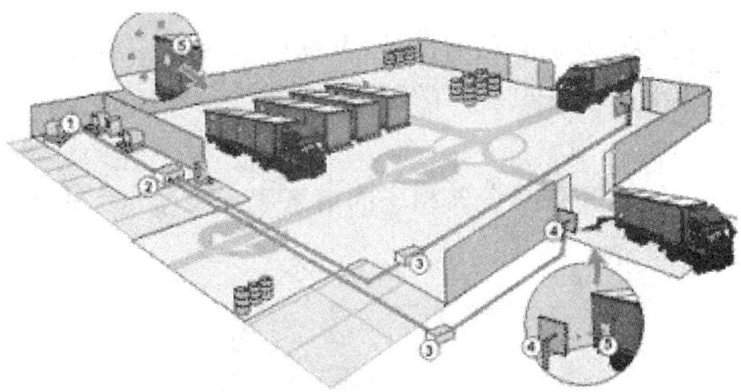

射频,一般是微波,频率范围从 300KHz～30GHz 之间,适用于短距离识别通信。目前 RFID 技术应用范围很广,如物流和供应链管理、生产制造和装

配、仓储中的塑料托盘(周转筐等)、邮件/快递包裹处理、航空行李处理、文档追踪、图书馆管理、动物身份标识、运动计时、门禁控制系统、电子门票管理系统、食品安全溯源、道路自动收费、一卡通等。

(二)射频识别系统的组成

一套完整的RFID系统由标签、阅读器和应用软件三部分组成。

1. 标签

由耦合元件及芯片组成,每个标签具有唯一的电子编码,附着在物体上。

RFID标签分为被动、半被动(也称作"半主动")、主动三类。

(1)被动式

被动式标签没有内部供电电源。其内部集成电路通过接收到的电磁波进行驱动,这些电磁波是由RFID读写器发出来的。当标签接收到足够强度的讯号时,可以向读写器发出数据。这些数据不仅包括ID号(全球唯一标示ID),而且包括预先存在于标签内EEPROM中的数据。

由于被动式标签具有价格低廉、体积小巧、无需电源的优点,目前市场上的RFID标签主要是被动的。

(2)半被动式(半主动式)

一般而言,被动式标签的天线有两个任务,第一是接收读写器所发出的电磁波驱动标签;第二是标签回传信号时需要靠天线的阻抗做切换,才能产生0与1的变化。问题是,想要有最好的回传效率的话,天线阻抗必须设计在"开路与短路",这样又会使信号完全反射,无法被标签接收。

半主动式标签就是为了解决这样的问题。半主动式类似于被动式,不过它多了一个小型电池,电力恰好可以驱动标签,使得标签处于工作的状态。这样的好处在于,天线可以不用管接收电磁波的任务,充分作为回传信号之用。比起被动式、半主动式有更快的反应速度以及更好的效率。

(3)主动式

与被动式和半主动式不同的是,主动式标签本身具有内部电源供应器,用以供应内部所需电源以产生对外的信号。一般来说,主动式标签拥有较长的读取距离和较大的记忆容量,可以用来储存读写器所传送来的一些附加讯息。

2. 阅读器

读取标签信息的设备,可设计为手持式或固定式。阅读器产生无线电射频信号并接收由电子便签反射回的无线电射频信号,经处理后获得标签的数据信息。

3. 应用软件

与标签和阅读器相应的信息服务系统,如仓储管理系统、运输管理系统、道路自动收费系统等。

(三)射频识别系统的工作原理

RFID 技术的基本工作原理并不复杂。标签进入磁场后,接收解读器发出的射频信号,凭借感应电流所获得的能量发送出存储在芯片中的产品信息(无源标签或被动标签),或者由标签主动发送某一频率的信号(Active Tag,有源标签或主动标签),解读器读取信息并解码后,送至中央信息系统进行有关数据处理。

(四)射频技术的特点

1. 快速扫描

RFID 识读器可以同时辨识读取数个 RFID 标签。

2. 体积小型化,形式多样化

RFID 在读取上并不受尺寸大小与形状限制,不需为了读取精确度而配合纸张的固定尺寸和印刷品质。此外,RFID 标签更可往小型化与多样形态发展,以应用于不同产品。

3. 抗污染能力和耐久性

传统条码的载体是纸张,因此容易受到污染,而 RFID 对水、油和化学药品等物质具有很强的抵抗性。此外,由于传统条码是附着于商品的外包装上,所以特别容易受到折损,RFID 卷标是将数据存在芯片中,因此可以免受污损,使用寿命大大延长。

4. 可重复使用

现今的条码印刷上去之后就无法更改,RFID 标签则可以重复新增、修改、删除 RFID 卷标内储存的数据,方便信息的更新。

5. 穿透性和无屏障阅读

在被覆盖的情况下,RFID 能够穿透纸张、木材和塑料等非金属或非透明的材质,并能够进行穿透性通信。而条码阅读器则必须在近距离而且没有物体阻挡的情况下,才可以辨识和阅读条形码信息。

6. 数据的记忆容量大

一维条码的容量是 50Bytes,二维条码最大的容量可存储 2000～3000 字符,RFID 最大的容量则可达到数 MB(MegaByte)。随着记忆载体的发展,数据容量也有不断扩大的趋势。未来物品所携带的资料量会越来越大,对卷标所能扩充容量的需求也相应增加。

7. 安全性

由于 RFID 承载的是电子式信息，其数据内容可经由密码保护，使其内容不易被伪造及变造。

RFID 因其所具备的远距离读取、高储存量等特性而备受瞩目。它不仅可以帮助一个企业大幅度提高货物、信息管理的效率，而且还可以让制造企业和销售企业互联，从而更加准确地接收反馈信息，控制需求信息，优化整个供应链。

二、射频技术的应用领域

1. 物流：物流过程中的货物追踪，信息自动采集，仓储应用，港口应用，邮政，快递。
2. 零售：商品的销售数据实时统计，补货，防盗。
3. 制造业：生产数据的实时监控，质量追踪，自动化生产。
4. 服装业：自动化生产，仓储管理，品牌管理，单品管理，渠道管理。
5. 医疗：医疗器械管理，病人身份识别，婴儿防盗。
6. 身份识别：电子护照、身份证、学生证等各种电子证件。
7. 防伪：贵重物品（烟、酒、药品）的防伪，票证的防伪等。
8. 资产管理：各类资产，如贵重的或数量大、相似性高的资产或危险品等的管理。
9. 交通：高速不停车收费，出租车管理，公交车枢纽管理，铁路机车识别等。
10. 食品：水果、蔬菜、生鲜食品等保鲜度管理。
11. 动物识别：驯养动物、畜牧牲口、饲养宠物等识别管理。
12. 图书馆：书店、图书馆、出版社等方面的应用。
13. 汽车：制造、防盗、定位、车钥匙等。
14. 航空：制造、旅客机票、行李包裹追踪等。
15. 军事：弹药、枪支、物资、人员、卡车等识别与追踪。
16. 电力：智能电力巡检，智能抄表和电力资产管理。
17. 其他。

复习思考题

1. 何为射频技术？
2. 射频技术的工作原理是什么？
3. 射频技术与条码技术相比较有何区别，有何联系？
4. 射频技术的特点是什么？
5. 试列举出射频技术在物流领域应用的实例。

任务3　GPS技术在物流领域的应用

知识目标

1. 了解GPS技术的基本概念。
2. 了解GPS的组成。
3. 了解全球的四大卫星导航系统。

能力目标

1. 会使用车载GPS或手机的GPS功能，自动导航到目的地。
2. 可以熟练地操作物流领域的GPS设备。

职业素养

借由GPS技术可以在物流领域中随时查找或应用相应的地理信息。

引导案例

全球卫星定位系统(Global Positioning System，GPS)是起始于1958年美国军方的一个项目，1964年投入使用。20世纪70年代，美国陆海空三军开始联合研制新一代卫星定位系统GPS。主要目的是为陆海空三大领域提供实时、全天候和全球性的导航服务，并用于情报搜集、核爆监控和应急通信等一些军事活动。经过20余年的研究实验，耗资300多亿美元，该项目于1994年全面建成，全球覆盖率高达98%的24颗GPS卫星星座已布设完成。

知识准备

一、GPS的含义

(一)何为"GPS"

利用GPS卫星，在全球范围内进行实时定位、导航的系统，称为"全球卫星定位系统"，简称为"GPS"。

它可以提供全方位、全天候、全时段的服务，为全球用户提供低成本、高精度的三维位置、速度和精确定时等导航信息，是卫星通信技术在导航领域的应用典范。它极大地提高了地球社会的信息化水平，有力地推动了数字经济的发展。

(二)GPS 的组成

GPS 主要由空间卫星系统、地面监控系统和用户接收系统三部分组成。

1. 空间卫星系统

美国的 GPS 的空间部分由 24 颗卫星组成(21 颗工作卫星，3 颗备用卫星)，它们位于距地表 20200km 的上空，运行周期为 12h。卫星均匀分布在 6 个轨道面上(每个轨道面 4 颗)，轨道倾角为 55°。

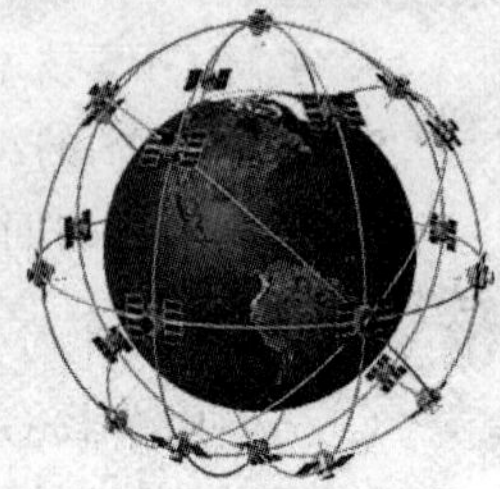

卫星的分布使得在全球任何地方、任何时间都可观测到 4 颗以上的卫星，并能在卫星中预存导航信息。GPS 的卫星因为大气摩擦等问题，会随着时间的推移，使导航精度逐渐降低。

2. 地面监控系统

美国的 GPS 地面监控系统由 1 个主控站、3 个注入站、5 个监测站组成。

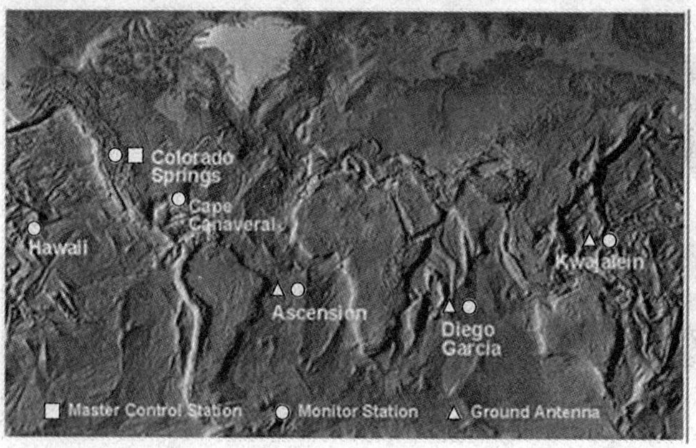

注：□为主控站
△为注入站
○为监测站

(1)主控制站位于美国科罗拉多州春田市。

主控站的主要作用如下：

①采集数据

它采集各个监测站传送的观测数据，这些数据包括卫星的伪距、积分多普勒、时钟、工作状态、监测站自身的状态、气象要素及海军水面兵器中心的参考星历(描述卫星运动及其轨道的参数)。

②编辑导航电文

根据采集的数据计算每一颗卫星的星历、时钟改正数、状态参数、大气改正数等，并按一定格式编辑为导航电文，传送到 3 个注入站。

③诊断功能

对地面支撑系统的协调工作和对卫星的健康状况进行诊断，并进行编码和将编入的导航电文发送给用户。

④调整卫星

根据需要对卫星进行调整，可以调整卫星轨道到正确位置，也可以在工作卫星出现故障时，调度备用卫星替代失效的工作卫星工作。

(2)3 个注入站分别位于太平洋的卡瓦加兰、印度洋的迪戈加西亚和大西洋的阿松

法尔孔(Falcon)空军基地

森岛。

注入站的作用是将主控站计算出的卫星星历和卫星钟的改正参数等注入到卫星中去。

阿松森群岛(Ascension)监测/注入站

迪戈加西亚环境(Diego Garcia)监测/注入站

卡瓦加兰海岛(Kwajalein)监测/注入站

(3)5个监测站分别位于太平洋的卡瓦加兰、印度洋的迪戈加西亚、大西洋的阿松森岛、美国的夏威夷岛和美国佛罗里达州的卡纳维拉尔角。

监测站的作用是对每颗卫星进行观测，精确测定卫星在空间的位置，向主控站提供观测数据；每个监测站还配有GPS接收机，对每颗卫星连续不断地进行观测，每6分钟进行一次伪距测量和积分多普勒观测，并采集与气象有关的数据。

夏威夷(Hawaii)监测站

卡纳维拉尔角(Cape Canaveral，佛罗里达)美国国家航空航天局

3. 用户接收系统

GPS用户接收系统主要由GPS接收机、包括接收机硬件、机内软件及GPS数据处理软件等组成。

GPS卫星接收机种类很多，根据型号分为测地型、全站型、定时型、手持型、集成型等。

(1)按接收机的用途分类

①导航型接收机

此类型接收机主要用于运动载体的导航，它可以实时给出载体的位置和速度。

这类接收机一般采用C/A码伪距测量，单点实时定位精度较低，一般为10m，有SA影响时为100m。这类接收机价格便宜，应用广泛。

根据应用领域的不同，此类接收机还可以进一步分为：

车载型——用于车辆导航定位。

航海型——用于船舶导航定位。

航空型——用于飞机导航定位。由于飞机运行速度快，因此，在航空上用的接收机要求能适应高速运动。

星载型——用于卫星的导航定位。由于卫星的速度高达 7km/s 以上，因此对接收机的要求更高。

②测地型接收机

测地型接收机主要用于精密大地测量和精密工程测量。

这类接收机主要采用载波相对观测值进行相对定位，定位精度高。仪器结构复杂，价格较贵。

③授时型接收机

这类接收机主要利用 GPS 卫星提供的高精度时间标准进行授时，常用于天文台及无线电通信中的时间同步。

(2)按接收机的载波频率分类

①单频接收机

单频接收机只能接受 L1 载波信号，测定载波相对观测值进行定位。由于不能有效消除电离层延迟影响，单频接收机只适用于短基线(＜15km)的精密定位。

②双频接收机

双频接收机可以同时接收 L1 和 L2 载波信号。利用双频对电离层延迟的不一样，可以消除电离层对电磁波信号的延迟影响，因此双频接收机可用于长达几千公里的精密定位。

(3)按接收机通道数分类

GPS 接收机能同时接收多颗 GPS 卫星的信号，为了分离接收到的不同卫星的信号，以实现对卫星信号的跟踪、处理和测量，将这样功能的器件称为“天线信号通道”。

根据接收机所具有的通道种类可以分为：

①多通道接收机

②序贯通道接收机

③多路多用通道接收机

(4)按接收机工作原理分类

①码相关型接收机

码相关型接收机是利用码相关技术得到伪距观测值。

②平方型接收机

平方型接收机是利用载波信号的平方技术去掉调制信号，来恢复完整的载波信号，通过相位计测定接收机内产生的载波信号与接收到的载波信号之间的相位差，测定伪距观测值。

③混合型接收机

这种仪器是综合上述两种接收机的优点，既可以得到码相位伪距，也可以得到载波相位观测值。

④干涉型接收机

这种接收机是将 GPS 卫星作为射电源，采用干涉测量方法，测定两个测站间距离。

经过实践证明，GPS 系统是一个高精度、全天候、全球性的无线电导航、定位和定时的多功能系统。GPS 技术已经发展成为多领域、多模式、多用途、多机型的国际性高新技术产业。

（三）GPS 的特点

1. 全球全天候定位

GPS 卫星的数据较多，且分布均匀，保证了地球上任何地方任何时间至少可以同时观测到 4 颗 GPS 卫星，确保实现全球全天候连续的导航定位服务。

2. 定位精度高

应用实践已经证明，GPS 相对定位精度在 50km 以内可达 6～10m，100～500km 可达 7～10m，1000km 可达 9～10m。

3. 观测时间短

随着 GPS 系统的不断完善，软件的不断更新，20km 以内相对静态定位，仅需 15～20 分钟；快速静态相对定位测量时，当每个流动站与基准站相距在 15km 以内时，流动站观测时间只需 1～2 分钟；采取实时动态定位模式时，每站观测仅需几秒钟。

因此，使用 GPS 技术建立控制网，可以大大提高作业效率。

4. 测站间无需通视

GPS 测量只要求测站上空开阔，不要求测站之间互相通视，这一优点既可以大大减少测量工作的经费和时间，同时也使选点工作变得非常灵活，也可省去经典测量中传算点、过渡点的测量工作。

5. 仪器操作简便

随着 GPS 接收机的不断改进，GPS 测量的自动化程度越来越高，有的已趋于“傻瓜化”。在观测中测量员只需安置仪器，连接电缆线，量取天线高，监视仪器的工作状态，而其他观测工作，如卫星的捕获、跟踪观测和记录等均由仪器自动完成。结束测量时，仅需关闭电源，收好接收机，便完成了野外数据采集任务。

如果在一个测站上需作长时间连续观测，还可以通过数据通信方式，将所采集的数据传送到数据处理中心，实现全自动化的数据采集与处理。另外，接收机体积也越来越小，相应的重量也越来越轻，极大地减轻了测量工作者的劳动强度。

6. 可提供全球统一的三维地心坐标

GPS 测量可同时精确测定测站平面位置和大地高程。GPS 水准可满足四等水准测量的精度。另外，GPS 定位是在全球统一的 WGS-84 坐标系统中计算的，因此全球不同地点的测量成果是相互关联的。

7. 应用范围广

GPS 被广泛应用在电力、金融、通信、交通、广电、国防、IT、公共服务设施等各个领域。

二、GPS 在物流领域的运用

(一)GPS 对物流配送车的管理功能

1. 实时监督车辆准时配送货物。

2. 配送车辆全程良好的准确监控。

3. 管理人员准确管理调度,选择最快最省的路线。

4. 及时准确送达,把货物送达目的地。

5. 车辆状态、所在街道、附近建筑、历史轨迹查询。

6. 电子栅栏超范围报警。

7. 安全报警功能保障货物、人员安全。

(二)GPS 对混凝土车辆的管理功能

1. 解决工地“压车”问题

独具匠心的工程车辆管理专用界面,使过去复杂的“运筹”理念如今“一图自悟”,调度人员可以轻松自如地控制生产、指挥车辆,最大限度地减少工地“压车”现象。

调度界面上直观、简捷地看到每个工地的车辆使用情况、每辆车的运行状况,从而适时安排生产,合理调度车辆,满足更多工地任务需求,使调度变得更加快捷方便并且有效。

2. 解决工地“断料”问题

直观动态了解每个工地的车辆数量到位状况,车辆到工地路途距离,大幅度减少工地“断料”的现象,避免长时间断料导致产品质量问题及客户投诉问题,减少了客户对服务的投诉,提高了企业的美誉度,提升了客户的忠诚度。

3. 解决“调度”问题

由于每个月企业都要接到数个甚至十几个工地的任务,而司机往往对去工地路程不熟悉,从而导致问路时间过长。由于调度不知司机具体位置、工地具体位置,无法给司机正确导航,导致司机走错路,白白浪费时间,还增加了不必要的油耗,而司机边开车边打电话,也影响驾驶的安全性。

4. 约束司机的不良行为

一些司机的不诚信行为,给企业劳动带来极大损失,如偷料、超速、怠工、故意绕行等。而 GPS 系统可以为车队管理提供智能的监管手段。在工作时段内,司机由过去的不受约束的“自由人”变为时时刻刻都受“电子眼”控制的管理对象，给司机的不良行为上了一套“紧箍咒”，大大减少或杜绝了一些司机的不诚信行为。

（三）GPS 对企业车辆的管理功能

1. 车辆受到了企业的有效管理。

2. 公车私用彻底杜绝。

3. 节省了公司用车成本。

4. 保障了公司资产。

5. 增加了企业信息化管理程度。

6. 提高了企业形象。

（四）GPS 对校车的管理功能

1. 校车的实时监控：速度、位置、附近建筑一览无余。

2. 规划行驶路线：超出预定路线报警。

3. 车辆的轨迹查询回放：可查询 3 个月的轨迹，轨迹回放。

4. 车辆点火、熄火地点和时间的记录、存储、历史查询。

5. 可供多用户同时登录查看车辆，不限用户数，家长与老师都可以随时查看车辆状况。

6. 提高学校的形象。

（五）GPS 对租赁车辆的管理功能

1. 定位功能解决了租赁公司出租后监控管理难的问题。

2. 实时监控功能能使租赁公司对车辆的状况（位置、附近建筑、行驶方向、行驶速度、车辆工作状态等）一目了然。

3. 电子栅栏功能使车辆在规定好的区域内行驶，超出区域自动报警，防止租赁公司车辆被骗出售。

4. 轨迹回放功能轻松追回车辆。

5. 有效安排车辆业务分配。

6. 保障车辆安全。

三、全球四大卫星导航系统

全球有四大卫星导航系统，分别是中国的“北斗”系统、美国的“全球定位”系统、俄罗斯的“格洛纳斯”系统、欧洲的“伽利略”系统。

（一）美国“全球定位系统”

有 24 颗卫星组成，分布在 6 条交点互隔 60 度的轨道面上，精度约为 10 米，军民两用，正在试验第二代卫星系统。

（二）俄罗斯“格洛纳斯系统”

有 24 颗卫星组成，精度在 10 米左右，军民两用，2009 年底服务范围拓展到全球。

（三）欧洲“伽利略”系统

有 30 颗卫星组成，定位误差不超过 1 米，主要为民用。2005 年首颗试验卫星已成功发射。2008 年前开通定位服务。

(四)中国“北斗系统”

由5颗静止轨道卫星和30颗非静止轨道卫星组成。2012年10月25日23时33分,我国在西昌卫星发射中心用“长征三号丙”火箭,成功将第16颗北斗导航卫星送入预定轨道。这是我国二代北斗导航工程的最后一颗卫星,是长征系列运载火箭的第170次发射。至此,我国北斗导航工程区域组网顺利完成。北斗卫星导航系统计划在2020年完成对全球的覆盖,为全球用户提供定位、导航、授时服务。

复习思考题

1. 何为GPS技术?
2. GPS的三个组成部分分别是什么?
3. GPS在物流领域的具体应用体现在哪些方面?

任务4 GIS技术在物流领域的应用

知识目标

1. 了解GIS的概念。
2. 了解GIS的组成。
3. 了解GIS在物流领域的应用。

能力目标

1. GIS全新的三维图像在物流领域的应用。
2. 能够科学合理地使用GIS技术收集的信息,结合GPS技术,将其综合运用在物流作业层面或信息系统层面。

职业素养

借由GIS技术,培养在物流领域中随时查找或应用相应地理信息的职业素养。

知识准备

一、GIS的含义

(一)何为“GIS”

地理信息系统(Geographic Information System,GIS)是专为描述和处理相关地理信息而开发的软件系统。它是整个地球或部分地区的资源、环境在计算机中的缩影。GIS是反映人们赖以生存的现实世界(资源和环境)的现势与变迁的各类空间数据及描述这些空间数据特征的属性,在计算机硬件和软件的支持下,以一定的格式输入、存储、检索、显示和综合分析应用的技术系统。它是以采集、储存、管理、处理分析和描述整个或部分地球表面(包括大气层在内)与空间和地理分布有关的数据的空间信息系统。

GIS的诞生改变了传统的数值处理信息的方式,使信息处理由数值领域步入空间领域、三维系统。随着GIS功能的进一步开发,它已被广泛应用于交通、能源、农林、测绘、地理、航空、地矿、物流等领域。

(二)GIS的组成

GIS主要由五部分组成。

1. 计算机硬件

计算机硬件主要包括计算机和网络设备、存储设备、数据输入、显示和输出的外设等。硬件的性能影响到软件对数据的处理速度,使用是否方便及可能的输出方式。

2. 计算机软件系统

计算机软件主要包括操作系统软件、数据库管理软件、系统开发软件、GIS软件等。GIS软件的选型直接影响到其他软件的选择,影响系统解决方案,也影响着系统建设周期和效益。

3. 地理空间数据

地理空间数据是GIS的重要内容,也是GIS系统的灵魂和生命。数据组织和处理是GIS应用系统建设中的关键环节,设计许多问题。精确的可用的数据可以影响到查询和分析的结果。

4. 组织管理人员

人是GIS系统的能动部分,人员的技术水平和组织管理能力是决定系统建设成败的重要因素。系统人员按分工不同有项目经理、项目开发人员、项目数据人员、系统文档撰写和系统测试人员等。开发人员必须定义GIS中被执行的各种任务,开发处理程序。熟练的操作人员通常可以克服GIS软件功能的不足,但是相反的情况就不成立。最好的软件也无法弥补操作人员对GIS的一无所知所带来的副作用。各个部分的人员齐心协力、分工协作是GIS系统成功建设的重要保证。

5. 方法

方法指GIS系统需要采用何种技术路线,采用何种解决方案来实现系统目标。方法的采用会直接影响系统性能,影响系统的可用性和可维护性。

(三)GIS的特点

1. 公共的地理定位基础。

2. 具有采集、管理、分析和输出多种地理空间信息的能力。

3. 系统以分析模型驱动,具有极强的空间综合分析和动态预测能力,并能产生高层次的地理信息。

4. 以地理研究和地理决策为目的,是一个人机交互式的空间决策支持系统。

(四)GIS的分类

1. 按功能

(1)专题地理信息系统(Thematic GIS)

(2)区域地理信息系统(Regional GIS)

(3)地理信息系统工具(GIS Tools)

2. 按内容

(1)城市信息系统

(2)自然资源查询信息系统

(3)规划与评估信息系统

(4)土地管理信息系统等

地理信息只是一堆数字记录,需要有合适的软件去把它们表示出来,与此同时,地理信息数据库的建立,亦有赖于合适的软件的帮助把地理数据信息化。

如今,在工商领域的市场普遍被两大地理资讯系统巨头 ESRI 及 Mapinfo 所垄断,但它们亦能够提供一套完整全面的地理资讯系统,以供客户使用。

政府及军方机构往往用到特别打造的软件,例如开源的 GRASS 或其他专门的系统,以配合其特殊需要。

虽然现在有不少自由的阅览 GIS 资料的工具,一般大众可以轻易取得的地理信息,还是依靠 Google Earth 或微软的 Virtual Earth 之类的系统。

一般汽车上的导航装置都是结合了卫星定位设备(GPS 接收机)和地理信息系统(GIS)的复合系统。汽车导航系统是地理资讯系统的一个特例,它除了一般的地理资讯系统的内容外,还包括了各条道路的行车及相关信息的数据库,这个数据库利用矢量表示行车的路线、方向、路段等信息,又利用网络拓扑结构的概念来决定最佳行走路线。地理数据文件(GDF)是为导航系统描述地图数据的 ISO 标准。

GIS 系统属于信息系统的一类,不同之处在于它能运作和处理地理参照数据。地理参照数据描述地球表面(包括大气层和较浅的地表下空间)空间要素的位置和属性。在 GIS 中地理数据分成两种:空间数据,与空间要素几何特性有关;属性数据,提供空间要素的信息。

地理信息系统(GIS)与全球定位系统(GPS)、遥感系统(RS)合称为 3S 系统。

(五)GIS 的功能

1. 数据输入功能

2. 数据校验功能

3. 数据管理功能

4. 空间查询与分析功能

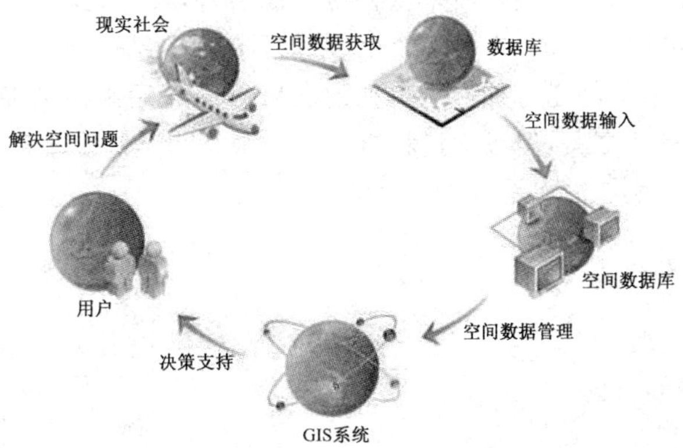

二、GIS 的发展历史

古往今来，几乎人类所有活动都是发生在地球上，都与地球表面位置（即地理空间位置）息息相关，随着计算机技术的日益发展和普及，地理信息系统以及在此基础上发展起来的“数字地球”“数字城市”在人们的生产和生活中起着越来越重要的作用。

（一）史前

15000 年前，在拉斯考克（Lascaux）附近的洞穴墙壁上，法国的 Cro Magnon 猎人画下了他们捕猎动物的图案。与这些动物图画相关的是一些描述迁移路线和轨迹线条的符号。这些早期记录已经符合现代地理资讯系统的二元素结构：一个图形文件对应一个属性数据库。

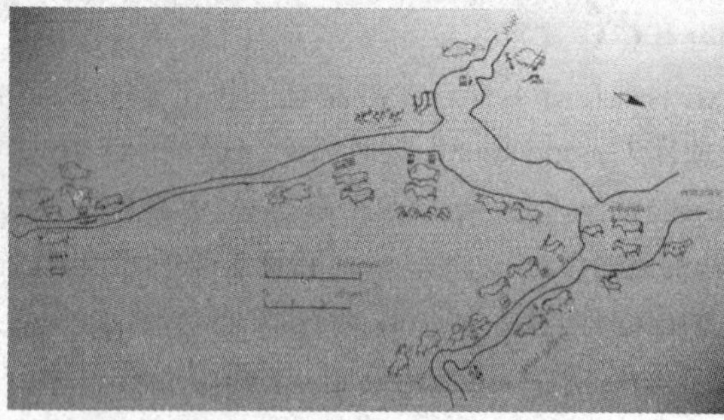

（二）18 世纪

18 世纪地形图绘制的现代勘测技术得以实现，同时还出现了专题绘图的早期版本，例如：科学方面或人口普查资料。约翰·斯诺在 1854 年，用点来代表个例，描绘了伦敦的霍乱疫情，这可能是最早使用地理方法的地方。他对霍乱分布的研究指向了疾病的来源——一个位于霍乱疫情爆发中心区域百老汇街的一个被污染的公共水泵。约翰·斯诺将水泵断开，最终终止了疫情蔓延。

（三）20 世纪初期

20 世纪初期将图片分成层的“照片石印术”得以发展，它允许地图被分成几个图层。例如：一个层表示植被，而另一层表示水。这一技术特别用于印刷“轮廓-绘制”，这是一个劳力集中的任务，但他们有一个单独的图层意味着他们可以不被其他图层上的工作混淆。这项工作最初是在玻璃板上绘制，后来塑料薄膜被引入，具有更轻、使用较少存储空间、柔韧等优势。当所有的图层完成，再由一个巨型处理摄像机结合成一个图像。彩色印刷引进后，层的概念也被用于创建每种颜色单独的印版。尽管后来层的使用成为当代地理信息系统的主要典型特征之一，但摄影过程本身并不被认为是一个地理信息系统，因为这个地图只有图像而没有附加的属性数据库。

（四）20 世纪 60 年代早期

20 世纪 60 年代早期，在核武器研究的推动下，计算机硬件的发展导致通用计算机“绘图”的应用。

1967 年，世界上第一个真正投入应用的地理信息系统由加拿大联邦林业和农村发展部在安大略省的渥太华研发。罗杰·汤姆林森博士开发的这个系统被称为加拿大地理信息系统（CGIS），用于存储、分析和利用加拿大土地统计局（使用 1∶50000 比例尺，利用关于土壤、农业、休闲、野生动物、林业和土地利用的地理信息，以确定加拿大农村的土地能力）收集的数据，并增设了等级分类因素来进行分析。

CGIS 是“计算机制图”应用的改进版，它提供了覆盖、资料数字化、扫描功能，它支持一个横跨大陆的国家坐标系统，将线编码为具有真实的嵌入拓扑结构的“弧”，并在单独的文件中存储属性和区位信息。因此，汤姆林森被尊称为“地理信息系统之父”。尤其是因为他在促进收敛地理数据的空间分析中对覆盖的应用，1996 年获得了地理信息系统“终生成就奖”。

CGIS 一直持续到 20 世纪 70 年代才完成，但耗时太长，因此在其发展初期，不能与如 Intergraph 这样的销售各种商业地图应用软件的供应商竞争。CGIS 一直使用到 20 世纪 90 年代，并在加拿大建立了一个庞大的数字化的土地资源数据库。它被开发为基于大型机的系统，以支持在联邦和省的资源规划和管理，其能力是大陆范围内的复杂数据分析。CGIS 未被应用于商业。

（五）20 世纪 80 年代至今

微型计算机硬件的发展使得像 ESRI 和 CARIS 那样的供应商成功地兼并了大多数的 CGIS 特征，并结合了对空间和属性信息的分离的第一种世代方法与对组织的属性数据的第二种世代方法入数据库结构。

20 世纪 80 年代和 90 年代，产业成长刺激了应用了 GIS 的 UNIX 工作站和个人计算机的飞速增长。至 20 世纪末，在各种系统中迅速增长使得其在相关的少量平台已经得到了巩固和规范，并且用户开始提出了在互联网上查看 GIS 数据的概念。这要求数据的格式和传输标准化。

三、GIS 在物流领域的应用

理论上，凡是涉及地理分布的领域都可以应用 GIS 技术。它不仅可以对空间数据采集、输入、编辑、存储、处理、分析和查询，而且还可以为用户进行预测、监测、规划管理和决策提供科学依据。

物流过程实际上是实物的空间位置转移过程，无论是运输还是配送，都涉及货物地理未知的变化，都关系到运输路线的选择、车辆的调度和配送线路的优化。GIS 和 GPS 在物流过程中的配合使用，有利于物流配送提高资源使用率，降低消耗和成本，快速响应客户需求，为客户提供优质服务。

复习思考题

1. 何为 GIS 技术？
2. GIS 系统有哪几个组成部分？
3. GIS 在物流领域的实际应用体现在哪些方面？

任务 5　互联网技术在物流领域的应用

知识目标

1. 了解互联网技术的概念。
2. 了解互联网的组成。
3. 数据库技术。
4. 互联网在物流领域的应用。

能力目标

1. 掌握企业内网和企业外网的区别和联系。
2. 可以在自已的权限内，有效地利用企业内网的各种资源。

引导案例

20 世纪 90 年代以后，企业网络已经成为连接企业、事业单位各部门并与外界交流信息的重要基础设施。随着计算机技术与网络技术的迅猛发展，基于局域网和广域网技术发展起来的企业网络技术得到了迅速的发展，尤其是企业计算机网络开放系统集成技术受到人们普遍重视。

知识准备

一、互联网技术

(一)何为“互联网”

互联网技术是在计算机技术的基础上开发建立的一种信息技术(Information Technology，IT)

概念的范围：

第一层是指硬件，主要是指数据存储、处理和传输的主机和网络通信设备。

第二层是指软件，包括可用来搜集、存储、检索、分析、应用、评估信息的各种软件，如我们通常所指的ERP(企业资源计划)、CRM(客户关系管理)、SCM(供应链管理)等商用管理软件，也包括用来加强流程管理的WF(工作流)管理软件、辅助分析的DW/DM(数据仓库和数据挖掘)软件等。

第三层是指应用，指搜集、存储、检索、分析、应用、评估使用各种信息，包括应用ERP、CRM、SCM等软件直接辅助决策，也包括利用其他决策分析模型或借助DW/DM等技术手段来进一步提高分析的质量，辅助决策者作决策(强调一下，只是辅助而不是替代人决策)。

有些人理解的互联网技术把前二层合二为一，统指信息的存储、处理和传输；第三层则为信息的应用。也有些人把后二层合二为一，认为前者是硬件，后者为软件。通常第三层还没有得到足够的重视，但事实上却是唯有当信息得到有效应用时IT的价值才能得到充分发挥，也才能真正意义上实现“信息化”的目标。信息化本身不是目标，它只是在当前时代背景下一种实现目标比较好的手段。

(二)技术名词

数据(data)：事实的记录。如：上季度某产品在华东地区销售额为120万元。

信息(information)：数据＋意义(meaning)。如：上季度某产品华东地区销售额比去年同期减少了25%。

智能(intelligence)：信息＋理解(understanding)＋推理(reasoning)。如：分析原因是华东地区销售单位经营有问题，或某产品进入了衰退期，还是公司整体运营方式有问题导致，亦或其他原因。

知识(knowledge)＝智能＋解决问题的技能(skill)。针对这一问题公司的应对策略是什么？

智慧(wisdom)＝知识的选择(selection)。应对的行动方案可能有多种，但战略则是选择哪个的“智慧”，行动又会产生新的交易数据即“结果”。

(三)互联网技术的组成

互联网技术的普遍应用，是进入信息社会的标志。不同的人和不同的书上对此有不同的解释，但一个基本上大家都同意的观点是，信息技术(IT)由以下四部分组成：

1. 传感技术

这是人的感觉器官的延伸与拓展，最明显的例子就是条码阅读器，主要完成对信息的识别与搜集。

2. 计算机技术

这是人的大脑功能的延伸与拓展，承担对信息进行处理的功能。

由于计算机的特点，使以前难以解决甚至无法解决的问题得以解决。如在库存信息处理方面，对时常需要更新的库存数据、图表，计算机可以很快给出结果，使企业在及时补充库存、调整库存商品种类、减少冗余库存、合理安排运输路线和装运量、节约资源等方面都能进行有效的改进。

3. 通信技术

这是人的神经系统的延伸与拓展，承担着传递信息的功能。

过去人们传递信息主要依靠口头、书信、电话、电报等方式。目前数据传输率最大的光纤通信，其传输速率可高达 43TB/s。以资金周转为例，在我国使用传统方法进行资金流通结算，国内一般需要一个星期，国际一般需要半个月左右，而通过现代通信技术，国内国际的资金流通结算均可在 24 小时内完成。

4. 网络技术

网络技术的发展和应用使各地互联的计算机充分共享资源(硬件、软件和数据)，为拓展人们的信息处理能力创造了一个世界范围内的虚拟空间。

在企业内部，通过局域网的建设，企业的人、财、物、产、供、销等各部门之间实现了信息共享。这样可以减少企业内部沟通的时间和降低运作的成本，使决策者作出全盘的统筹规划。对于企业的外部环境，网络技术把整个世界都展现在人们眼前，对整个企业工作流程进行全城动态实时跟踪，随时掌握产品信息、客户情况、对手动态、行业动态、政策法规等最新情况。

所谓信息化是指用信息技术来改造行业和产业，从而提高企业的效益。在这个过程中，信息技术承担了一个得利工具的角色。

二、计算机网络技术

(一)何为"计算机网络"

计算机网络是通过通信媒介将不同地理位置的多台具有独立功能的计算机连接起来，并借助网络硬件按照网络通信协议和网络操作系统来进行数据通信，实现网络上的资源共享和信息交换的系统。

计算机网络技术是现代通信技术与计算机技术相结合的产物，信息的处理离不开计算机，而信息的传输与交换必须依靠计算机网络，计算机网络是信息时代最重要、最关键的组成部分，对现代人类的生活和工作起着巨大的作用。

同样，物流信息的管理也离不开计算机网络技术，计算机网络技术是物流信息管理的重要组成部分。

(二)计算机网络的组成

计算机网络由网络硬件系统和网络软件系统组成。在网络系统中，网络硬件对网络的组建起着决定性作用，而网络软件则是挖掘网络潜力的工具。

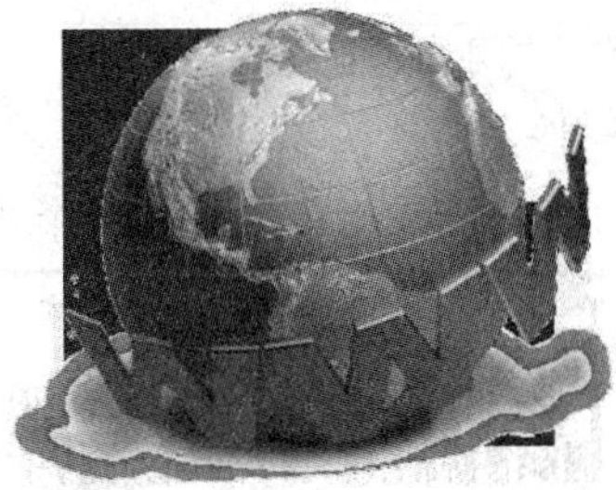

1. 网络硬件系统

硬件系统是构成局域网的所有物理设备的总称，主要包括计算机设备和通信传输设备。这些设备按照功能和在网络中的作用可分为服务器、客户机、网络适配器（网卡）、通信设备、连接设备、传输介质等。

（1）服务器

服务器是网站的灵魂，是打开网站的必要载体，没有服务器的网站用户无法浏览。服务器就像一块敲门砖，就算网站在搜索引擎里的排名再好，网站打不开，用户无法浏览，网站就没有用户体验可言，网站被打开是第一个重点。

服务器是网络的核心，它拥有大量可共享的硬件资源（如大容量磁盘、高速打印机、高性能绘图仪等）和软件资源（如数据库、数据文件、应用程序等），并具有管理这些资源和协调网络用户访问资源的能力。

（2）工作站

工作站是一种高档微型计算机，通常配有高分辨率的大屏幕显示器及容量很大的内存储器和外部存储器。

（3）传输介质

传输介质即用于网络设备间的通信连接的网络电缆。常用的传输介质有双绞线、同轴电缆、光纤等。

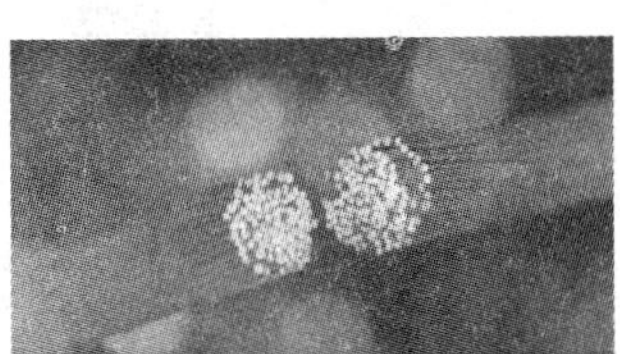

(4)网卡

网卡也称为“网络适配器”,是局域网中用于将网络与计算机相连接的设备。

2. 网络软件系统

计算机网络软件系统包括网络操作系统、网络通信协议和网络应用软件。

(1)网络操作系统

网络操作系统(Network Operation System,NOS)是网络的心脏和灵魂,是向网络计算机提供服务的特殊的操作系统。它在计算机操作系统下工作,使计算机操作系统增加了网络操作所需要的能力。

网络操作系统的选择是网络设计中非常重要的一环,它在很大程度上决定了整个网络的整体性能。

如今常用的网络操作系统主要由 Novell 公司的 NetWare、Microsoft 公司的 Windows 系列、Unix 和 Linux 系统。它们都是随着计算机网络在不同领域的应用先后发展起来的,也是正在不断发展和完善的典型的网络操作系统。

(2)网络通信协议

在网络发展的初期,许多研究机构、计算机厂商和公司都大力发展计算机网络。自从 ARPA 网出现后,市场上出现了许多商品化的网络系统。这些自行发展的网络,在体系结构上差异很大,以至于它们之间互不相容,难以相互连接以构成更大的网络系统。

要保证数据有条不紊的在网络上传输,各个独立的计算机系统之间必须达成某种默契,严格遵守事先约定好的一整套通信规程,这些通信规程我们称之为网络协议。

为此,国际标准化组织(ISO)在 1977 年成立了一个分委员会来专门研究一种用于开放性的体系结构,提出了开放系统互联(Open System Interconnection,OSI)模型,这是一个定义连接异种计算机的标准主体结构。所谓开放是指任何计算机系统只要遵守这一国际标准,就能同世界上位于其他任何地方的也遵守这一标准的计算机系统进行通信。

(三)计算机网络的分类

计算机网络的分类与一般事物的分类方法一样,可以按照事物所具有的不同特点即事物的属性分类。

1. 按通信距离分

(1)局域网

局域网(Local Area Network,LAN)是将较小地理区域内的计算机连接在一起的计算机网络。一般是一个单位、一幢大楼或一个部门。通常使用单位或部门自己组建的专用通信线路,涉及的范围较小,一般在十几公里以内。

局域网是在小型计算机和微型计算机大量推广使用之后才逐步发展起来的。一方面，它容易管理与配置；另一方面，容易构成简洁整齐的拓扑结构。

局域网具有传输速率高、差错率低、传输延迟小等特点，所以网络节点往往能对等的参与对整个网络的使用与监控。

(2)城域网

城域网(Metropolitan Area Network，MAN)是介于局域网与广域网之间的一种高速网络，通常覆盖一个城市，在几十公里范围内。

随着局域网使用带来的好处，人们逐渐要求扩大局域网的范围，或者要求将已经使用的局域网相互连接起来，使其成为一个规模较大的网络。

城域网能满足企业、机关、公司与社会服务部门的计算机联网需求，传输介质主要使用光纤，可实现大量用户、多种信息传输的综合信息网络。

(3)广域网

广域网(Wide Area Network，WAN)又称"远程网"，是在一个广阔的地理范围内进行计算机连接的计算机网络。一般是跨城市、地区甚至国家，涉及地理范围较大，通常在几十到几千公里。

出于军事、国防和科研的需要，广域网发展较早。例如，ARPA net 于 1971 年就在全美推广使用并延伸到世界各地。在广域网中，网络之间连接的通信线路常常借用传统的公共传输网(如电报、电话网)来实现。由于这些传输网原来多是为传送声音信号而设计的，这就使广域网的数据传输速率要比局域网低得多。但如今，随着光纤、无线等新型材料和技术的出现，传输速率大大提高。

由于广域网的布局不规则，使得网络的通信控制比较复杂，一般采用点对点的通信技术，所以必须解决寻径问题，这就是广域网的物理网络中必须包含网络层的原因。

2. 按传输介质分

(1)有线网

有线网是采用双绞线或光纤连接的计算机网络。

双绞线网是目前最常见的联网方式。它价格低廉，安装方便，但易受干扰，传输速率较低，传输距离比光纤要短。

(2)无线网

无线网是用电磁波作为载体来传输数据，目前无线网联网技术已相对成熟，联网方式灵活方便，是一种很有前途的联网方式。

3. 按拓扑结构分

拓扑(Topology)是一种研究与大小、距离无关的几何图形特性的方法。

在计算机网络中，如果把主机、终端和各种数据通信控制设备等定义为节点，而把两个节点间的连线称为链路，则计算机网络拓扑结构就是一组节点和链路的几何排列或物理布局图形，用以表示网络节点的分布形状及相互关系。

计算机网络的拓扑结构反映了网络中各实体之间的结构关系，它主要是指通信子网的拓扑结构。网络拓扑结构是实现各种协议的基础，并直接关系到网络设计、网络性能、系统可靠性和通信费用等因素，所以它也是设计计算机网络的第一步。

(1)总线形

在总线形拓扑结构中,网络中的各个节点通过相应的硬件接口直接连接到传输介质或一根总线上,所有节点地位平等。

实际网络中,"总线"并非真的就是一条很长的网线,其实它是由很多条较短的网线连接而成的。所以从宏观角度来看,它算是一条网线,但是从微观角度来看,应该是许多段网线所连接成的。

由于各节点通过总线来传输信息,并且各节点对于总线的使用权是平等的,没有某一个节点有特殊的优先权。在总线上某一时刻若有两个节点同时发送数据,则这两个数据将会在总线上发生"冲突",造成所发送的数据不能被目的节点正确接收。为了避免"冲突"产生,就有一个解决"争用"总线问题的方式,以使各节点充分利用总线的信道空间和时间来传送数据并不会发生相互冲突。这就是介质访问控制方式。

总线形拓扑结构的网络具有以下特点:

总线形网络在早期非常盛行,局域网大多数都采用这种结构,如以太网(Ethernet)。因为它具有成本低廉和布线简单的优点。不过简单的结构背后,难免会存在一些缺失。首先是只要总线中任何一段线路故障,整个网络就瘫痪了,而且在追查该故障线路时比较麻烦;其次是要加入或减少计算机时,也会使网络暂时中断。这两项主要缺点在日益重视网络管理的今日,使得总线形网络逐渐消失在网络舞台上。

(2)星形

星形拓扑结构是继总线形结构后兴起的网络结构,其所有节点都接到了一个特殊装置(中央节点)上。这种结构是中心向外成放射状,因此成为星形网络,中央节点接收分散节点的信息再转发给相应的节点。一般是由集线器或交换机来承担中央节点的功能,传输介质一般为双绞线。

星形网络的优点正好弥补总线形网络的缺点。星形拓扑结构的网络具有以下特点:

①局部线路故障只会影响局部区域,不会导致整个网络瘫痪。除非整个网络只有一部集线器,而碰巧问题出在集线器,这样才会使整个网络都停止工作。

②追查故障点时相当方便,通常从集线器或交换机上对应的指示灯便能很快查知。

③新增或减少计算机时,不会造成网络中断。

④唯一缺点是必须增加一笔购买集线器或交换机的成本,但是由于集线器的价格日趋降低,使得这个缺点的影响逐渐缩小,因此星形网络已成为目前小型局域网的趋势。

(3)环形

环形拓扑结构是网络中各节点通过一条首尾相连的通信链路连接起来形成一个闭合的链路环(Ring)。

环形结构中各工作站地位平等,网络中的信息流是定向的,传输延迟也是确定的。每个节点按照位置不同而有一个顺序编号,信号会按照该顺序编号以"接力"方式传递,传到最后时再传给发出信号的计算机。

总线形和星形拓扑结构的网络在数据传输时都有可能发生两台或多台计算机同时传送数据而导致信号冲突、使整个网络暂时无法工作的现象。在环形网络的计算机上,传送信号前必须先取得"令牌",有令牌的计算机才准传送数据,而令牌只有一张,并且是按照顺序编号轮流传递，所以不会发生冲突情况。

(4)树形

树形结构是星形的扩展，是一种分层结构，具有根节点和各分支节点。树形结构网络中除了叶节点外，所有根节点和子树节点都是转发节点，因此，它是一个在分级管理基础上的集中控制通信网，适用于分级管理和控制系统。

网络拓扑结构会因为网络设备、技术和成本的改变而有所变化。

(四)计算机网络的功能

虽然各种特定的计算机网络可以有其各自的功能，但一般可以将它们共同的功能归纳为以下几点：

1. 资源共享

计算机网络最主要的功能是突破地域限制，向用户提供资源共享的手段。用户无须考虑自己以及所用资源在网络中的位置，就可以通过计算机网络使用所有资源。可共享的资源包括计算机网络中的硬件设备(如存储设备、打印设备、扫描仪等)和软件(包括程序、数据和文档等)。

2. 数据传输和集中处理

数据传输是计算机网络的基本功能，根据需要可将分散在各地的数据信息进行集中或分级处理与管理，通过综合分析处理后得到有价值的信息。

3. 均衡负荷与分布式处理

在计算机网络中，当某台计算机的处理任务过重而太“忙”时，可以将部分工作转交给网络中其他较“空闲”的计算机来完成，以均衡负荷，减轻局部负担。

在处理综合性的大型问题时，可以按一定的算法将任务分配给网络中不同的计算机进行分散处理，提高处理速度和设备利用率。

4. 改善可靠性，提高性价比

计算机网络中的计算机能够彼此互为备用，一旦网络中某台计算机出现故障，则网络中的其他计算机可以取而代之。

另外，虽然大型计算机运算速度快，处理能力强，但价格昂贵，用多台功能较强的个人计算机来组成计算机网络系统，由于资源共享，使用方便，性能价格比明显提高。

三、数据库技术

数据库技术是研究数据库的结构、存储、设计和使用的一门软件科学，是进行数据处理和管理的技术。

随着计算机的普及，现在企事业、交通运输、情报检索和金融等各行各业都纷纷建立以数据库为核心的信息系统。

数据库在当今信息处理和管理中的作用越来越大，从某种意义上来说，数据库建设的规模、信息的数量和质量以及数据库的使用频度，是衡量国家信息化程度的标志之一。

数据管理技术是指对数据进行分类、组织、编码、存储、检索和维护的技术。数据管理技术的发展是和计算机技术及其应用的发展联系在一起的，经历了由低级到高级的发展过程。这一过程大致可以分为四个阶段：人工管理阶段、文件系统阶段、数据库系统阶段和高级数据库技术阶段。

(一)人工管理阶段

在计算机出现和普及以前,人们运用常规的手段从事记录、存储数据,并对数据进行人工方式的加工和处理,也就是利用纸张来记录和利用计算工具(算盘、计算尺)来进行计算,并主要使用人的大脑来进行管理和利用这些数据。

到了20世纪50年代中期,计算机主要用于科学计算。当时没有磁盘等直接存取设备,只有纸带、卡片、磁带等外存,也没有操作系统和管理数据的专门软件。数据处理的方式是批处理。

人工管理数据阶段的特点是:

1.数据不能长期保存在计算机中。因为当时计算机主要用于科学计算,对于数据保存的需求尚不迫切。

2.系统没有专用的软件对数据进行管理。每个应用程序都要包括数据的存储结构、存取方法和输入方法等,程序员编写应用程序时,还要安排数据的物理存储,因此程序员负担很重。

3.数据不共享。数据时面向程序的,一组数据只能对应一个程序。即使两个不同应用程序涉及相同的数据,也必须各自定义,无法互相参照和引用,因此数据大量冗余。

4.数据不具有独立性。程序依赖于数据,如果数据的类型、格式或输入/输出方式等逻辑结构或物理结构发生变化,则必须对应用程序作出相应的修改。

(二)文件系统阶段

20世纪50年代后期到60年代中期,随着计算机硬件和软件的发展,磁盘、磁鼓和磁带等较大容量的可直接存取设备开始出现并普及,有了操作系统、高级程序设计语言,计算机的应用范围也由科学计算领域扩展到数据处理领域。

文件系统阶段的特点是:

1.数据以文件形式可以长期保存在计算机中并由操作系统来管理,文件的组织方式由顺序文件逐步发展到随机文件。

2.操作系统的文件管理系统提供了对数据的输入和输出操作接口,即提供数据存取方法。

3.一个应用程序可以使用多个文件,一个文件可以被多个应用程序使用,数据可以共享。

4.数据面向应用,因此数据共享性、独立性差,且冗余度大,管理和维护的代价很大。

(三)数据库系统阶段

20世纪60年代后期开始,随着计算机性能的进一步提高,更重要的是出现了大容量的磁盘,存储容量大大增加且价格下降。在此基础上,才有可能克服文件系统管理数据时的不足,从而满足和解决实际应用中多个用户、多个应用程序共享数据的要求,从而使数据能为尽可能多的应用程序服务,这就出现了数据库这样的数据管理技术。数据库的特点是数据不再只针对某一个特定的应用,而是面向全组织,具有整体的结构性,共享性高,冗余度减小,具有一定的程序与数据之间的独立性,并且对数据进行统一的控制。

数据库系统阶段的特点是：

1.采用一定的数据模型来组织数据，数据不再面向单一的应用，而是面向整个应用系统。

2.应用程序独立于数据，实现了数据的独立性。

3.数据的冗余度明显减少，从而减少了数据的不一致性。

4.为用户的数据操作提供了方便的接口，实现了数据共享。

5.提供了以下数据控制功能：

数据完整性控制：保证数据库中的数据的正确性、相容性和一致性。

数据安全性控制：保护数据的安全和保密，以防被窃和失密。

数据的并发控制：防止数据共享时相互干扰和恶意破坏。

数据库的恢复：发生数据损坏时尽可能恢复到最近一个正确的状态。

（四）高级数据库阶段

20 世纪 80 年代后期开始，以微型计算机和计算机网络为特征的计算机技术及应用取得了飞速的发展，并更加广泛地与其他学科技术相互结合和相互渗透。

在数据库领域中诞生了很多高新技术，并产生了许多新型数据库，其中有些已经成熟并进入了实用阶段，具有代表性的是分布式数据库和面向对象的数据库。

四、企业内部网络

20 世纪 90 年代以后，由于 Internet 技术尤其是 WWW 技术的发展以及企业网络技术的发展为 Intranet 的形成奠定了技术基础。企业网络已经成为连接企业、事业单位各部门并与外界交流信息的重要基础设施。

随着计算机技术与网络技术的迅猛发展，基于局域网和广域网技术发展起来的企业网络技术得到迅速的发展，尤其是企业计算机网络开放系统集成技术受到人们普遍重视。在市场经济和信息社会中，企业网络对物流企业的综合竞争力的增加有着十分重要的意义。因此，为了将 Internet 技术和现有的企业网络相结合，更好地满足企业经营和发展的要求，需要一种新型的企业计算机网络系统——Intranet（内部网络）。

（一）何为“Intranet”

Intranet 是基于 Internet 的 TCP/IP 协议、使用 WWW 工具、采用防止外界侵入的安全措施、为企业内部服务并有链接 Internet 功能的企业内部网络。

Intranet 与 Internet 的联系在于：Intranet 是使用 Internet 技术组建的企业内部网，

Intranet 要与 Internet 互联才能发挥作用。

Intranet 与 Internet 的区别在于：Intranet 是一种企业内部网，而 Internet 是一种公共信息网。Internet 允许任何人从任何一个站点访问它的资源，而 Intranet 内部信息必须严格加以保护，它必须通过防火墙与 Internet 连接。

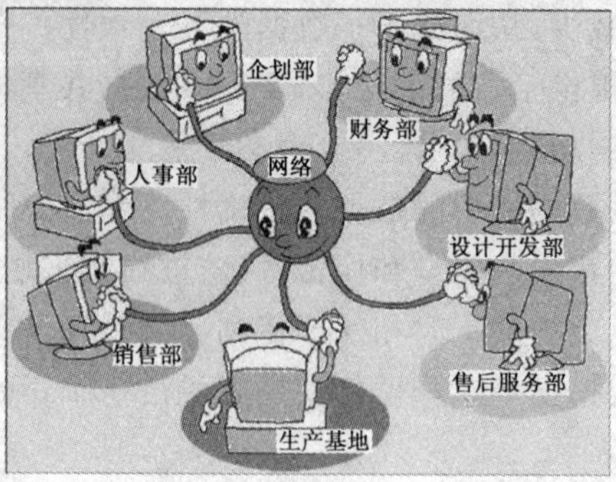

（二）Intranet 的特点

1. 开放性和可扩展性

由于采用了 Internet 的 TCP/IP、FTP、HTML、Java 等一系列标准，Intranet 具有良好的开放性，可以支持不同计算机、不同操作系统、不同数据库、不同网络的互联。在这些相异的平台上，各类应用可以相互移植、相互操作，使它们有机地集成为一个整体。在此基础上，应用的规模也可以增量式扩展，先从关键的小的应用着手，在小范围内实施取得效益和经验后，再加以推广和扩展。

Intranet 的开放性和可扩展性使之成为构筑记过组织级信息公路的主流。对内方面，Intranet 可将机构内部各自封闭的局域网信息孤岛联成一体，实现机构组织的信息交流、资源共享和业务运作；对外方面，可方便地接入 Internet 成为全球信息网的成员，实现世界及信息交流和电子商务。

2. 通用性

Intranet 的通用性表现在它的多媒体集成和多应用集成两个方面。

在 Intranet 上，用户可以利用图、文、声、像等各类信息，实现机构组织所需的各种业务管理和信息交流。

Intranet 从客户终端、应用逻辑和信息存储三个层次上支持多媒体集成。在客户端，Web 浏览器允许在一个程序里展现文本、声音、图像、视频等多媒体信息；在应用逻辑层，Java 提供交互的、三位的虚拟现实界面；在信息存储层，面向对象数据库为多媒体的存储和管理提供了有效的手段。

利用 TCP/IP、Web、Java 和分布式面向对象等开放性技术，Intranet 能支持不同内容应用在不同平台上的集成，这些应用可运行在同一机构组织的不同部门，也可运行在不同机构组织之间。

3. 简易性和经济性

Intranet 的性能价格比远高于其他通信方式，这主要体现在其网络基础设施的费用投入较少。由于采用开放的协议和技术标准，大部分机构组织的现存平台，包括网络和计算机，均可继续利用。

作为 Intranet 的基本组成，Web 服务器和浏览器不仅价格较低，而且安装配置简易。作为开发语言，HTML 和 Java 等容易掌握和利用，使开发周期缩短。另外，Intranet 可扩展性不仅支持新系统的增量式构造，从而降低开发风险，而且支持与现存系统的接口和平滑过渡，可充分利用已有资源。

超文本的界面统一标准，操作简易友善，超链使用户只要简单地操纵鼠标就可浏览和存取所需的信息。由此，对用户的培训可以大大地简化。

Intranet 的简易性和经济性不仅表现在开发和使用上，而且还表现在管理和维护上。由于 Intranet 采用瘦客户机方式，其客户端不存在程序代码，所以维护更新和管理可以方便地在服务器上进行。另外，由于 Intranet 开发和维护技术要求简单，可以让更多部门甚至个人参与开发，从而降低了 IT 人员的负荷和数量。

4. 安全性

Intranet 的安全性是它区别于 Internet 的最大特征之一。Intranet 的实现基于 Internet 技术，两个地理位置不同的部门或子机构也可能利用 Internet 相互连接。由于 Intranet 通常主要限于内部使用，所以在与 Internet 互联时，必须加密数据，设置防火墙，控制职员随意接入 Internet，以防止内部数据泄密、篡改和黑客入侵。

五、数据仓库与数据挖掘

（一）数据仓库

1. 何为“数据仓库”

数据仓库（Data Warehouse，DW/DWH）是由“数据仓库之父”比尔 · 恩门（Bill Inmon）于 1990 年提出的，它通常是一个面向主题的、集成的、随时间变化的、但信息本身相对稳定的数据集合，用于对管理决策过程的支持。

这里的主题是指用户使用数据仓库进行决策分析时所关心的重点方面，如收入、客户、销售渠道等。所谓面向主题，是指数据仓库内的信息是按主题进行组织的，而不是像业务支撑系统那样是按业务功能进行组织的。

集成是指数据仓库中的信息不是从各个业务系统中简单抽取出来的，而是经过一系列加工、整理和汇总的过程，因此数据仓库中的信息是关于整个企业的全局信息。

随时间变化是指数据仓库内的信息并不只是反映企业当前的状态，而是记录了从过去某一时点到当前各个阶段的信息。

数据仓库是为企业所有级别的决策制定过程提供支持的所有类型数据的战略集合。它是单个数据存储，出于分析性报告和决策支持的目的而创建，为企业提供需要业务智能来指导业务流程改造和监视时间、成本、质量和控制等服务的技术。

2. 数据仓库的特点

（1）面向主题

操作型数据库的数据组织面向事务处理任务，而数据仓库中的数据是按照一定的主题域进行组织。主题是指用户使用数据仓库进行决策时所关心的重点方面，一个主题通常与多个操作型信息系统相关。

(2)集成性

数据仓库的数据有来自于分散的操作型数据，将所需数据从原来的数据中抽取出来，进行加工与集成，统一与综合之后才能进入数据仓库。

数据仓库中的数据是在对原有分散的数据库数据抽取、清理的基础上经过系统加工、汇总和整理得到的，必须消除源数据中的不一致性，以保证数据仓库内的信息是关于整个企业的一致的全局信息。

数据仓库的数据主要供企业决策分析之用，所涉及的数据操作主要是数据查询，一旦某个数据进入数据仓库之后，一般情况下将被长期保留，也就是数据仓库中一般有大量的查询操作，但修改和删除操作很少，通常只需要定期地加载、刷新。

数据仓库中的数据通常包含历史信息，系统记录了企业从过去某一时点(如开始应用数据仓库的时点)到目前的各个阶段的信息，通过这些信息，可以对企业的发展历程和未来趋势作出定量分析和预测。

(3)不可更新

数据仓库主要是为决策分析提供数据，所涉及的操作主要是数据的查询。

(4)随时间而变化

传统的关系数据库系统比较适合处理格式化的数据，能够较好地满足商业商务处理的需求。稳定的数据以只读格式保存，且不随时间改变。

(5)汇总

操作型数据映射成决策可用的格式。

(6)大容量

时间序列数据通常都非常大。

(7)非规范化

DW 数据可以是而且经常是冗余的。

(8)元数据

将描述数据的数据保存起来。

(9)数据源

数据来自内部的和外部的非集成操作系统。

数据仓库是在数据库已经大量存在的情况下，为了进一步挖掘数据资源，为了决策需要而产生的，它并不是所谓的“大型数据库”。数据仓库的方案建设的目的，是为前端查询和分析作为基础，由于有较大的冗余，所以需要的存储空间也较大。

3. 数据仓库与数据库的关系

企业的数据处理大致分为两类：一类是操作型处理，也称为“联机事务处理”，它是针对具体业务在数据库联机的日常操作，通常对少数记录进行查询、修改；另一类是分析型处理，一般针对某些主题的历史数据进行分析，支持管理决策。

两者具有不同的特征，主要体现在以下几个方面：

(1)处理性能

日常业务涉及频繁、简单的数据存取，因此对操作型处理的性能要求是比较高的，需要数据库能够在很短的时间内作出反应。

(2)数据集成

企业的操作型处理通常较为分散,传统数据库面向应用的特性使数据集成困难。

(3)数据更新

操作型处理主要由原子事务组成,数据更新频繁,需要并行控制和恢复机制。

(4)数据时限

操作型处理主要服务于日常的业务操作。

(5)数据综合

操作型处理系统通常只具有简单的统计功能。

数据库已经在信息技术领域有了广泛的应用,我们社会生活的各个部门,几乎都有各种各样的数据库保存着与我们的生活和工作息息相关的各种数据。作为数据库的一个分支,数据仓库概念的提出,相对于数据库从时间上就近得多。

(二)数据挖掘

1. 何为"数据挖掘"

数据挖掘(Data Mining)是数据库知识发现中的一个步骤,数据挖掘一般是指从大量的数据中通过算法搜索隐藏于其中信息的过程。

近年来,数据挖掘引起了信息产业界的极大关注,其主要原因是存在大量数据可以广泛使用,并且迫切需要将这些数据转换成有用的信息和知识。获取的信息和知识可以广泛用于各种领域,包括商务管理、生产控制、市场分析、工程设计和科学探索等。

数据挖掘利用了来自如下一些领域的思想:

(1)来自统计学的抽样、估计和假设检验;

(2)人工智能、模式识别和机器学习的搜索算法、建模技术和学习理论。

数据挖掘也迅速接纳了来自其他领域的思想,这些领域包括最优化、进化算法、信息论、信号处理、可视化和信息检索。一些其他领域也起到了重要的支撑作用。特别需要数据库系统提供有效的存储、索引和查询处理支持。源于高性能(并行)计算的技术在处理海量数据集方面具有非常重要的意义。分布式技术也能帮助处理海量数据,并且数据不能集中到一起处理时更是至关重要。

2. 数据仓库与数据挖掘的关系

若将数据仓库比作矿坑,数据挖掘就是深入矿坑挖掘的工作。毕竟数据挖掘不是一种无中生有的魔术,也不是点石成金的炼金术,若没有足够丰富完整的数据,是很难期待数据挖掘能挖掘出什么有意义的信息的。

从数据仓库中挖掘出对决策有用的信息和知识,是建立数据仓库与使用数据挖掘的最大目的。而如何从数据仓库挖掘有用的数据,则是数据挖掘的研究重点,二者的本质和过程是两码事。换句话说,数据仓库应先行建立完成,数据挖掘才能有效率地进行,因为数据仓库本身所含数据是干净(不会有错误的数据掺杂其中)、完整的,而且是经过整合的。因此两者的关系可描述为"数据挖掘是从巨大的数据仓库中找出有用信息的一种过程与技术"。

六、网络信息安全

随着计算机网络技术的飞速发展，尤其是互联网的应用变得越来越广泛，在带来了前所未有的海量信息的同时，网络的开放性和自由性也产生了私有信息和数据被破坏或侵犯的可能性，造成特别重大损失的2007年的“熊猫烧香”病毒、2013年6月的爱德华·斯诺登曝出的“棱镜门”等事件给全社会上了一堂堂生动的网络信息安全普及课，网络信息的安全性变得日益重要起来，已被信息社会的各个领域所重视。

（一）网络信息安全威胁与对策

1. 当今网络在安全攻击面前显得如此脆弱源于以下几个方面的原因：

(1)Internet所用底层TCP/IP网络协议本身易受到攻击，该协议本身的安全问题极大地影响到了上层应用的安全。

(2)Internet上广为传播的易用黑客和解密工具使很多网络用户轻易获得了攻击网络的方法和手段。

(3)快速的软件升级周期，会造成问题软件的出现，经常会出现操作系统和应用程序存在新的攻击漏洞。

(4)现行法规政策和管理方面存在不足。目前我国针对计算机及网络信息保护的条款不细致，网上保密的法规制度可操作性不强，执行不力。同时，不少企业没有从管理制度、人员和技术上建立相应的安全防范机制。缺乏行之有效的安全检查保护措施，甚至有一些网络管理员利用职务之便从事网上违法行为。

2. 网络信息安全威胁

网络信息安全是一个非常关键而又复杂的问题，涉及计算机科学、网络技术、通信技术、密码技术、应用数学等多种学科。

网络信息安全是指网络信息系统资源（硬件、软件和信息）不受自然和人为有害因素的威胁和危害。网络信息系统之所以存在着脆弱性，主要是由于技术本身存在着安全弱点、系统的安全性差、缺乏安全性实践等；网络信息系统受到的威胁和攻击除了自然灾害外，主要来自计算机犯罪、计算机病毒、黑客攻击、信息战争和计算机系统故障等。

我国大量的网络基础设施和网络应用依赖于国外的产品和技术，在电子政务、电子商务和各行业的计算机网络应用尚处于发展阶段，以上这些领域的大型计算机网络工程都是由国内一些较大的系统集成商负责。有些集成商缺乏足够专业的安全支撑技术力量，同时一些负责网络安全的工程技术人员对许多潜在风险认识不足，缺乏必要的技术设施和相关处理经验，面对形势日益严峻的现状，很多时候都显得有些力不从心。也正是由于受技术条件的限制，很多人对网络安全的意识仅仅停留在如何防范病毒阶段，对网络安全缺乏整体意识。

由于网络信息系统已经成为信息社会与知识经济的重要生产资料，其中的信息数据更成为一些人窥视的目标。再者，由于网络信息系统自身所固有的脆弱性，是网络信息系统面临威胁和攻击的考验。网络信息系统的安全威胁主要来自于以下几个方面：

(1)自然灾害

网络信息系统关键计算机仅仅是一个智能的机器，易受自然灾害及环境(温度、湿度、振动、冲击、污染)的影响。

目前，不少计算机机房并没有防震、防火、防水、避雷、防电磁泄漏或干扰等措施，接地系统也疏于周到考虑，抵御自然灾害和意外事故的能力较差。日常工作中因断电而设备损坏、数据丢失的现象时有发生。由于噪声和电磁辐射，导致网络信噪比下降，误码率增加，信息的安全性、完整性和可用性受到威胁。

(2)黑客的威胁和攻击

网络上的黑客攻击事件越演越烈，已经成为具有一定经济条件和技术专长的形形色色攻击者活动的舞台。他们具有计算机系统和网络脆弱性的知识，能使用各种计算机工具。

境内外黑客攻击破坏网络的问题十分严重，他们通常采用非法侵入重要信息系统，窃听、获取、攻击侵入网的有关敏感性重要信息，修改和破坏信息网络的正常使用状态，造成数据丢失或系统瘫痪，给国家或企业造成重大政治影响和经济损失。

黑客问题的出现，并非黑客能够制造入侵的机会，从没有路的地方走出一条路，只是他们善于发现漏洞，即信息网络本身的不完善性和缺陷，将这些漏洞作为被攻击的目标或利用为攻击的途径。信息网络的脆弱性引发了信息社会的脆弱性和安全问题，正在受到自然或人为破坏的威胁。

(3)计算机病毒

近些年，出现了曾引起世界性恐慌的计算机病毒，其蔓延范围广，增长速度惊人，损失难以估计。

它像灰色的幽灵将自己附在其他程序上，在这些程序运行时进入到系统中进行扩散。计算机染上病毒后，轻则使系统工作效率下降，重则造成系统死机或毁坏，使部分文件或全部数据丢失，甚至造成计算机主板等部件的损坏。

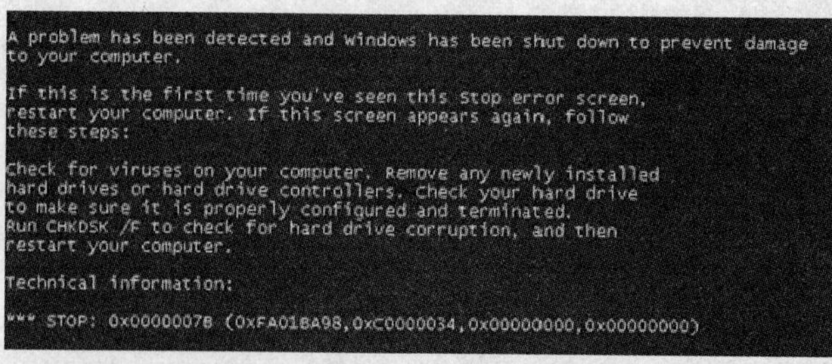

(4)垃圾邮件和间谍软件

一些人利用电子邮件地址的“公开性”和系统的“可广播性”进行宗教、商业、政治等活动，把自己的电子邮件强行“推入”别人的电子邮箱，强迫他人接收垃圾邮件。

与计算机病毒不同，间谍软件的主要目的不在于对系统造成破坏，而是窃取系统或是用户信息。事实上，间谍软件目前还是一个具有争议的概念。一种被普遍接受的观点认为，间谍软件是指那些在用户不知情的情况下进行非法安装且装后很难找到其踪影，并悄悄把截获的一些机密信息提供给需要者的软件。间谍软件的功能繁多，它可以监视用户行为，或是发布广告，修改系统设置，威胁用户隐私和计算机安全，并可能不同程度地影响系统性能。

(5)信息战的严重威胁

信息战即为了国家的军事战略而采取行动，取得信息优势，干扰敌方的信息和信息系统，同时保卫自己的信息和信息系统。

这种对抗形式的目标，不是集中打击敌方的人员或战斗技术装备，而是集中打击敌方的计算机网络信息系统，使其神经中枢的指挥系统瘫痪。

信息技术从根本上改变了进行战争的方法，其攻击的首要目标主要是连接国家政治、军事、经济和整个社会的计算机网络系统，信息武器已经成为了继原子武器、生物武器、化学武器之后的第四类战略武器。可以说，未来国与国之间的对抗首先将是信息技术的较量。

网络信息安全应该成为国家安全的前提。

(6)计算机犯罪

计算机犯罪，通常是指利用窃取口令等手段非法侵入计算机信息系统，传播有害信息，恶意破坏计算机系统，实施贪污、盗窃、诈骗和金融犯罪等活动。

在一个开放的网络环境中，大量信息在网上流动，这为不法分子提供了攻击目标。他们利用不同的攻击手段，获得访问或修改在网络中流动的敏感信息，闯入用户或政府部门

的计算机系统，进行窥视、窃取、篡改数据。

不受时间、地点、条件限制的网络诈骗，其“低成本和高收益”又在一定程度上刺激了犯罪的增长，使得针对计算机信息系统的犯罪活动日益增多。

3. 网络信息安全技术

网络信息安全从技术上来说，主要由防病毒、防火墙、入侵检测等多个安全组件组成，一个单独的组件无法确保信息网络的安全性。

目前广泛运用的比较成熟的网络信息安全技术有防火墙技术、数字加密技术、入侵检测技术、防病毒技术等。

(1)防火墙技术

防火墙是网络安全的屏障，配置防火墙是实现网络安全最基本、最经济、最有效的安全措施之一。

防火墙是指一个由软件和硬件设备组合而成处于企业或网络群体计算机与外界通道之间，限制外界用户对内部网络访问及管理内部用户访问外界网络的权限。

当一个网络接上 Internet 之后，系统的安全除了考虑计算机病毒、系统的安全性之外，更主要的是防止非法用户的入侵，而目前防止的措施主要是靠防火墙技术完成的。防火墙能极大地提高一个内部网络的安全性，并通过过滤不安全的服务而降低风险。

首先，防火墙可以强化网络安全策略。通过防火墙为中心的安全方案配置，能将所有安全软件(如口令、加密、身份认证等)配置在防火墙上。

其次，防火墙可以对网络存取和访问进行监控审计。如果所有的访问都经过防火墙，那么，防火墙就能记录下这些访问并作出日志记录，同时也能提供网络使用情况的统计数据。当发生可疑动作时，防火墙能进行适当的报警，并提供网络是否受到监测和攻击的详细信息。

再次，防火墙可以防止内部信息的外泄。利用防火墙对内部网络的划分，可实现内部网重点网段的隔离，从而降低了局部重点或敏感网络安全问题对全局网络造成的影响。

(2)数字加密与用户授权访问控制技术

与防火墙技术相比，数字加密与用户授权访问控制技术比较灵活，更加适用于开放的网络。

用户授权访问控制技术主要用于对静态信息的保护，需要系统级别的支持，一般在操作系统中实现。

数字加密技术主要用于对动态信息的保护。对动态数据的攻击分为主动攻击和被动攻击。对于主动攻击，虽无法避免，但却可以有效地检测；而对于被动攻击，虽无法检测，但却可以避免，实现这一切的基础就是数字加密。数字加密实质上是对以符号为基础的数据进行移位和置换的变换算法，这种变换是受“密钥”控制的。

(3)入侵检测技术

入侵检测系统是从多种计算机系统及网络系统中收集信息，再通过这些信息分析入侵特征的网络安全系统。

入侵检测技术被认为是防火墙技术之后的第二道安全闸门，它能使在入侵攻击对系统发生危害前，检测到入侵攻击，并利用报警与防护系统驱逐入侵攻击；在入侵攻击过程中,能减少入侵攻击所造成的损失;在被入侵攻击后,收集入侵攻击的相关信息,作为防范系统的知识,添入策略集中,增强系统的防范能力,避免系统再次受到同类型的入侵。

入侵检测的作用包括威慑、检测、响应、损失情况评估、攻击预测和起诉支持。入侵检测技术是为了保证计算机系统的安全而设计与配置的一种能够及时发现并报告系统中未授权或异常现象的技术,是一种用于检测计算机网络中违反安全策略行为的技术。

入侵检测技术的功能主要体现在:监视分析用户及系统活动,查找非法用户和合法用户的越权操作;检测系统配置的正确性和安全漏洞,并提示管理员修补漏洞;识别反映已知进攻的活动模式并向相关人士报警;对异常行为模式的统计分析;能够实时对检测到的入侵行为作出反应;评估重要系统和数据文件的完整性;可以发现新的攻击模式。

(4)防病毒技术

随着技术的不断发展,计算机病毒变得越来越复杂和高级,对网络信息系统构成极大的威胁。

在病毒防范中普遍使用的防病毒软件,从功能上可以分为网络防病毒软件和单机防病毒软件两大类。单机防病毒软件一般安装在单台 PC 机上,即对本地和本地工作站连接的远程资源采用分析扫描的方式检测、清除病毒。网络防病毒软件则主要注重网络防病毒,一旦病毒入侵网络或者从网络向其他资源传染,网络防病毒软件会立刻检测到并加以删除。

(5)安全管理队伍建设

在计算机网络系统中,绝对的安全是不存在的,制定健全的安全管理体制是计算机网络安全的重要保证,只有通过网络管理人员与使用人员的共同努力,运用一切可以使用的工具和技术,尽一切可能去控制、减小一切非法的行为,尽可能地把不安全因素降到最低。

同时,要不断加强计算机信息网络的安全规范化管理力度,大力加强安全技术建设,强化使用人员和管理人员的安全防范意识。网络内使用的 IP 地址作为一种资源以前一直为某些管理人员所忽略,为了更好地进行安全管理工作,应该对本网内的 IP 地址资源统一管理、统一分配。对于盗用 IP 资源的用户必须依据管理制度严肃处理。

只有共同努力,才能使计算机网络的安全可靠得到保障,从而使广大网络用户的利益得到保障。

(二)网络提供的安全服务

网络提供的安全服务就是根据用户的需求,为之提供安全策略和措施,保障用户网络的安全性,并且能够对用户网络安全事件作出快速反应。

它是一项综合性服务,能够为网络提供更好的安全性,从而有效减少企业由于信息安全问题引起的不可估量的损失。

1. 安全评估与风险分析

在信息社会中,周密的网络信息安全评估与风险分析,是制定可靠、有效的网络信息安全防护措施的必要前提。

对网络信息的安全评估,是为将不被信任的外部网络与被信任的被授权进入的内部网络及系统进行有效隔离。通过对所用网络平台(交换机、路由器、防火墙、Web 服务器、数据服务器、应用服务器等)的安全性进行评估,来确定其所提供的功能是否会导致安全隐患。

网络信息的风险分析应该在网络信息系统、应用程序或信息数据库的设计阶段进行，这样可以从设计开始就明确安全需求，确认潜在的损失。因为在设计阶段实现安全控制远比在网络信息系统运行后采取同样的控制要节约得多。

网络信息系统的安全性取决于网络信息系统最薄弱的环节，任何疏忽的地方都有可能成为黑客攻击点，导致网络系统受到很大威胁，最有效的方法是定期对网络信息系统进行安全评估与风险分析，及时发现并修正存在的弱点和漏洞，保证网络信息系统的安全性。

2. 入侵检测

入侵检测(Intrusion Detection)是对入侵行为的发觉。它通过对信息网络或计算机系统中的若干关键点收集违反安全策略的行为和信息，并对其进行分析，从中发现网络或系统中是否有被攻击的迹象。

3. 虚拟专用网

虚拟专用网(Virtual Private Network，VPN)是指在公用网络上建立加密专用网络的技术，用户可以凭借公用网的环境，把属于自己的网络用户终端、有关的接入线路、模块及端口模拟成自己的专用网，并由专网管理人员通过 VPN 管理站对所属网络各部分的端口进行状态监视、数据查询、端口控制和测试以及告警、计费、统计信息的收集等网络管理操作，公司的管理人员协助管理各个 VPN。VPN 将企业的远程用户、分支机构、业务伙伴及出差的办公人员等通过特定的加密隧道连接起来，构成扩展的企业网，由于不需要特别的专线租用，成本可大幅度降低。

复习思考题

1. 何为互联网？
2. 互联网的硬件由哪些方面组成？
3. 常见的网络操作系统有哪些？
4. 数据库技术发展经历了哪几个阶段？

任务6　物联网技术在物流领域的应用

知识目标

1. 了解物联网的定义。
2. 了解物联网的组成。
3. 了解物联网与互联网的区别和联系。

能力目标

1. 能够识别生活和工作中出现的物联网技术。
2. 能够熟悉物联网技术在物流领域的应用。
3. 巷道堆垛机的熟练操作。
4. 智能家居的基本功能。

职业素养

1. 了解物联网的产生背景及当前的发展现状。
2. 能够动态学习正在发展中的物联网技术，并迅速接受新知识和新技术。

知识准备

一、物联网技术

网络深刻地改变了人们的生产和生活方式。从早期的电子邮件(E-mail)到超文本标记语言(HTML)和万维网(WWW)技术引发的信息爆炸，再到如今多媒体数据的丰富展现，互联网已不仅仅是一项通信技术，更成就了人类历史上最庞大的信息世界。在可以预见的未来，互联网上的各种应用，或者说以互联网为代表的计算模式，将持续地把人们吸引到浩瀚的信息空间中。

进入21世纪以来，随着感知识别技术的快速发展，信息从传统人工生成的单通道模式转变为人工生成和自动生成的双通道模式。

设备与服务的关联(IoTS)能够转化为新的商业模式，这一应用将改变人类的生活形态。

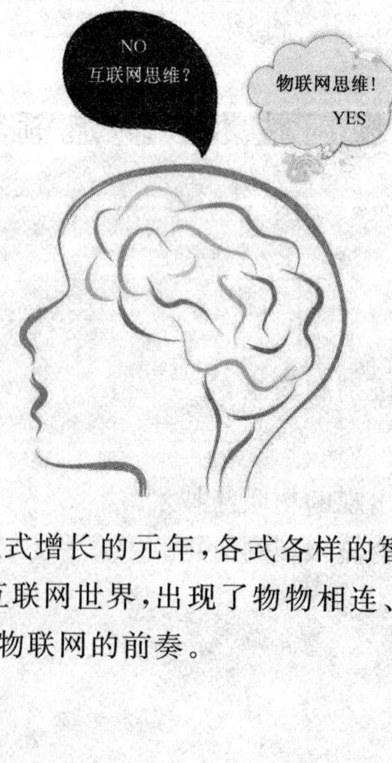

2014年是智能硬件爆发式增长的元年，各式各样的智能硬件及相应配套的APP层出不穷，在天地互通的移动互联网世界，出现了物物相连、物物交互、物物管理的跨系统、跨平台、跨终端的应用，这是物联网的前奏。

当前的许多新款汽车都能够连接网络，但多数还局限于娱乐和导航定位等基础联网功能，而未来的智能汽车，不仅能够基于“云计算”与交管局进行连接，还能够使汽车彼此之间进行“对话”。汽车能够通过网络与交管部门连接，交管部门将能智能化地调整道路交通秩序，从而为行车创造安全的环境和顺畅的道路交通状况。这样的智能汽车不仅能够为驾驶者提示前方路况、收费站、交通灯、加油站或充电站排队人数，还能测定什么时间以及多久可以加油或充电完毕，还可以在驾驶员违规驾驶上路时设置提醒功能，甚至在“闻”到驾驶员的酒味时拒绝启动汽车，届时那些在路口查酒驾的交警们就可以彻底“放假”了。

智能家居方面，深夜用户打开冰箱，冰箱提示您这个点该去睡觉了；用户在床上躺下，自动窗帘已经合上，空调的温度恰到好处，床垫根据用户的睡姿做人体工程学的自动调整。

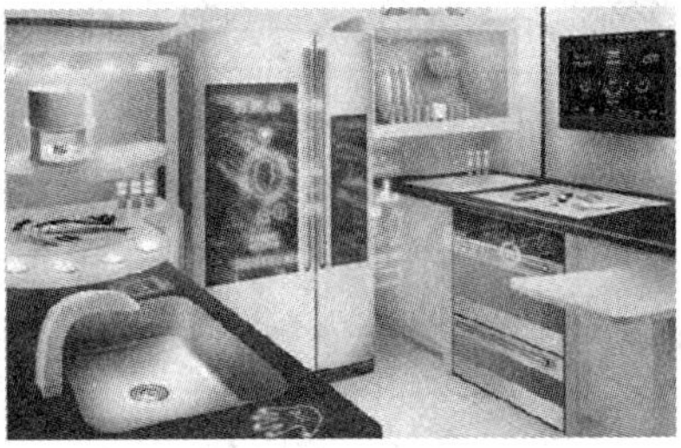

可穿戴式智能设备流行的今天，一些能让我们身体更加健康的小设备越来越受到青睐，例如 Javbone Up 手环、LumoBack 智能腰带等相关产品。

以传感器和智能识别终端为代表的信息自动生成设备可以实时准确地开展对物理世界的感知、测量和监控。低成本芯片制造使得互联网终端数目激增，而网络技术使得综合利用来自物理世界的信息成为可能。与此同时，互联网的触角（网络终端和接入技术）不断延伸，深入到人们生产和生活的各个方面。除了传统的个人计算机，各类联网终端层出不穷，智能手机、个人数字助理（PDA）、多媒体播放器（MP4）、上网本、笔记本电脑等迅速普及。互联网随身化、便携化的趋势进一步明显。

一方面是物理世界的联网需求，另一方面是信息世界的扩展需求，来自上述两方面的需求催生出了一类新型网络——物联网。物联网最初被描述为物品通过射频识别等信息传感设备与互联网连接起来，实现智能化识别和管理。其核心在于物与物之间广泛而普遍的互联。上述特点已超越了传统互联网应用的范畴，呈现了设备多样、多网融合、感控结合等特征，具有了物联网的初步形态。物联网技术通过物理世界信息化、网络化，对传统上分离的物流世界和信息世界实现互联和整合。

在物联网时代，每一件物体均可寻址，每一件物体均可通信，每一件物体均可控制，形成一个物物互联的世界。毫无疑问，物联网时代的来临将会使人们的日常生活发生翻天覆地的变化。

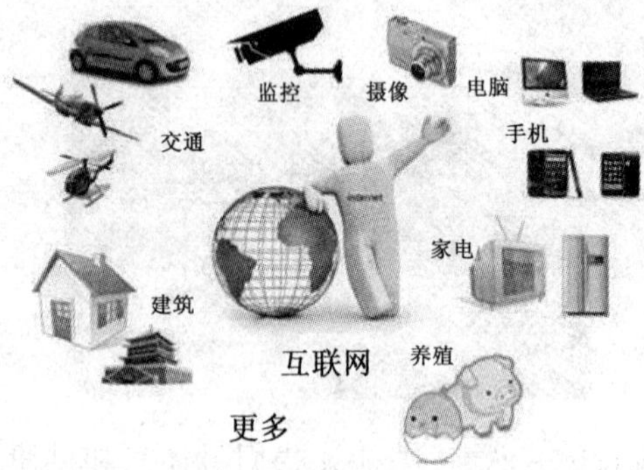

(一)何为“物联网”

物联网(The Internet of Things，IoT)的概念是在1999年提出的，又名“传感网”。顾名思义，物联网就是物物相连的互联网，它的定义很简单：把所有物品通过射频识别等信息传感设备与互联网连接起来，实现智能化识别和管理。

物联网是新一代信息技术的重要组成部分，这里有两层意思：其一，物联网的核心和基础仍然是互联网，是在互联网基础上的延伸和扩展的网络；其二，其用户端延伸和扩展到了任何物品与物品之间，进行信息交换和通信，也就是物物相息。

物联网通过智能感知、识别技术与普适计算，广泛应用于网络的融合中，也因此被称为继计算机、互联网之后世界信息产业发展的第三次浪潮。物联网是互联网的应用拓展，与其说物联网是网络，不如说物联网是业务和应用。因此，应用创新是物联网发展的核心。

我们在理解物联网的基本概念时需要注意以下几个问题：

1. 物联网是互联网的延伸与扩展

物联网是在互联网的基础上，利用射频标签与无线传感器网络技术构建一个覆盖世界上所有人与物的网络信息系统。人与人之间的信息交互和共享是互联网最基本的功能，而在物联网中，我们更强调的是人与物、物与物之间信息的自动交互和共享。

因此，我们可以认为物联网是互联网的接入方式与终端系统的延伸，也是互联网功能的扩展。

2. 物联网实现现实世界与信息世界的无缝连接

2009 年 9 月在北京举办的“物联网与企业环境中欧研讨会”上，欧盟委员会信息和社会媒体司 RFID 部门负责人洛伦特（Lorent Ferderix）博士对物联网的描述是：物联网是一个动态的全球网络基础设施，它具有基于标准和互操作通信协议的自组织能力，其中物理世界和虚拟的“物”具有身份标识、物理属性、虚拟的特征和智能的接口，并与互联网无缝连接。

IBM 公司也在“智慧地球”概念的基础上提出了其对物联网的理解。IBM 的学者认为，“智慧地球”将感应嵌入和装备到电网、铁路、桥梁、隧道、公路、建筑、供水系统、大坝、油气管等各种物体中，并通过超级计算机和云计算组成物联网，实现人类社会与物理系统的整合。“智慧地球”的概念从根本上来说，就是希望通过在基础设施和制造业上大量嵌入传感器，捕捉运行过程中的各种信息，然后通过无线传感器网络接入互联网，通过计算机分析处理发出指令，反馈给传感器，远程执行指令，以达到提高效率和效益的目的。这种技术控制的对象小到一个开关、一个可编程控制器、一台发电机，大到控制一个行业的运行过程。

因此，我们可以将物联网理解为“物-物”相连的互联网、一个动态的全球信息基础设施，也有的学者将它称作无处不在的“泛在网”或“传感网”。无论叫什么，这项技术的实质都是将地球上人类的经济活动、社会活动、生产运行与个人生活都放在一个智慧的物联网基础设施之上运行。

3. 连接到物联网上的“物”应该具备四个基本特征

连接到物联网上的每个“物”应该具有四个基本特征：地址标识、感知能力、通信能力和可以控制。我们可以将这四个基本特征理解为：

地理标识——你是谁？你在哪里？

感知能力——你有感知周围情况的能力吗？

通信能力——你能够将你了解的情况告诉我吗？

可以控制——你能听从我的指示吗？

在组建物联网应用系统时，我们首先需要给具有感知能力的传感器或射频标签(RFID)芯片编号，将编号后的传感器安装在指定的位置；将编号和物品的基本信息写入到RFID芯片中，再将RFID芯片贴到指定的物品上。

在物联网系统运行过程中，当传感器或RFID芯片移动时，我们能够通过无线网络与互联网随时掌握不同编号的传感器或RFID芯片目前所处的位置，能够指示传感器或RFID芯片，将它们感知的周围情况通过网络传给我们，我们再利用计算机的智能决定应该做什么。

因此，具有移动感知功能的物联网需要由三大关键技术来支撑，这三个关键技术是感知、传输与计算。终端感知和地址标识是物联网三大技术的基础。终端感知和地址标识主要是通过RFID与传感器技术来实现。支撑物联网中人与物、物与物之间自动信息交换的关键技术是无线射频技术和无线传感器网络，他们将物理世界和信息世界整合为一个整体。对物联网中的人、设备、网络与信息进行处理、管理与控制时需要有功能强大的高性能计算机与安全的数据存储设备。

4. 物联网可以用于公共管理和服务、企业应用、个人和家庭应用三大领域

我们知道，互联网有多种网络服务功能，如：E-mail、FTP、Web以及IPTV等，很多的互联网网站购置了大量的服务器、存储设备和路由器、通信线路，提供各种网络服务功能，同时学校的校园信息服务系统、企业的电子商务系统、政府的电子政务系统都在互联网中运行，提供各种信息服务和信息共享功能。

同样，随着物联网的广泛应用，必然出现大量的物联网应用系统，如服务于制造业、物流业以及军队后勤补给的物联网应用系统，能够在提高产业核心竞争力方面产生重要的作用。从感知层到网络层，再到最后的应用层，物联网业务将在工业生产、精准农业、公共安全监控、城市管理、智能交通、安全生产、环境监控、远程医疗、智能家居等领域得到广泛应用。

因此，物联网可以应用于三大领域，即公共管理和服务、企业应用、个人和家庭应用。物联网是由大量不同用途、符合不同协议标准的物联网应用系统所组成，物联网的功能体现在各种物联网应用系统所提供的服务上。

5. 物联网提供服务的特点

在物联网环境中，一个合法的用户可以在任何时间、任何地点对任何资源和服务进行低成本访问。

我们可以将物联网提供服务的特点总结为：任何人(Anyone，Anybody)可以在任何时候(Anytime，Any Context)、任何地方(Anywhere，Any Place)通过任何网络或途径(Any Network，Any Path)访问任何事(Anything，Any Device)和任何服务(Any Service，Any Business)。

（二）物联网的关键技术

物联网技术涉及多个领域，这些技术在不同的行业往往具有不同的应用需求和技术形态。经过对物联网技术涉及的核心技术进行归类和梳理后，形成了包括感知与标识技术、网络与通信技术、计算与服务技术和管理与支撑技术四大体系。

1. 感知与标识技术

感知与标识技术是物联网的基础，负责采集物理世界中发生的物理事件和数据，实现外部世界信息的感知和识别，包括多种发展成熟度差异性很大的技术，如传感器、RFID、二维码等。

（1）传感技术

传感技术利用传感器和多条自组织传感器网络，协作感知、采集网络覆盖区域中被感知对象的信息。

传感器技术依附于敏感机理、敏感材料、工艺设备和计测技术，对基础技术和综合技术要求非常高。目前，传感器在被检测量类型和精度、稳定性和可靠性、低成本及低功耗方面还没有达到规模应用水平，这是物联网产业化发展的重要瓶颈之一。

（2）识别技术

识别技术涵盖物体识别、位置识别和地理识别，对物理世界的识别是实现全面感知的基础。物联网标识技术是以二维码、RFID 标识为基础的，对象标识体系是物联网的一个重要技术点。

从应用需求的角度，识别技术首先要解决的是对象的全局标识问题，需要研究物联网的标准化物体标识体系，进一步融合及适当兼容现有各种传感器和标识方法，并支持现有和未来的识别方案。

2. 网络与通信技术

网络是物联网信息传递和服务支撑的基础设施，通过广泛的互联功能，可实现感知信息的高可靠性和高安全性传送。

（1）接入与组网

物联网的网络技术涵盖在接入和骨干传输等多个层面的内容。以互联网协议版本6（IPv6）为核心的下一代网络，为物联网的发展创造了良好的基础网条件。以传感器网络为代表的末梢网络在规模化应用后，面临着与骨干网络的接入问题，并且其网络技术需要与骨干网络进行充分协同，这些都将面临着新的挑战，需要研究固定、无线和移动网及自治计算与联网技术等。

(2)通信与频管

物联网需要综合各种有线及无线通信技术,其中近距离无线通信技术将是物联网的研究重点。

由于物联网终端一般使用工业科学医疗(ISM)频段进行通信(免许可证的2.4GHz ISM频段全世界都可通用),频段内包括大量的物联网设备以及现有的无线保真(Wi-Fi)、超宽带(UWB)、ZigBee、蓝牙等设备,频谱空间将极其拥挤,制约物联网实际大规模应用。

为提升频谱资源的利用率,让更多物联网业务能实现空间并存,需要切实提高物联网规模化应用的频谱保障能力,保证异种物联网的共存,并实现其互联、互通和互操作。

3. 计算与服务技术

海量感知信息的计算与处理是物联网的核心支撑,服务和应用则是物联网的最终价值体现。

(1)信息计算

海量感知信息计算与处理技术是物联网应用大规模发展后面临的重大挑战之一,需要研究海量感知信息的数据融合、高效存储、语义集成、并行处理、知识发现和数据挖掘等关键技术,攻克物联网"云计算"中的虚拟化、网络计算、服务化和智能化技术。核心是采用云计算技术实现信息存储资源和计算能力的分布式共享,为海量信息的高效利用提供支撑。

(2)服务计算

物联网的发展应以应用为导向,在"物联网"语境下,服务的内涵将得到革命性扩展,不断涌现的新型应用将使物联网的服务模式与应用开发受到巨大挑战。

如果把物联网用人体做一个简单的比喻,传感器相当于人的眼睛、鼻子、皮肤等感官,网络就是神经系统用来传递信息,嵌入式系统则是人的大脑,在接收到信息后要进行分类处理。这个例子很形象地描述了传感器、网络和嵌入式系统在物联网中的位置与作用。

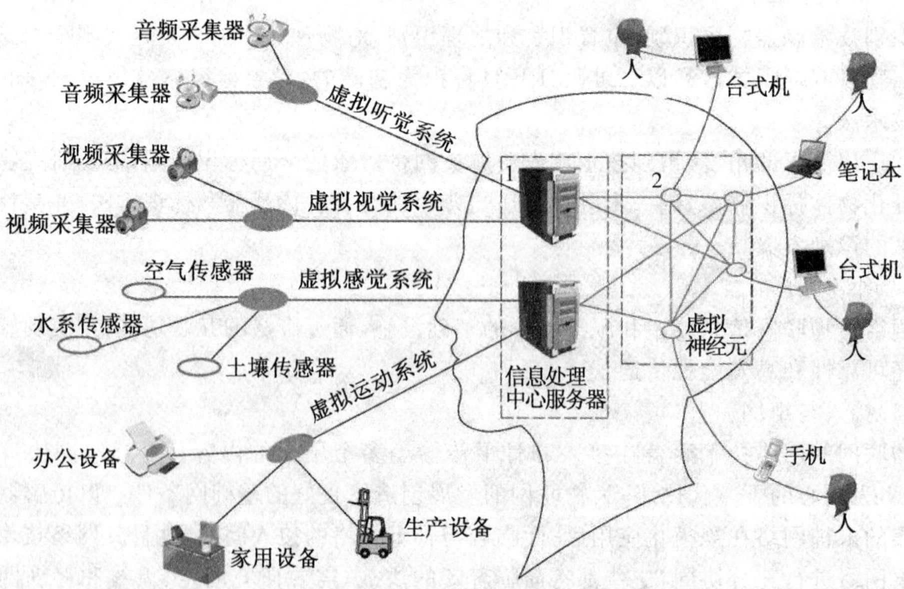

1.互联网虚拟海马区　2.互联网虚拟大脑皮层

4. 管理与支撑技术

随着物联网网络规模的扩大、承载业务的多元化和服务质量要求的提高以及影响网络正常运行因素的增多，管理与支撑技术是保证物联网实现“可运行—可管理—可控制”的关键，包括测量分析、网络管理和安全保障等方面。

(1)测量分析

测量是解决网络可知性问题的基本方法，可测性是网络研究中的基本问题。随着网络复杂性的提高与新型业务的不断涌现，需研究高效的物联网测量分析关键技术，建立面向服务感知的物联网测量机制和方法。

(2)网络管理

物联网具有“自治、开放、多样”的自然特性，这些自然特性与网络运行管理的基本需求存在着突出的矛盾，需研究新的物联网管理模型与关键技术，保证网络系统正常高效地运行。

(3)安全保障

安全是基于网络的各种系统运行的重要基础之一，物联网的开放性、包容性和匿名性也决定了不可避免地存在信息安全隐患，需要研究物联网安全关键技术，满足机密性、真实性、完整性和抗抵赖性的四大要求，同时还需解决好物联网中的用户隐私保护与信任管理问题。

二、物联网的组成

从系统结构的角度看，物联网主要是由感知互动层、网络传输层和应用服务层组成的三层体系，如下图所示。

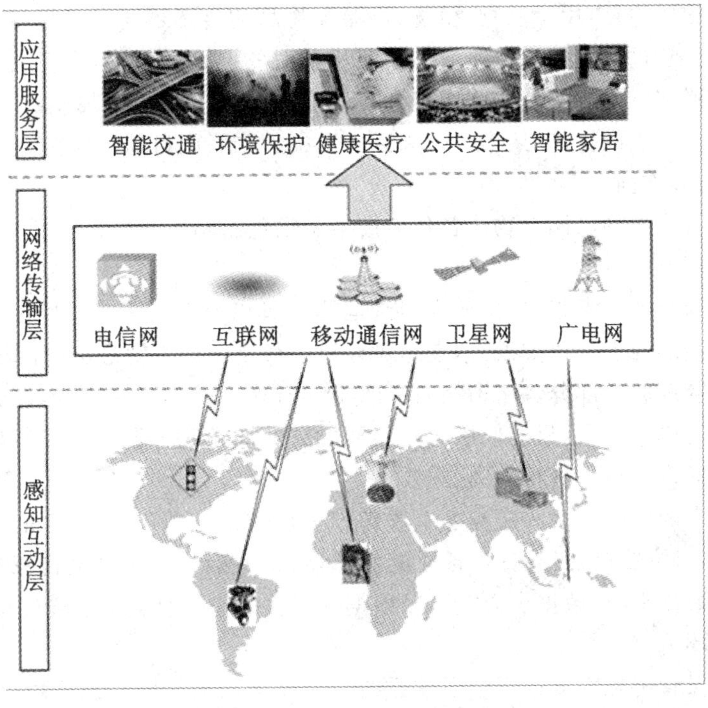

(一)感知互动层

感知互动层处于整个体系的最下面。感知互动层由大量具有感知和识别功能的设备组成,可以部署于世界上任何位置、任何环境之中,被感知和识别的对象也不受限制。

感知互动层的主要作用是感知和识别物体,收集环境信息。

(二)网络传输层

网络传输层位于整个体系的中间位置。网络传输层包括各种通信网络(互联网、电信网、移动通信网、卫星网、广电网)形成的融合网络。

网络传输层为物联网提供无处不在服务的基础设施。

(三)应用服务层

应用服务层位于整个体系的最上面。应用服务层是将物联网技术与行业专业技术相结合,实现广泛智能化应用的解决方案。物联网通过应用服务层最终实现信息技术与行业的深度融合,对国民经济和社会发展具有广泛影响。

应用服务层的关键在于实现信息的社会化共享以及解决信息安全的保障问题。

三、物联网的应用

物联网技术已经从实验室阶段走向实际应用,且应用范围广泛,涉及社会生活的各个方面,具体而言,包括智能家居、智能医疗、智能城市、智能环保、智能交通、智能司法、智能农业、智能物流和智能校园等多个方面。

物联网的应用将使我们的地球变成一个智能的地球。

在国家大力推动工业化与信息化两化融合的大背景下,物联网将是工业乃至更多行业信息化过程中一个比较现实的突破口。一旦物联网大规模普及,无数的物品需要加装更加小巧智能的传感器,用于动物、植物、机器等物品的传感器与电子标签及配套的接口装置数量将大大超过目前的手机数量。按照目前对物联网的需求,在近几年内就需要数以亿计的传感器和电子标签。物联网将会发展成为一个上万亿元规模的高科技市场,大大推进信息技术元件的生产,给市场带来巨大商机。物联网目前已经在行业信息化、家庭保健、城市安防等方面有实际应用。

下面我们看一下物联网对物流各环节产生了哪些影响。

(一)运输环节

这一环节涉及的因素很多,例如人、货、运输工具以及路径等。这些因素其实是物流环节中最为复杂的因素。比如说人,在运输环节中很重要的人就是司机,司机可以说是物流环节中最难管理的一部分。所谓“将在外,军令有所不受”,从目前的状态来看,物流公司很难去监管司机的行为,只能使用比较粗放的方式去管理。除了司机外,货、运输工具和运输路径同样也存在监管难的问题。

物联网技术的引入将在一定程度上改善以上谈到的这些问题。例如:我们可以在车辆上配备GPS定位装置,安装各种各样的传感器,这些标签和传感器可以在运输途中将相关信息传回数据中心,数据中心就可以根据这些信息来判断整个运输过程是否正常。

(二)库存环节

货的存放保管也是物流过程中很重要的一个环节。大量的物流公司、生产企业都有自己的仓储中心来存放货物。但有一些货物的存放条件比较苛刻，例如药品对温度和湿度有要求，而玻璃制品则对防挤压有相关要求。

在物联网时代，我们可以通过一些传感芯片来感知这些信息。例如：在货物上贴上电子标签，当物品在入库的时候，货架上的识读设备会自动地将出入库信息送传至数据中心；在货物存放的时候，传感器和电子芯片就负责将各种数据中心关注的货物状态和数据上传，如货物的温度、货物的有效期等。而且这些信息都可以通过数据中心进行处理，从而实现智能管控，也可以作为一种信息服务，帮助将货物托放在仓库的商户更为准确地了解货物的相关信息。

（三）装卸环节

传统的装卸环节往往是通过人工的方式去清点装卸货物的数量与种类，效率比较低。而通过电子标签的方式则可以实现装卸的自动化，例如：当货物从流水线送到车辆上时，流水线上的识读设备可以实时记录相关货物的装卸信息。而这些信息又会实时汇总到数据中心，管理者就能利用这些信息实现更好的管理，同时掌握库存的情况。

（四）产品增值环节

产品增值环节通常包括包装、加工和信息服务等。

有些货物具有特殊的属性，如易爆、易燃等；有些货物对存放环境的要求较高，如冷冻食品等。这些产品在流通和加工过程中如果处理不当，往往会发生巨大的安全事故，造成人员伤亡与财产损失，同时也会影响到环境。

目前国内在这块的监管措施还比较单一，通过引进物联网技术可以有效地改善这些问题，装配工人可以通过物联网获取到产品的相关属性以及安装和加工的注意事项，减少安全事故的发生。例如：在封装易爆品时，流水线上的设备会检测出易爆品的相关属性，进而通知安装工人要小心该易爆品。对于那些特殊的产品，甚至可以采用自动加工的方式，通过物联网芯片实时把情况反馈上来。

由此可见，针对包装和加工环节，物联网技术可以有效防止安全事故的发生，同时提高工作效率。

（五）配送环节

配送环节主要包括两项工作：配货和送达。

在物联网技术的支持下，通过数据中心获取货物的信息可以实现更加合理的配货，包括订单的整合。例如:经常上网购物的朋友会发现一个人要签收 3～4 次货物,这就给客户带来了许多不便。通过物联网技术我们可以在配货环节将相关的信息进行梳理,如发现收件人是同一个人的,系统可以将这些订单整合在一起统一配送,这样就能提高效率、节约成本。

货物的送达在物流环节也非常重要,通过物联网技术可以实时将相关的节点信息采集至数据中心,管理者或者客户就可以很简单地监控整个货物的送达过程。

复习思考题

1. 何为物联网?
2. 物联网的组成部分有哪些?
3. 请详细描述一下物联网在物流领域的应用。

系统篇

项目三　物流信息系统概述

我们看到每一个传统行业都孕育着“互联网＋”的机会。在寻找“互联网＋”的过程中，我们首先注意到了用户所处的环境变化。我们每天日常面对PC屏幕，同时我们越发依赖手机这张屏。家中的智能电视有一天会像手机、平板电脑一样，里面布满各种APP。而汽车里的那张屏也正在被挖掘，车联网的概念刚刚兴起。未来的生活是希望在多屏的环境中随时随地用到互联网。而这样的服务会以一个“互联网＋”的公式存在，从而重新改造和创造我们今天所有的产品。而对用户而言，他们未来不会关心自己是通过接入网线、Wi-Fi、移动网络还是电源线上网，不会关心自己用的是iOS、Android还是Windows。因为他们面对的每一个面都可以是一张屏，通过它们能将用户和互联网、企业所提供的应用和服务随时随地联系在一起。这就足够了。也许对创业者来说，当熟悉了这样的一个路径之后，我们基于“多屏全网跨平台”的理念，与行业结合，才有机会再往前迈一步。我们的传统行业才能真正地转型，从而创造新的局面。

任务1　物流信息系统

知识目标

1. 了解物流信息系统的概念和内涵建设。
2. 了解物流企业常见的信息系统。
3. 了解物流信息系统常见的开发工具。

能力目标

1. 能够根据现实中的业务流程画出流程图。
2. 能够优化企业的业务流程，达到效果最优化。
3. 能够熟悉企业的信息化建设及进程。

职业素养

1. 能够迅速掌握物流企业的管理信息系统。
2. 借助管理信息系统可以优化物流企业的工作流程。
3. 树立网络安全意识和日常防范措施。

引导案例

消费者越来越相信感觉，所以品牌消费、购物环境、服务态度……这些无形的价值都会成为他们选择的因素。所以只要稍加留意，我们就不难看到，一些管理规范、运作良好的公司在他们的公司理念中都会出现这样的句子："在你的统计中，对待 100 名客户里，只有 1 位不满意，因此你可骄称只有 1%的不合格，但对于该客户而言，他得到的却是 100%的不满意。""你一朝对客户不善，公司就需要 10 倍甚至更多的努力去补救。""在客户眼里，你代表公司。"

今天，能够让企业命运发生改变的已远不止"计划之手"，随着中国联通加入电信竞争、私营企业承包铁路专列、南京市外资企业参与公交车竞争等新闻的出现，企业坐而无忧的垄断地位日渐势微，开放式的竞争让企业不得不考虑各种影响发展的潜在因素。精简机构、官员下岗、取消福利房等措施，让越来越多的人远离传统的保障，随之而来的是依靠自己来决定命运。而组织和个人自由组合的结果就是：谁能捕捉到对生命有益的"蝴蝶"，谁就不会被社会抛弃。

而作为物流企业，必须给顾客提供更及时、准确的物流信息，提供物流业务的增值服务项目，开展高效的物流运作，才会提高顾客的满意度。

知识准备

一、物流信息系统

(一)物流信息系统的定义

物流信息系统(Logistics Information System，LIS)是指由人员、设备(计算机硬件、网络通信设备)和程序(计算机软件)及其他办公设备所组成的人机交互系统，为物流管理者及其他组织管理人员提供战略、战术及运作支持，以达到组织的战略竞优，提高物流运作的效率与效益。

物流信息系统，实际上是物流管理软件和信息网络结合的产物，小到一个具体的物流管理软件，大到利用覆盖全球的互联网将所有相关的合作伙伴、供应链成员连接在一起提供物流信息服务的系统，都叫作物流信息系统。

对一个企业而言，物流信息系统不是独立存在的，而是企业信息系统的一部分，或者说是其中的子系统，即使对一个专门从事物流服务的企业也是如此。例如，一个企业的ERP系统，物流管理信息系统就是其中一个子系统。

物流信息系统是一个不断发展和不断完善的概念，它随着计算机技术、信息技术和物流管理理念的发展而发展。随着经济的发展，国内物流业在信息化建设方面也有了长足进步。

（二）物流信息系统的分类

1. 按物流环节分为：运输管理信息系统、仓储管理信息系统。

2. 按管理决策层次分为：物流作业管理系统（包括订单处理、出入库管理、货物库存管理、货物运输管理、货物加工管理、车辆管理等）、物流协调控制系统（包括仓储调度、车辆调度、成本控制、线路选择、设备管理、资产管理等）和物流决策支持系统。

3. 按系统应用对象分为：面向制造企业的物流信息系统、面向零售商/中间商/供应商的物流信息系统和面向第三方物流企业的物流信息系统。

4. 按功能分为：事务处理信息系统、办公自动化系统、管理信息系统、决策支持系统、高层支持系统、企业间信息系统。

5. 按采用的技术分为：单机系统、内部网络系统、与合作伙伴及客户互联的系统。

（三）物流信息系统的基本功能

物流信息系统是物流系统的神经中枢，它作为整个物流系统的指挥和控制系统，可以分为多个子系统或者多种基本功能。

1. 数据收集

物流数据的收集首先是将数据通过收集子系统从系统内部或外部收集到预处理系统中，并整理成为系统要求的格式和形式，然后再通过输入子系统输入到物流信息系统中。

这一过程是其他功能发挥作用的前提和基础，如果一开始收集和输入的信息不完全或不正确，在接下来的过程中得到的结果就可能与实际情况完全相左，这将会导致严重的后果。

因此，在衡量一个信息系统的性能时，应注意它收集数据的完整性、准确性及校验功能、预防和抵抗破坏的能力等。

2. 信息存储

物流数据经过收集和输入阶段后，在其得到处理之前，必须在系统中存储下来。即使在处理之后，若信息还有利用价值，也要将其保存下来，以供以后使用。

物流信息系统的存储功能就是要保证已经得到的物流信息能够不走样、不丢失、不外泄、整理得当、随时可用。

无论哪一种物流信息系统，在涉及信息的存储问题时，都要考虑到存储量、信息格式、存储方式、使用方式、存储时间、安全保密等问题。如果这些问题没有得到妥善的解决，信息系统是不可以投入使用的。

3. 信息传输

物流信息在物流系统中，一定要准确、及时地传输到各个职能环节，否则信息便失去了其使用价值了，这就需要物流信息系统具有克服空间障碍的功能。

物流信息系统在实际运行前，必须充分考虑到所要传递的信息种类、数量、频率、可靠性要求等因素。只有这些因素符合物流系统的实际需要时，物流信息系统才是具有实际使用价值的。

4. 信息处理

物流信息系统的最根本目的就是要将输入的数据加工处理成物流系统所需要的物流信息。

数据和信息是有所不同的，数据是得到信息的基础，但数据往往不能直接利用，而信息是从数据加工得到，它可以直接利用。只有得到了具有实际使用价值的物流信息，物流信息系统的功能才算发挥。

5. 信息输出

信息的输出是物流信息系统的最后一项功能，也只有在实现了这个功能后，物流信息系统的任务才算完成。信息的输出必须采用便于人和计算机理解的形式，在输出形式上力求易读易懂、直观醒目。

这五项功能是物流信息系统的基本功能，缺一不可。而且只有五个过程都没有出错，最后得到的物流信息才具有实际使用价值，否则会造成严重的后果。

（四）物流信息系统的特征

尽管物流系统是企业经营管理系统的一部分，物流信息系统与企业其他的管理信息系统基本上没有太大的区别，如集成化加模块化、网络化加智能化的特征，但物理活动本身具有的时空上的特点决定了物流信息系统具有其自身独特的特征。

1. 跨地域连接

在物流活动中，由于订货方和接受订货方一般不在同一场所，如处理订货信息的营业部门和承担货物出库的仓库一般在地理位置上是分离的，发货人和收货人不在同一区域等，这种场所上相分离的企业或人之间的信息传送需要借助于数据通信手段来完成。

在传统的物流系统中，信息需要使用信函、电话、传真等手段实现传递，随着信息技术的进步，利用现代电子数据交换技术可以实现异地间数据的实时、无缝的传递和处理。

2. 跨企业连接

物流信息系统不仅涉及企业内部的生产、销售、运输、仓储等部门，而且与供应商、业务委托企业、送货对象、销售客户等交易对象以及在物流活动上发生业务关系的仓储企业、运输企业和货代企业等众多的独立企业之间有着密切的关系，物流信息系统可以将这些企业内外的相关信息实现资源共享。

3. 信息的实时传送和处理

物流信息系统一方面需要快速地将搜集到的大量形式各异的信息进行查询、分类、计算、储存，使之有序化、系统化、规范化，成为能综合反映某一特征的真实、可靠、适用而有使用价值的信息；另一方面物流现场作业需要从物流信息系统获取信息，用以指导作业活动，即通过实时的信息传递，使信息系统和作业系统紧密结合，克服传统借助打印的纸质载体信息作业的低效作业模式。

二、物流信息系统的开发

物流系统包括运输系统，储存保管系统，装卸搬运、流通加工系统，物流信息系统等方面，其中物流信息系统是高层次的活动，是物流系统中最重要的方面之一，涉及到运作体制、标准化、电子化及自动化等方面的问题。由于现代计算机及计算机网络的广泛应用，物流信息系统的发展有了一个坚实的基础，计算机技术、网络技术及相关的关系型数据库、条码技术、EDI 等技术的应用使得物流活动中的人工、重复劳动及错误发生率减少，效率增加，信息流转加速，使物流管理发生了巨大变化。

物流信息系统实质上是实际物流业务系统的一种计算机信息管理模型，因此，物流信息系统的开发实际上就是要建立物流业务系统与计算机信息管理模型系统之间的映射关系。可以从不同的角度建立不同的映射关系，从而也就形成了不同开发方法学，这也就是所谓的驱动对象的观点。从这一观点来分，目前主流的开发方法有结构化方法、面向对象的方法。

(一)结构化系统开发方法

结构化系统开发方法(Structured System analysis And Design，SSA&D)又称“结构化生命周期法”，是系统分析员、软件工程师、程序员以及最终用户利用系统的思想和系统工程的方法，按照用户至上的原则结构化、模块化，自上向下分析与设计和自下向上逐步实施的建立计算机信息系统的一个过程，是组织、管理和控制信息系统开发过程的一种基本框架。

用结构化系统开发方法开发一个系统，将整个开发过程划分为首尾相连的五个阶段，即一个生命周期(Life Cycle)：系统规划阶段、系统分析阶段、系统设计阶段、系统实施阶段、系统运行与维护阶段。

1. 系统规划阶段

系统规划是指根据用户的系统开发请求，进行初步调查，明确问题，确定系统目标和总体结构，确定分阶段实施进度，然后进行可行性研究。

系统规划的主要任务就是明确当前物流企业所面临的问题和未来信息系统的关系，决定为解决这些问题进行信息系统开发时所采用的基本策略、基本方法和组织结构。

系统规划的主要内容包括：企业目标的确定、解决目标的方式、信息系统目标的确定、信息系统主要结构的确定、工程项目的确定、可行性研究等。

2. 系统分析阶段

系统分析是指分析业务流程，分析数据与数据流程，分析功能与数据之间的关系，最后提出分析处理方式和新系统逻辑方案。

系统分析的主要任务是根据系统规划的思想，对组织当前所面临的问题进行详细分析，对物流企业现行信息处理方法作出详尽的描述，提出新系统的若干替代方案，并对其进行成本效益分析。

系统分析的主要内容包括：数据的收集、数据的分析、系统数据流程图的确定、系统方案的确定等。系统分析阶段是整个 MIS 建设的关键阶段。

3. 系统设计阶段

系统设计是指进行总体结构设计、代码设计、数据库（文件）设计、输入/输出设计、模块结构与功能设计，根据总体设计，配置与安装部分设备，进行试验，最终给出设计方案。

系统设计的主要任务是根据系统分析的结果，提出信息系统逻辑模型和物理模型，进行子系统的划分，描述系统的功能和实现方法。

系统设计的主要内容包括：系统流程图的确定、程序流程图的确定、编码、输入/输出设计、文件设计、程序设计等。

4. 系统实施阶段

系统实施是指同时进行编程（由程序员执行）和人员培训（由系统分析设计人员培训业务人员和操作员），以及数据准备（由业务人员完成），然后投入试运行。

系统实施的主要任务就是按照系统设计的思想实现系统，进行软件编程和调试、检错，硬件设备的购入和安装，对物流企业有关操作人员的训练，从旧系统向新系统转换。

系统实施的主要内容包括：硬件设备的购买、硬件设备的安装、数据准备、程序的调试、系统测试与转换、人员培训等。

5. 系统运行与维护阶段

系统运行与维护是指进行系统的日常运行管理、评价、监理审计，修改、维护、局部调整，在出现不可调和的大问题时，进一步提出开发新系统的请求。

系统运行与维护的主要内容包括：系统投入运行后的管理及维护、系统建成前后的评价、发现问题并提出系统更新的请求等。

在每一个阶段中，又包含若干步骤。步骤可以不分先后，但仍有因果关系，总体上不能打乱。

在物流信息系统建设中，由于缺乏科学有效的系统规划，不少已经建成或正在建设中的系统仍然面临一系列问题，主要包括：(1)系统建设与组织发展的目标和战略不匹配；(2)系统建设后对管理并无显著改善；(3)系统不能适应环境变化和组织改革的需要；(4)系统使用人员的素质较低；(5)系统开发环境落后，技术方案不合理；(6)系统开发以及运行维护的标准和规范混乱；(7)系统开发资源短缺，投入少，而对系统的期望过高等。

为了克服物流信息系统建设过程中出现上述问题，制定信息系统战略规划就显得非常重要。通过制定规划，可以合理分配和利用信息资源（信息、信息技术、信息生产者），节省信息系统的投资；找出存在的问题，正确地识别出信息系统为实现企业目标而必须完成的任务，促进信息系统应用，从而带来更多的经济效益。

系统规划中，首先要确定信息系统建设的目标，因为对于各种系统规划方法，都是围绕信息系统的目标进行的。系统规划的目标是制定物流信息系统的长期发展方案，决定物流信息系统在整个生命周期内的发展方向、发展规模和发展过程。

（二）面向对象方法

面向对象方法（Object Oriented，OO）是从 20 世纪 80 年代各种面向对象的程序设计方法（如 Smalltalk，C＋＋等）逐步发展而来的，是一种把面向对象的思想应用于软件开发过程中，指导开发活动的系统方法，是建立在“对象”概念基础上的方法学。对象是由数据和容许的操作组成的封装体，与客观实体有直接对应关系，一个对象类定义了具有相似性质的一组对象。而继承性是对具有层次关系的类的属性和操作进行共享的一种方式。所谓面向对象就是基于对象概念，以对象为中心，以类和继承为构造机制来认识、理解、刻画客观世界和设计、构建相应的软件系统。

面向对象技术以其显著的优势已经成为计算机软件领域的主流技术。面向对象方法作为一种新型的独具优越性的新方法正引起全世界越来越广泛的关注和高度的重视，它被誉为“研究高技术的好方法”，更是当前计算机界关心的重点。多年来，面对面向对象方法如火如荼的研究热潮，许多专家和学者预言：正像 20 世纪 70 年代结构化方法对计算机技术应用所产生的巨大影响和促进那样，90 年代面向对象方法会强烈地影响、推动和促进一系列高技术的发展和多学科的综合。

传统的结构化方法遵循结构化、确定性、顺序的风格，而面向对象方法主张从客观世界固有的事物出发来构造系统，提倡用人类在现实生活中常用的思维方法来认识、理解和描述客观事物，强调最终建立的系统能够映射问题域，也就是说，系统中的对象以及对象之间的关系能够如实地反映问题域中固有事物及其关系。

面向对象方法的基本步骤：

1. 分析确定在问题空间和解空间出现的全部对象及其属性；

2. 确定应施加与每个对象的操作，即对象固有的处理能力；

3. 分析对象间的联系，确定对象彼此间传递的消息；

4. 设计对象的消息模式，消息模式和处理能力共同构成对象的外部特性；

5. 分析各个对象的外部特性，将具有相同外部特性的对象归为一类，从而确定所需要的类；

6. 确定类间的继承关系，将各对象的公共性质放在较上层的类中描述，通过集成来共享对公共性质的描述；

7. 设计每个类关于对象外部特性的描述；

8. 设计每个类的内部实现（数据结构和方法）；

9. 创建所需的对象（类的实例），实现对象间应有的联系（发消息）。

近些年来，面向对象方法已经发展应用到整个信息系统领域和一些新兴的工业领域，包括用户界面（特别是图形用户界面——GUI）、应用集成平台、面向对象数据库（OODB）、分布式系统、网络管理结构、人工智能领域以及并发工程、综合集成工程等。人工智能是和计算机密切相关的新领域，在很多方面已经采用面向对象技术，如知识的表示、专家系统的建造、用户界面等。人工智能的软件通常规模较大，用面向对象技术有可能更好地设计并维护这类程序。

并发工程，其概念要点是在产品开发初期（即方案设计阶段）就把结构、工艺、加工、装配、测试、使用、市场等问题同期并行地启动运行。其实现必须有两个基本条件：一是专家群体，二是共享并管理产品信息（将 CAD、CAE、CIN 紧密地结合在一起）。显然，这需要面向对象技术的支持。目前，一些公司采用并发工程组织产品的开发，已取得显著效益：波音公司开发巨型 777 运输机，比开发 767 节省了一年半时间；日本把并发工程用于新型号汽车生产，和美国相比，只用了一半的时间。面向对象技术是促进并发工程发展的重要支持。

综合集成工程是开发大型开放式复杂系统的新的工程概念，和并发工程相似，专家群体的组织和共享信息，是支持这一新工程概念的两大支柱。由于开放式大系统包含人的智能活动，建立数学模型非常困难，而面向对象方法能够比较自然地刻画现实世界，容易达到问题空间和程序空间的一致，能够在多种层次上支持复杂系统层次模型的建立，是研究综合集成工程的重要工具。

面向对象技术对于并发工程和综合集成工程的作用，一方面说明了这一项新技术应用范围的宽广，同时也说明了它重要的影响，更证明了面向对象技术是一门新兴的值得广泛重视的技术。

复习思考题

1. 如何理解物流信息系统的概念？
2. 物流信息系统的基本功能是什么？
3. 物流信息系统的分类有哪些？
4. 常见的信息系统开发方法是什么？

项目四　常见的物流管理信息系统

任务1　供应链管理与优化系统

知识目标

1. 理解供应链中零售商、制造商、物流公司、供应商的概念。
2. 掌握供应链中零售商、制造商、物流公司、供应商的具体模式。
3. 熟练掌握供应链中零售商、制造商、物流公司、供应商的具体操作流程。

能力目标

熟练操作诺思的供应链管理与优化软件。

职业素养

1. 具备供应链管理与优化虚拟软件的初步认知及操作能力。
2. 提高学生的团队合作能力，多角色扮演体验不同的工作岗位的职责及相互合作。

知识准备

供应链管理

供应链管理(Supply Chain Management,SCM)是指使供应链(由供应商、制造商、物流公司和零售商等构成的物流网络)运作达到最优化，以最少的成本，令供应链从采购开始，到满足最终客户的所有过程，包括工作流、实物流、资金流和信息流等均能高效率地操作，把合适的产品，以合理的价格，及时准确地送达消费者手上。

同一企业可能构成这个网络的不同组成节点，但更多的情况下是由不同的企业构成这个网络中的不同节点。比如，在某个供应链中，同一企业可能既在制造商、仓库节点，又在配送中心节点等占有位置。

在分工愈细、专业要求愈高的供应链中，不同节点基本上是由不同的企业组成。在供应链各成员单位间流动的原材料、在制品库存和产成品等就构成了供应链上的货物流。

供应链管理就是协调企业内外资源来共同满足消费者需求，当我们把供应链上各个环节的企业都看作一个虚拟企业同盟，而把任一个企业看作这个虚拟企业同盟中的一个部门时，同盟内部管理就是供应链管理。只不过同盟的组成是动态的，根据市场需要随时在发生变化。

有效的供应链管理可以帮助实现思想目标：缩短现金周转时间；降低企业面临的风险；实现盈利增长；提供可预测收入。

供应链管理有 7 项原则：(1)根据客户所需的服务特性来划分客户群；(2)根据客户需求和企业可获利情况，设计企业的后勤网络；(3)倾听市场的需求信息，设计更贴近客户的产品；(4)时间延迟；(5)策略性地确定货源和采购，与供应商建立双赢的合作策略；(6)在整个供应链领域建立信息系统；(7)建立整个供应链的绩效考核准则等。

供应链至今尚无一个公认的定义，在供应链管理发展的过程中，许多专家和学者提出了大量的定义，反映了不同时代背景、不同发展阶段的产物，大致可以划分为 3 个阶段：

1. 早期的观点认为供应链是制造企业中的一个内部过程。

2. 后来供应链的概念注意了与其他企业的联系。

3. 如今供应链的定义更加注重围绕核心企业的网链关系，如核心企业与供应商、供应商的供应商乃至与一切前向的关系，与用户、用户的用户及一切后向的关系。

职业能力训练

训练目标

能够通过供应链管理与优化系统模拟供应链上下游企业间的信息传递及其反映的相应的实际作业情况，主要包括两部分：功能模块的介绍及物流公司的相关实验。

功能模块的介绍又包含零售商管理、制造商管理、物流公司管理、供应商管理四大部分。

物流公司相关实验则包括物流公司物料综合实验和物流公司产品综合实验两部分。

训练条件

计算机、供应链管理与优化虚拟软件。

工作流程

供应链管理与优化软件系统流程见下图。

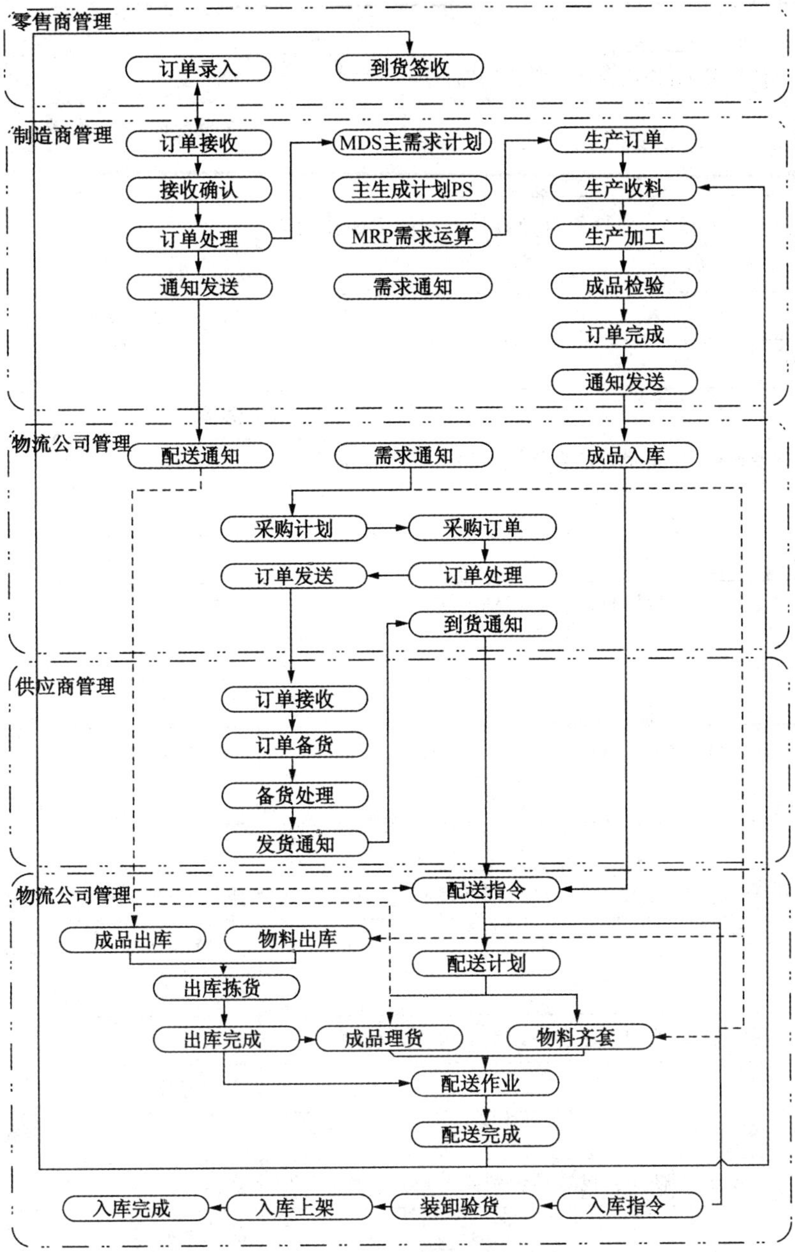

供应链管理与优化软件系统流程

实训案例一

情景描述：

假设某物流公司接收需求通知单，根据需求通知制作采购计划，采购物料，对物料进行配送计划处理，入库物料，出库物料或是配送物料，查看物料仓储情况，盘点核对物料仓储数据。

需要准备的实验数据可参考下表：

1. 需求通知	
接单人(为方便区分,请使用自己容易识别的接单人名称)	徐半夏
备　注	A级客户,优先配送
2. 采购计划	
采购计划人(为方便区分,请使用自己容易识别的采购计划人名称)	赵垒
备　注	新到经理所做计划
3. 订单处理	
供应商	选择项
计划人(为方便区分,请使用自己容易识别的计划人名称)	郑垒
备注	
4. 采购到货	
接单人(为方便区分,请使用自己容易识别的接单人名称)	许夷
备　注	货已备齐
5. 配送指令	
计划人(为方便区分,请使用自己容易识别的计划人名称)	康浩垒
备　注	
6. 装卸验货	
装卸人(为方便区分,请使用自己容易识别的装卸人名称)	康锐、林军、杨风(可填写多人)
装卸作业量	20(亦可为小数,系统默认单位为小时)
验货人(为方便区分,请使用自己容易识别的验货人名称)	唐家驹
备　注	小心轻放
7. 入库上架	
上架人(为方便区分,请使用自己容易识别的上架人名称)	肖国锋
上架备注	隔热堆放
上架数量	小于或等于"剩余上架数量"
8. 物料出库	
计划人(为方便区分,请使用自己容易识别的计划人名称)	谭秋锐
备注	
9. 出库拣货	
计划人(为方便区分,请使用自己容易识别的计划人名称)	谭秋锐

拣货备注	
拣货数量	须与“应出库数量”相等
10. 物料齐套	
计划人(为方便区分,请使用自己容易识别的计划人名称)	刘译权
备注	严格按 BOM 齐套
11. 配送运输	
配线	北京→广东深圳线
12. 物料盘点	
盘点人(为方便区分,请使用自己容易识别的盘点人名称)	鲁政
会计(为方便区分,请使用自己容易识别的会计名称)	丰俊
地址	物料仓库 B 区 3 仓位
实盘数量	须为正整数
盘点备注	严格按 BOM 齐套

操作步骤:

步骤 1　登录

第一步:打开 IE 浏览器,输入 http://10.1.27.234:800/scm,其中的 10.1.27.234 是指系统服务器 IP 地址,800 为系统访问端口。

第二步:学生可以通过学生实验平台输入用户名和密码,根据管理平台设置的用户名和密码进行登录。输入完毕,点“登录”按钮,登录系统。如想重新输入用户名和密码进行登录,请点“重置”按钮。

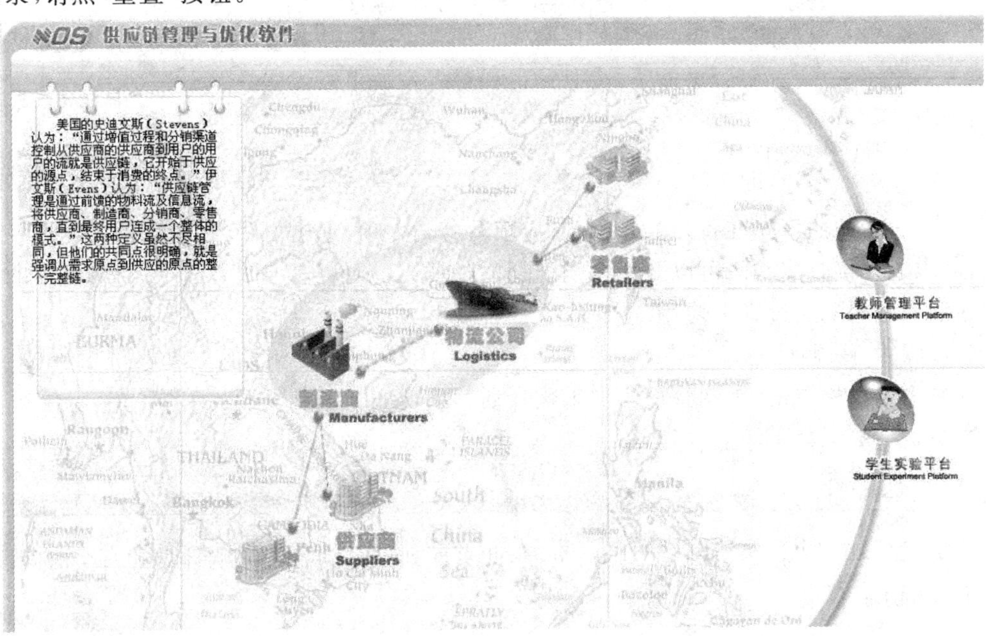

步骤 2　选择实验实例

登录系统后，在实验实例列表里，选择单人综合实验，点“开始实验”按钮，进入角色页面。如下图所示：

选择	实例编号	任务名称	实验学时	学生姓名	状态
◉	EINO200909110501	综合实验	5	张强	已开启

步骤 3　需求通知

左边菜单栏单击“接单管理”→“需求通知”，出现如下活动页面：

选 择	通知单号	制造商编号	制造商简称	开始日期	结束日期	状态
○	RNID200809110001	CUID200804170101	马斯康汽车	2007-12-30	2008-01-20	未接收

第一步：选择一需求通知单，单击“接收”，跳转至下一页面，此页面列出了制造商在一个固定时间段内（本系统为四周）的物料需求明细，如下图所示：

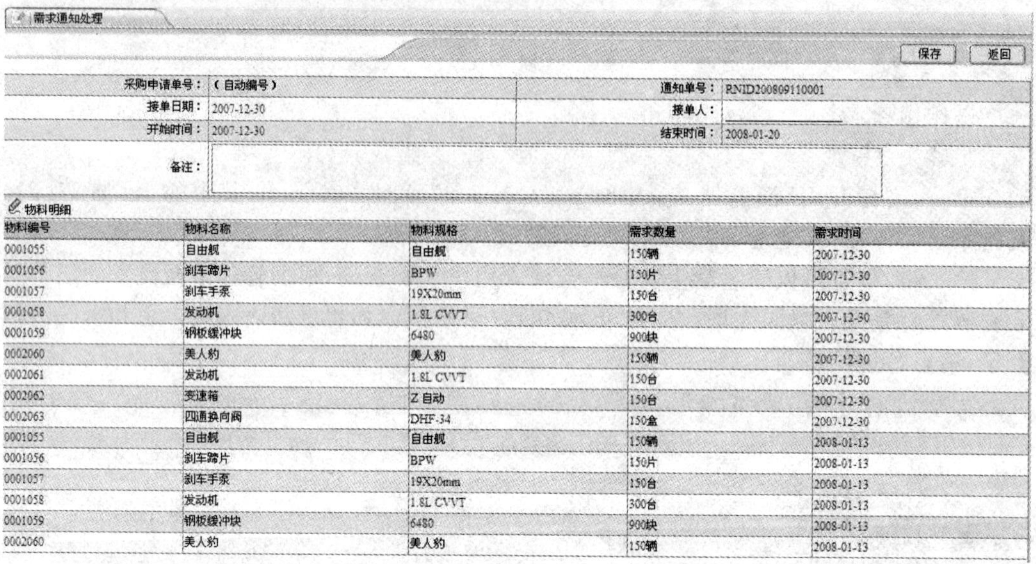

物料编号	物料名称	物料规格	需求数量	需求时间
0001055	自由舰	自由舰	150辆	2007-12-30
0001056	刹车蹄片	BPW	150片	2007-12-30
0001057	刹车手泵	19X20mm	150台	2007-12-30
0001058	发动机	1.8L CVVT	300台	2007-12-30
0001059	钢板缓冲块	6480	900块	2007-12-30
0002060	美人豹	美人豹	150辆	2007-12-30
0002061	发动机	1.8L CVVT	150台	2007-12-30
0002062	变速箱	Z 自动	150台	2007-12-30
0002063	四通换向阀	DHF-34	150盒	2007-12-30
0001055	自由舰	自由舰	150辆	2008-01-13
0001056	刹车蹄片	BPW	150片	2008-01-13
0001057	刹车手泵	19X20mm	150台	2008-01-13
0001058	发动机	1.8L CVVT	300台	2008-01-13
0001059	钢板缓冲块	6480	900块	2008-01-13
0002060	美人豹	美人豹	150辆	2008-01-13

第二步：按照事先准备好的数据，对应填写各输入项，单击“保存”，返回跳转至上一页面，需求通知接收成功。可以开始采购计划的操作。此处接收到的制造商物料需求明细将在物流公司配送过程中使用。

步骤 4　采购计划

左边菜单栏单击“采购管理”→“采购计划”，出现如下活动页面：

选 择	采购计划单号	采购开始日期	采购结束日期	采购计划人	采购计划单日期	状态

第一步：单击“新增”，跳转至下一页面，此页面列出了满足做采购计划的每个时间段，如下图所示：

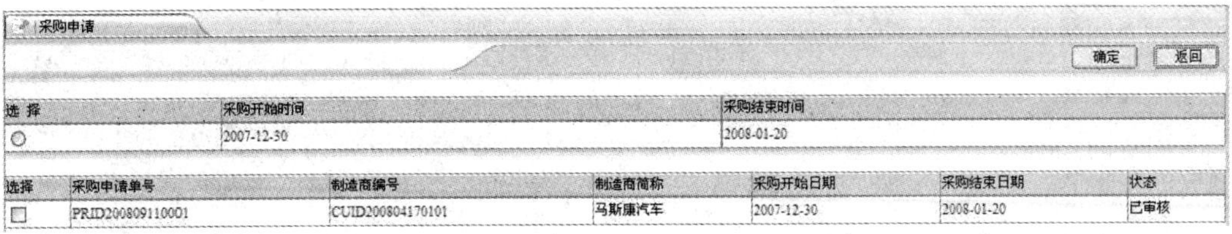

选 择	采购开始时间	采购结束时间
○	2007-12-30	2008-01-20

选择	采购申请单号	制造商编号	制造商简称	采购开始日期	采购结束日期	状态
□	PRID200809110001	CUID200804170101	马斯康汽车	2007-12-30	2008-01-20	已审核

第二步：选择一个时间段，页面下方列表会列出该时间段内的采购申请单，选择欲做采购计划的采购申请单，单击“确定”，跳转至下一页面，此页面列出了所选择采购申请单的物料采购明细，如下图所示：

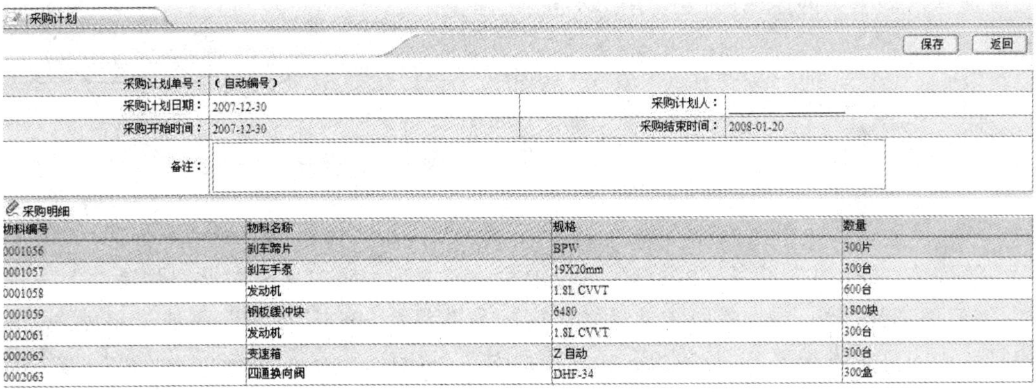

物料编号	物料名称	规格	数量
0001056	刹车蹄片	BPW	300片
0001057	刹车手泵	19X20mm	300台
0001058	发动机	1.8L CVVT	600台
0001059	钢板缓冲块	6480	1800块
0002061	发动机	1.8L CVVT	300台
0002062	变速箱	Z 自动	300台
0002063	四通换向阀	DHF-34	300盒

第三步：按照事先准备好的数据，对应填写各输入项，单击“保存”，返回跳转至上一页面，采购计划单生成完毕，生成的采购计划单流动至采购申请环节。

步骤 5　采购申请

左边菜单栏单击“采购管理”→“采购申请”，出现如下活动页面：

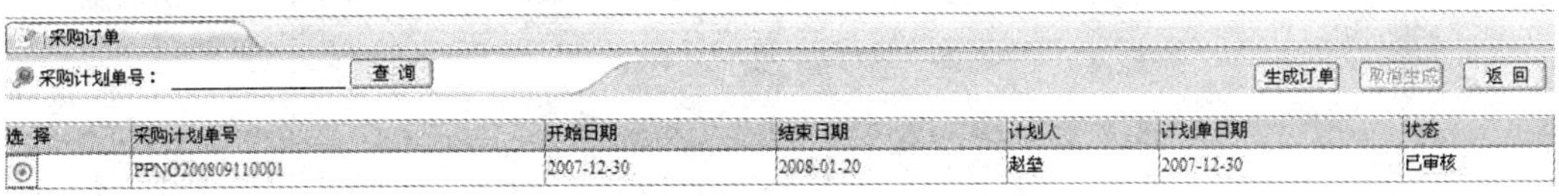

选 择	采购计划单号	开始日期	结束日期	计划人	计划单日期	状态
⊙	PPNO200809110001	2007-12-30	2008-01-20	赵垒	2007-12-30	已审核

第一步：选择刚才在采购计划环节生成的采购计划单，单击“生成订单”，跳转至下一页面，此页面列出了该采购计划单对应的物料明细，如下图所示：

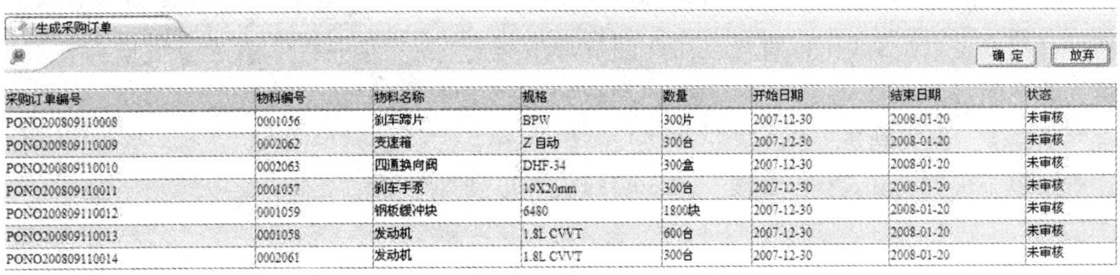

采购订单编号	物料编号	物料名称	规格	数量	开始日期	结束日期	状态
PONO200809110008	0001056	刹车蹄片	BPW	300片	2007-12-30	2008-01-20	未审核
PONO200809110009	0002062	变速箱	Z 自动	300台	2007-12-30	2008-01-20	未审核
PONO200809110010	0002063	四通换向阀	DHF-34	300盒	2007-12-30	2008-01-20	未审核
PONO200809110011	0001057	刹车手泵	19X20mm	300台	2007-12-30	2008-01-20	未审核
PONO200809110012	0001059	钢板缓冲块	6480	1800块	2007-12-30	2008-01-20	未审核
PONO200809110013	0001058	发动机	1.8L CVVT	600台	2007-12-30	2008-01-20	未审核
PONO200809110014	0002061	发动机	1.8L CVVT	300台	2007-12-30	2008-01-20	未审核

第二步：单击“确定”，生成采购订单。生成的采购订单备下一环节——订单处理环节操作。

步骤 6　订单处理

左边菜单栏单击“采购管理”→“订单处理”，出现如下活动页面：

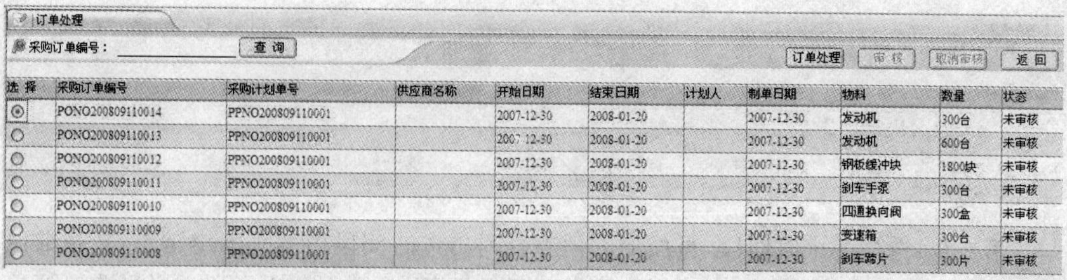

选择	采购订单编号	采购计划单号	供应商名称	开始日期	结束日期	计划人	制单日期	物料	数量	状态
◉	PONO200809110014	PPNO200809110001		2007-12-30	2008-01-20		2007-12-30	发动机	300台	未审核
○	PONO200809110013	PPNO200809110001		2007-12-30	2008-01-20		2007-12-30	发动机	600台	未审核
○	PONO200809110012	PPNO200809110001		2007-12-30	2008-01-20		2007-12-30	钢板缓冲块	1800块	未审核
○	PONO200809110011	PPNO200809110001		2007-12-30	2008-01-20		2007-12-30	刹车手泵	300台	未审核
○	PONO200809110010	PPNO200809110001		2007-12-30	2008-01-20		2007-12-30	四通换向阀	300盒	未审核
○	PONO200809110009	PPNO200809110001		2007-12-30	2008-01-20		2007-12-30	变速箱	300台	未审核
○	PONO200809110008	PPNO200809110001		2007-12-30	2008-01-20		2007-12-30	刹车蹄片	300片	未审核

第一步：选择采购订单，单击“订单处理”，跳转至下一页面，此页面内物流公司可以为所需物料挑选满意的供应商，如下图所示：

第二步：按照事先准备好的数据，对应填写各输入项，单击“保存”，返回跳转至上一页面，供应商选择成功，再选择刚才选择供应商的采购订单，单击“审核”，完成订单处理，采购订单进入订单发送环节，备物流公司发送给对应供应商。

步骤 7　订单发送

第一步：选择“采购管理”→“订单发送”，如下图所示：

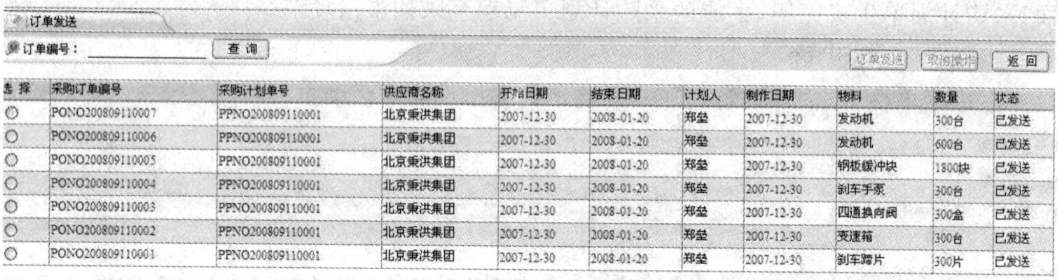

选择	采购订单编号	采购计划单号	供应商名称	开始日期	结束日期	计划人	制作日期	物料	数量	状态
○	PONO200809110007	PPNO200809110001	北京秉洪集团	2007-12-30	2008-01-20	郑垒	2007-12-30	发动机	300台	已发送
○	PONO200809110006	PPNO200809110001	北京秉洪集团	2007-12-30	2008-01-20	郑垒	2007-12-30	发动机	600台	已发送
○	PONO200809110005	PPNO200809110001	北京秉洪集团	2007-12-30	2008-01-20	郑垒	2007-12-30	钢板缓冲块	1800块	已发送
○	PONO200809110004	PPNO200809110001	北京秉洪集团	2007-12-30	2008-01-20	郑垒	2007-12-30	刹车手泵	300台	已发送
○	PONO200809110003	PPNO200809110001	北京秉洪集团	2007-12-30	2008-01-20	郑垒	2007-12-30	四通换向阀	300盒	已发送
○	PONO200809110002	PPNO200809110001	北京秉洪集团	2007-12-30	2008-01-20	郑垒	2007-12-30	变速箱	300台	已发送
○	PONO200809110001	PPNO200809110001	北京秉洪集团	2007-12-30	2008-01-20	郑垒	2007-12-30	刹车蹄片	300片	已发送

第二步：在综合实验中，这里的采购订单应该发送给供应商进行处理，当供应商发货后，物流公司方可在采购到货环节进行到货接收。但本单元实验中，系统处理为物流公司进行订单发送以后，就可以直接在采购到货环节进行“到货接收”了，省去了供应商备货、发货的中间环节。

步骤 8　采购到货

左边菜单栏单击“采购管理”→“采购到货”，出现如下活动页面：

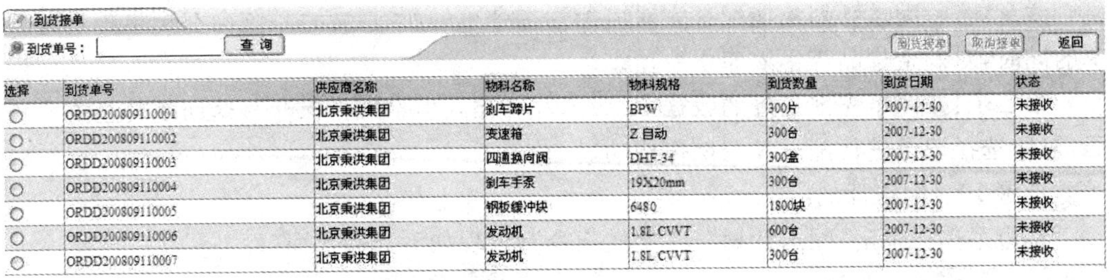

选择	到货单号	供应商名称	物料名称	物料规格	到货数量	到货日期	状态
○	ORDD200809110001	北京秉洪集团	刹车蹄片	BPW	300片	2007-12-30	未接收
○	ORDD200809110002	北京秉洪集团	变速箱	Z 自动	300台	2007-12-30	未接收
○	ORDD200809110003	北京秉洪集团	四通换向阀	DHF-34	300盒	2007-12-30	未接收
○	ORDD200809110004	北京秉洪集团	刹车手泵	19X20mm	300台	2007-12-30	未接收
○	ORDD200809110005	北京秉洪集团	钢板缓冲块	6480	1800块	2007-12-30	未接收
○	ORDD200809110006	北京秉洪集团	发动机	1.8L CVVT	600台	2007-12-30	未接收
○	ORDD200809110007	北京秉洪集团	发动机	1.8L CVVT	300台	2007-12-30	未接收

第一步：选择到货通知单，单击“到货接单”，跳转至下一页面，如下图所示：

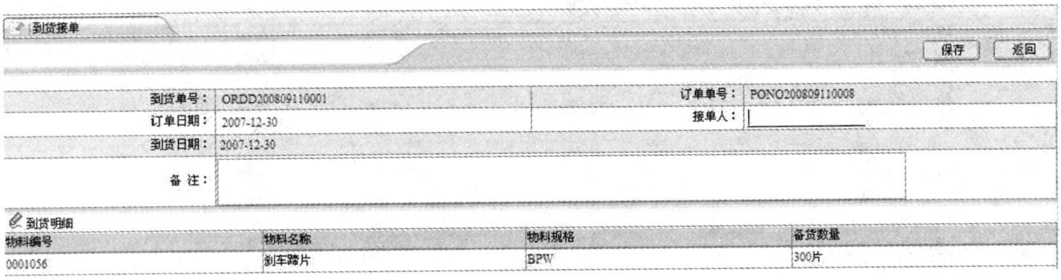

物料编号	物料名称	物料规格	备货数量
0001056	刹车蹄片	BPW	300片

第二步：按照事先准备好的数据，对应填写各输入项，单击“保存”，返回跳转至上一页面，完成到货通知的接收。至此，物流公司完成了采购流程，可以进入下一模块，进行配送计划。

步骤 9　配送指令

左边菜单栏单击“配送计划”→“配送指令”，出现如下活动页面：

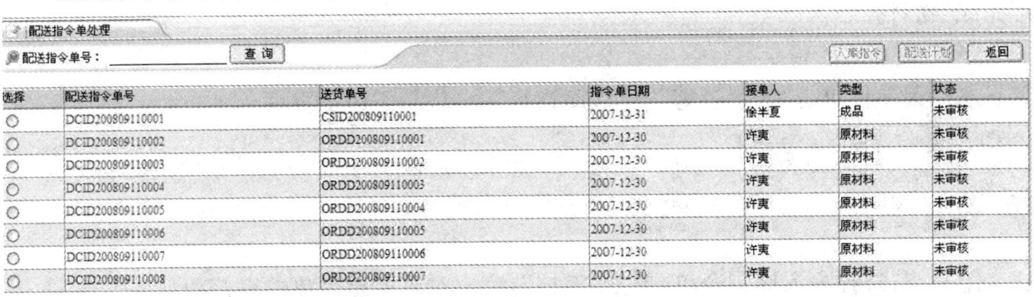

选择	配送指令单号	送货单号	指令单日期	接单人	类型	状态
○	DCID200809110001	CSID200809110001	2007-12-31	徐半夏	成品	未审核
○	DCID200809110002	ORDD200809110001	2007-12-30	许夷	原材料	未审核
○	DCID200809110003	ORDD200809110002	2007-12-30	许夷	原材料	未审核
○	DCID200809110004	ORDD200809110003	2007-12-30	许夷	原材料	未审核
○	DCID200809110005	ORDD200809110004	2007-12-30	许夷	原材料	未审核
○	DCID200809110006	ORDD200809110005	2007-12-30	许夷	原材料	未审核
○	DCID200809110007	ORDD200809110006	2007-12-30	许夷	原材料	未审核
○	DCID200809110008	ORDD200809110007	2007-12-30	许夷	原材料	未审核

第一步：选择一配送指令单，单击“入库指令”，配送指令单进入入库管理模块；选择一配送指令单，单击“配送计划”，跳转至下一页面，如下图所示：

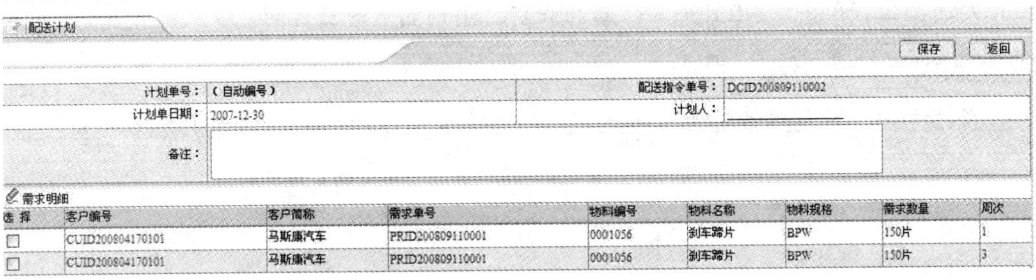

选 择	客户编号	客户简称	需求单号	物料编号	物料名称	物料规格	需求数量	周次
□	CUID200804170101	马斯康汽车	PRID200809110001	0001056	刹车蹄片	BPW	150片	1
□	CUID200804170101	马斯康汽车	PRID200809110001	0001056	刹车蹄片	BPW	150片	3

其中，“入库指令”和“配送计划”是相排斥的两功能，即一条配送指令在一次操作中，要么做“入库指令”，要么做“配送计划”。

注意：若一配送计划未能配送完对应配送指令单的所有物品，系统会在产生配送计划单的同时，对剩余物品产生入库指令单。

第二步：按照事先准备好的数据，对应填写各输入项，单击“保存”，返回跳转至上一页面，对所选择记录进行配送计划操作成功。

步骤 10　配送计划

左边菜单栏单击“配送计划”→“配送指令”，出现如下活动页面：

配送计划

计划单号：＿＿＿＿ 查询　　删除　审核　取消审核　返回

选择	计划单号	计划日期	计划人	类型	状态
○	DPID200809110001	2007-12-30	康浩垒	原材料	未审核
○	DPID200809110002	2007-12-30	康浩垒	原材料	未审核
○	DPID200809110003	2007-12-30	康浩垒	原材料	未审核
○	DPID200809110004	2007-12-30	康浩垒	原材料	未审核
○	DPID200809110005	2007-12-30	康浩垒	原材料	未审核
○	DPID200809110006	2007-12-30	康浩垒	原材料	未审核
○	DPID200809110007	2007-12-30	康浩垒	原材料	未审核
○	DPID200809110008	2007-12-30	康浩垒	原材料	未审核
○	DPID200809110009	2007-12-30	康浩垒	原材料	未审核
○	DPID200809110010	2007-12-30	康浩垒	原材料	未审核
○	DPID200809110011	2007-12-30	康浩垒	原材料	未审核
○	DPID200809110012	2007-12-30	康浩垒	原材料	未审核
○	DPID200809110013	2007-12-30	康浩垒	原材料	未审核
○	DPID200809110014	2007-12-30	康浩垒	原材料	未审核

第一步：选择一配送计划单，单击“审核”，完成对配送计划单的审核确认。

第二步：完成配送计划后的对应物品方可在配送管理模块进行配送，但因为配送管理模块的第一环节便是“物料齐套”，所以仍然需等待一种产品所需的所有物料都到齐后方可完成“物料齐套”。

步骤 11　入库指令

左边菜单栏单击“入库管理”→“入库指令”，出现如下活动页面：

入库指令

入库指令单号：＿＿＿＿ 查询　　删除　审核　取消审核　返回

选择	入库指令单号	配送指令单号	指令单日期	计划人	物料类型	状态
○	SCID200809110002	DCID200809110001	2007-12-31	1001	成品	未审核

第一步：选择一入库指令单，单击“审核”，完成对入库指令单的审核确认。

第二步：审核后的入库指令单会进入装卸验货环节，等待装卸验货。

步骤 12　装卸验货

左边菜单栏单击“入库管理”→“装卸验货”，出现如下活动页面：

装卸验货

入库指令单号：＿＿＿＿ 查询　　装卸验货　验货完成　取消完成　返回

选择	入库指令单号	指令单日期	接单人	物料类型	验货人	状态
◉	SCID200809110002	2007-12-31	1001	成品		已审核

第一步：选择一条入库指令单，单击“装卸验货”，跳转至下一页面，如下图所示：

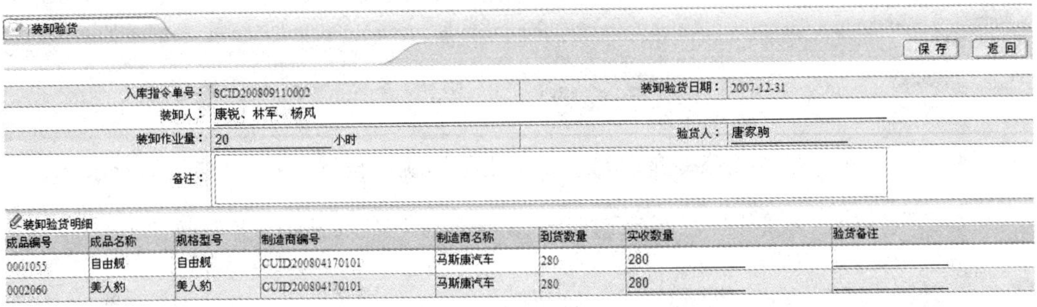

第二步：按照事先准备好的数据，对应填写各输入项，单击“保存”，返回跳转至前一页面，即完成装卸验货操作；再选择刚才装卸验货完毕的入库指令单，单击“验货完成”，如下图所示，即完成对装卸验货的确认。此时，入库指令单进入入库上架环节，等待入库上架的操作。

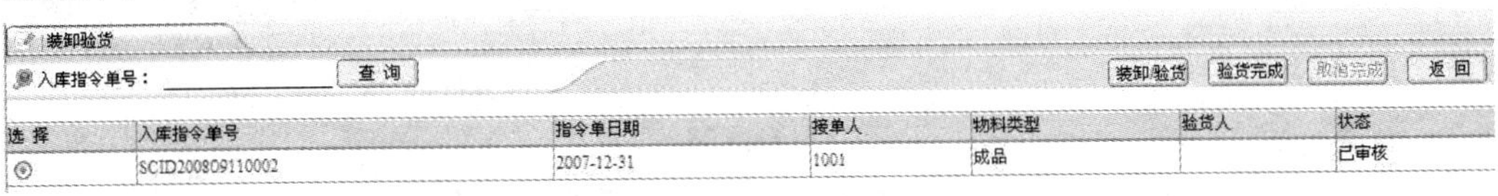

步骤 13　入库上架

入库上架分为自动上架和手动上架两种方式。自动上架有多种策略，例如：按物料唯一性上架、按供应商上架、按物料类别上架等策略。用户可以选择任一方式对物品进行上架操作。

左边菜单栏单击“入库管理”→“入库上架”，出现如下活动页面：

A. 自动上架

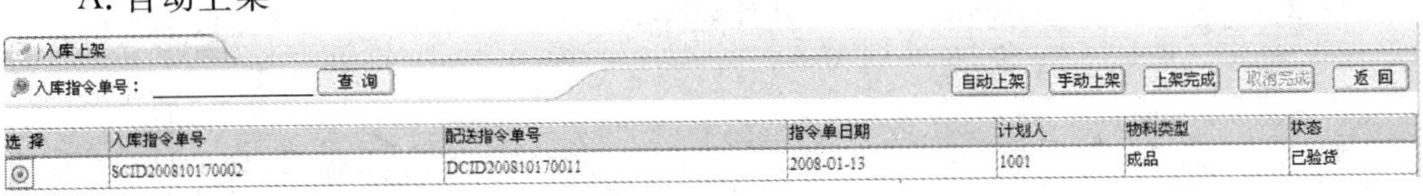

第一步：选择一条入库指令单，单击“自动上架”，跳转至下一页面，如下图所示：

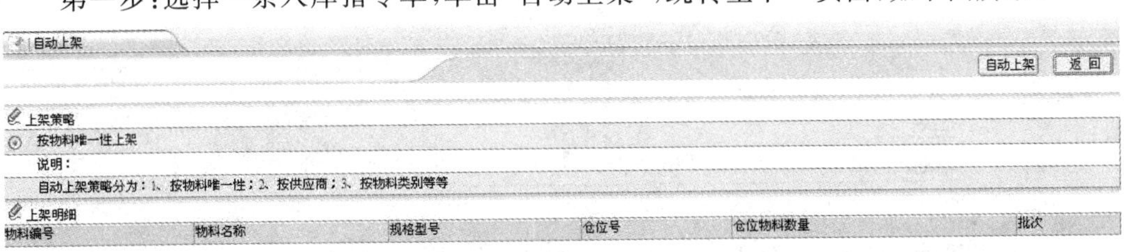

第二步：单击“自动上架”，按选中策略进行自动上架，上架结束后，已上架物料的明细会列于页面下方，单击“返回”，返回跳转至入库上架主页面；选择刚才上架结束的入库指令单，单击“上架完成”，对入库上架进行审核确认。

B. 手动上架

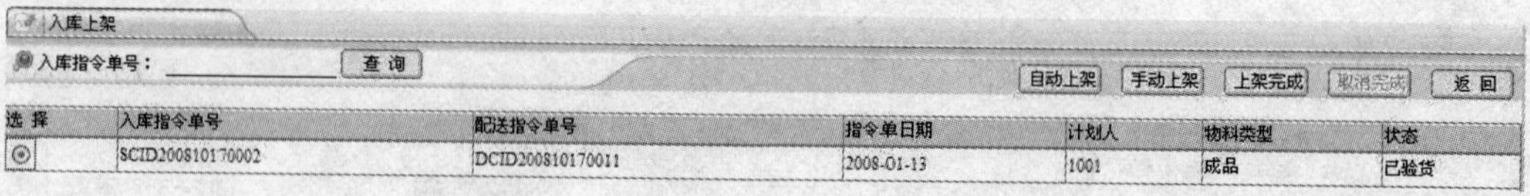

第一步：选择一条入库指令单，单击“手动上架”，跳转至下一页面，如下图所示：

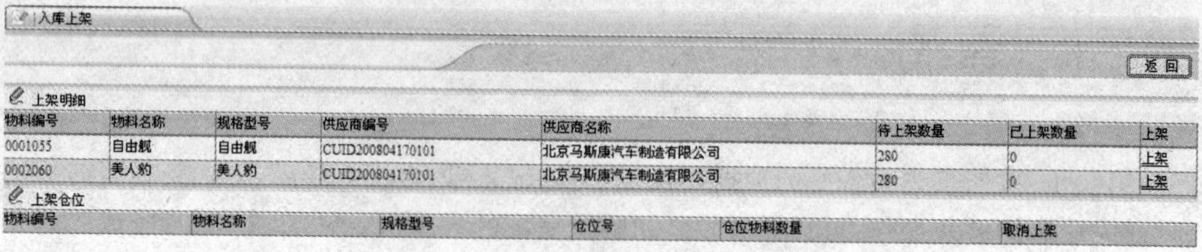

第二步：单击欲上架的货物后的“上架”链接，跳转至仓库列表页面，如下图所示：

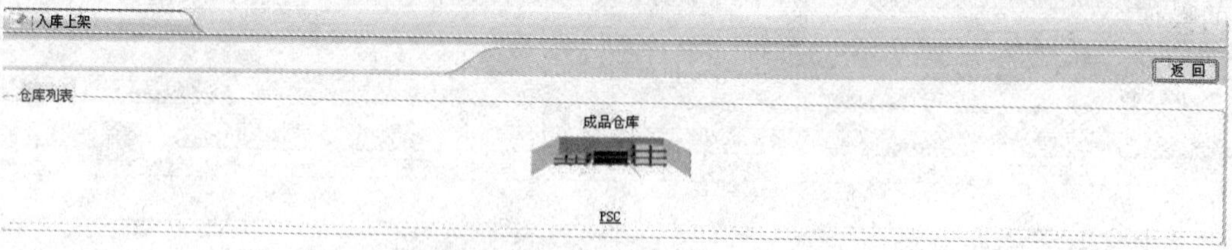

第三步：选择一仓库，单击仓库图标，跳转至仓库区域列表页面，如下图所示。此页面列出了所选择仓库下属的所有仓库区域。

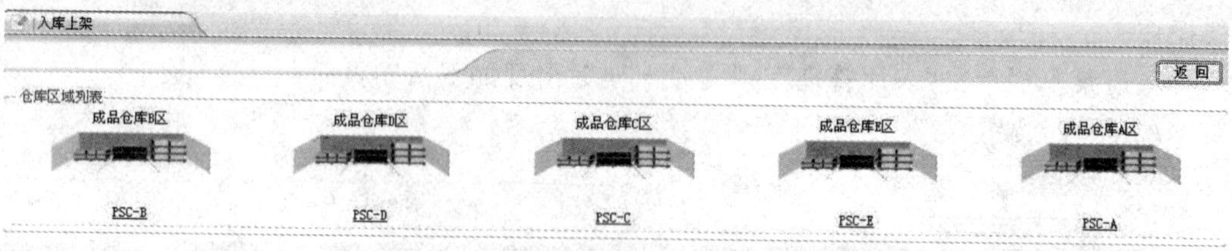

第四步：选择一仓库区域，单击仓库区域图标，跳转至下一页面，如下图所示。此页面列出了所选择仓库区域下属的所有仓位。

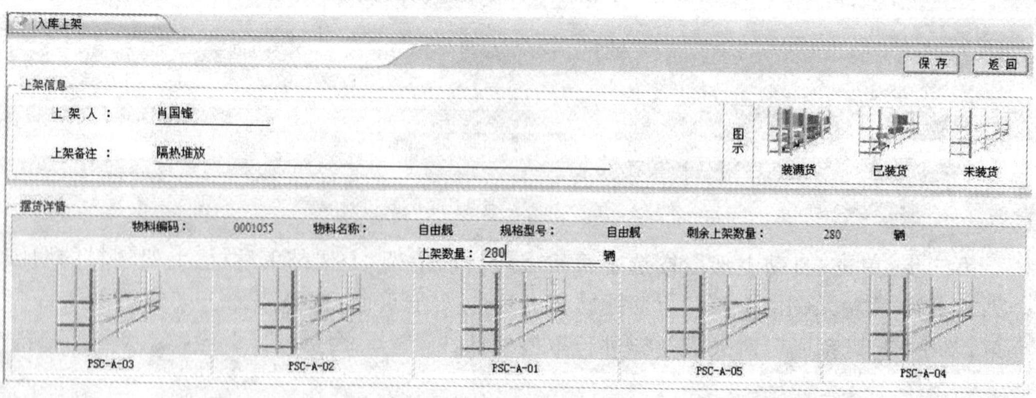

第五步：按照事先准备好的数据，对应填写各输入项，选择仓位，单击“保存”，返回跳转至上一页面，即完成上架操作；返回至入库上架主页面，如下图所示，选择刚才上架结束

的入库指令单，单击“上架完成”，对上架进行审核确认。

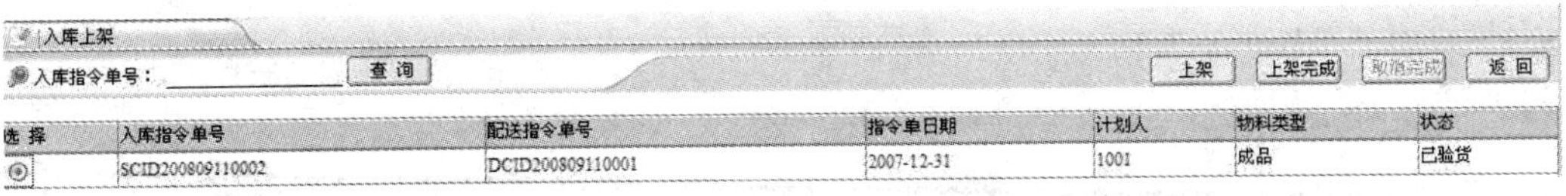

步骤 14　入库完成

左边菜单栏单击“入库管理”→“入库完成”，出现如下活动页面：

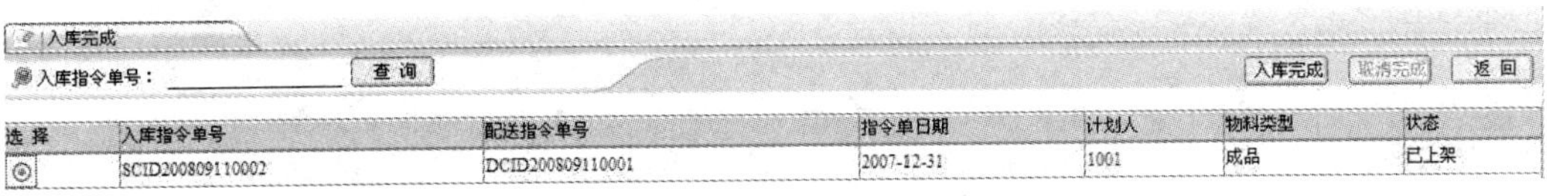

第一步：选择刚才在入库上架环节完成的入库指令单，单击“入库完成”，跳转至下一页面，如下图所示。在此页面用户可设置入库指令单的入库完成日期。

第二步：入库管理流程结束，可进入出库管理流程的操作。

步骤 15　物料出库

左边菜单栏单击“出库管理”→“物料出库”，出现如下活动页面：

第一步：单击“新增”，跳转至下一页面，如下图所示：

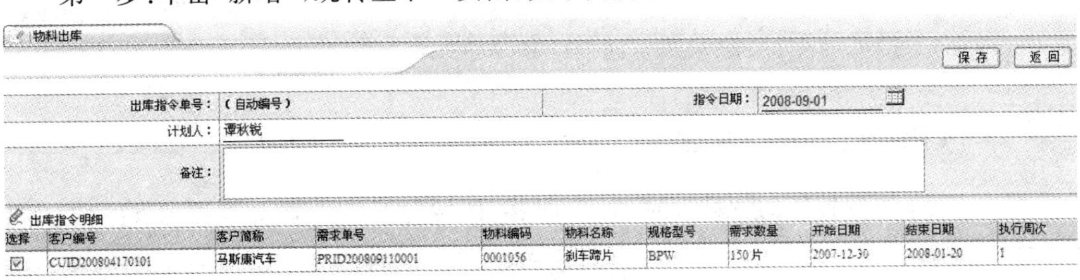

第二步：按照事先准备好的数据，对应填写各输入项，选择欲出库的物料，单击“保存”，返回到上一页面，一条物料出库指令单已新增成功，如下图所示：

步骤 16　出库拣货

出库拣货分为自动拣货和手动拣货两种方式。自动拣货有多种策略，例如：按入库批次先进先出、按入库批次先进后出、按数量升序、按数量降序等策略。

左边菜单栏单击“出库管理”→“出库拣货”，出现如下活动页面：

A. 自动拣货

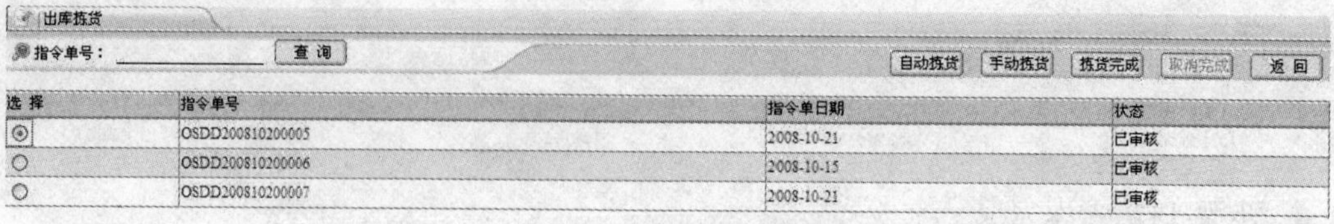

第一步：选择一出库指令单，单击“自动拣货”，跳转至下一页面，如下图所示：

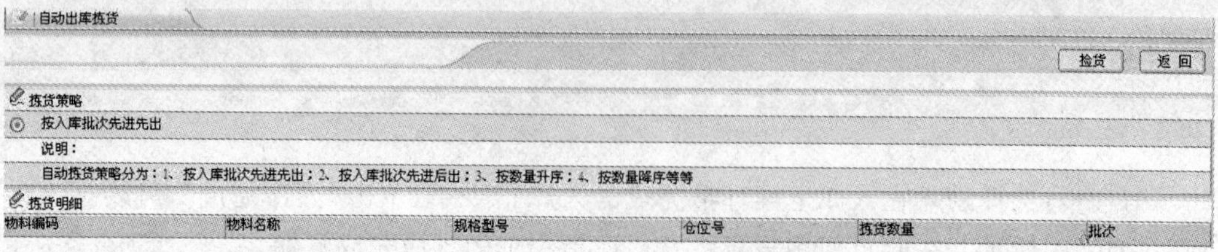

第二步：单击“拣货”，按选中策略进行自动拣货，拣货结束后，已拣货物料的明细会列于页面下方，单击“返回”，返回跳转至出库拣货主页面；选择刚才拣货结束的出库指令单，单击“拣货完成”，对拣货进行审核确认。

B. 手动拣货

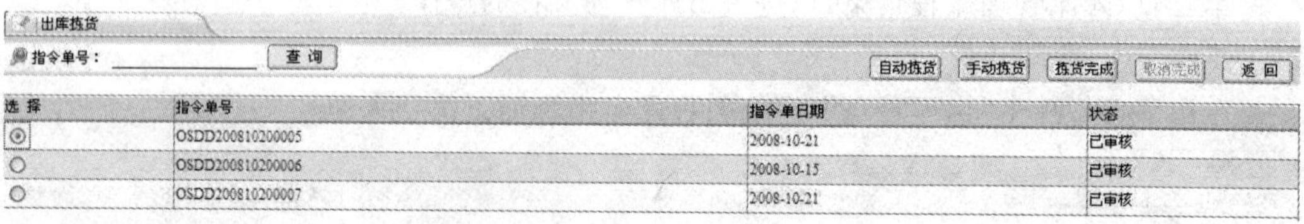

第一步：选择一出库指令单，单击“手动拣货”，跳转至下一页面，如下图所示：

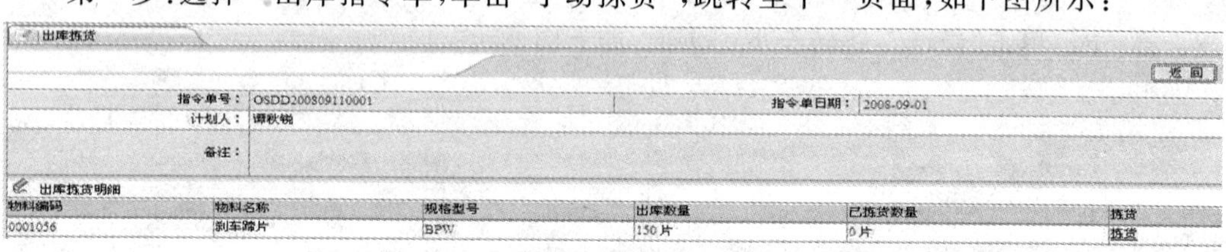

第二步：单击欲拣货的货物后的“拣货”链接，跳转至下一页面，如下图所示：

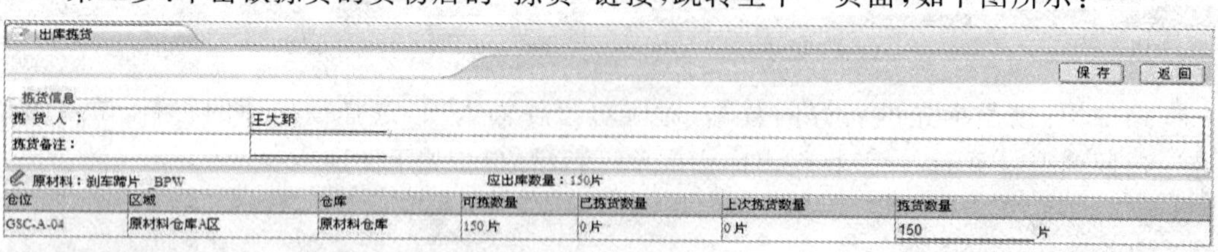

第三步：按照事先准备好的数据，对应填写各输入项，单击“保存”，返回到上一页面，完成拣货操作。

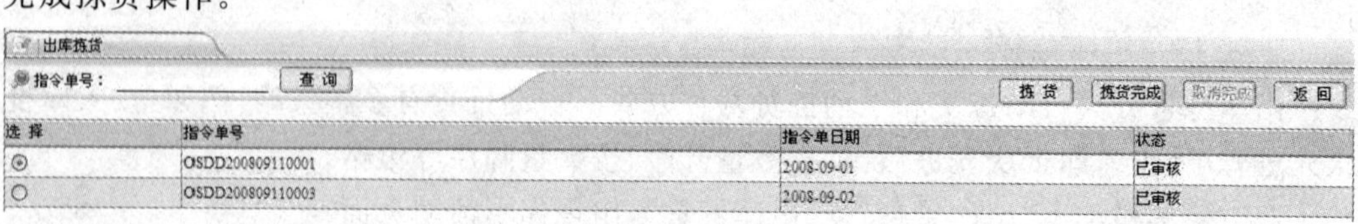

第四步：选择刚才拣货结束的出库指令单，单击“拣货完成”，确认拣货操作，拣货完成后，方可进行出库完成操作。

步骤 17　出库完成

左边菜单栏单击“出库管理”→“出库完成”，出现如下活动页面：

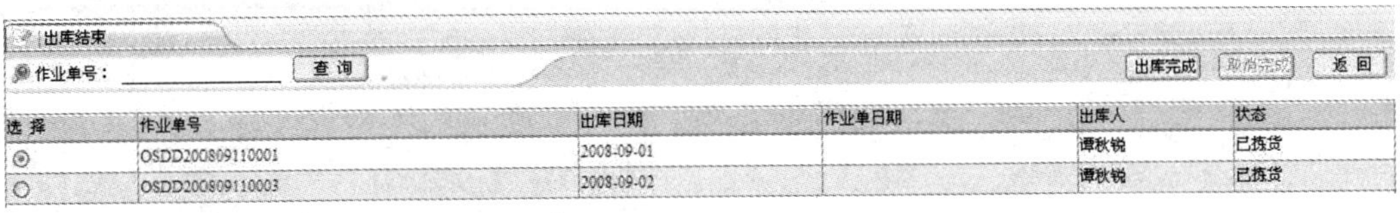

第一步：选择刚才在出库拣货环节完成的出库作业单，单击“出库完成”，跳转至下一页面，如下图所示。在此页面用户可设置出库作业单的出库完成日期。

第二步：出库管理流程结束，可进入配送管理流程的操作。

步骤 18　物料齐套

左边菜单栏单击“配送管理”→“物料齐套”，出现如下活动页面：

第一步：单击“齐套”，跳转至下一页面，如下图所示。此页面列出了有可配送物料的需求单。

第二步：选择需求单，单击“确定”，跳转至下一页面，如下图所示：

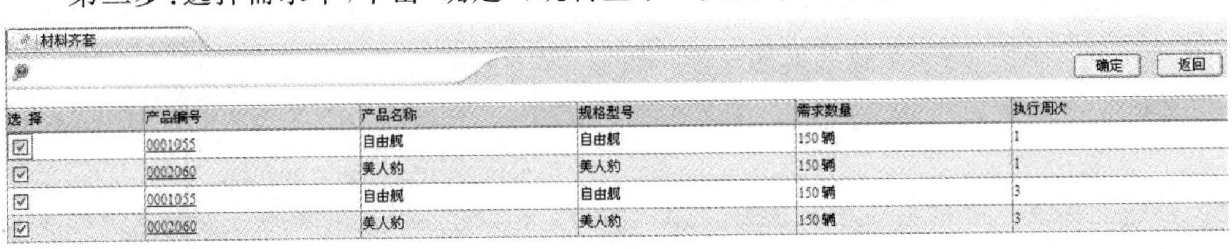

第三步：选择欲配送的周次，单击“确定”，跳转至下一页面，如下图所示：

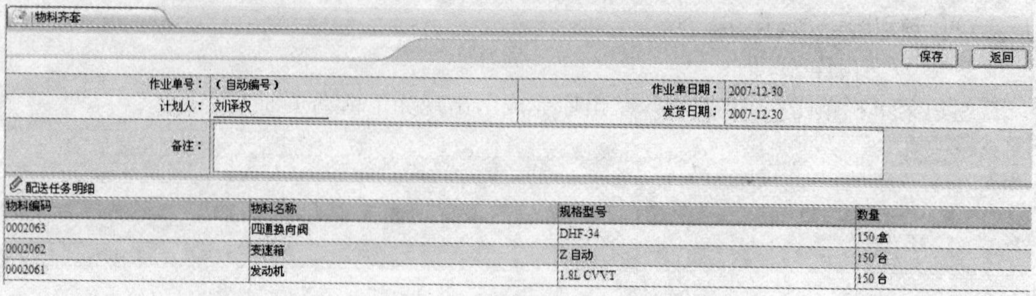

第四步：按照事先准备好的数据，对应填写各输入项，单击“保存”，返回跳转至上一页面，生成一配送作业单。选择刚才齐套操作后生成的配送作业单，单击“审核”，确认齐套操作完成，配送作业单方可进入配送运输环节。

步骤 19　配送运输

左边菜单栏单击“配送管理”→“配送运输”，出现如下活动页面：

第一步：选择一配送作业单，单击“配载”，跳转至下一页面，如下图所示：

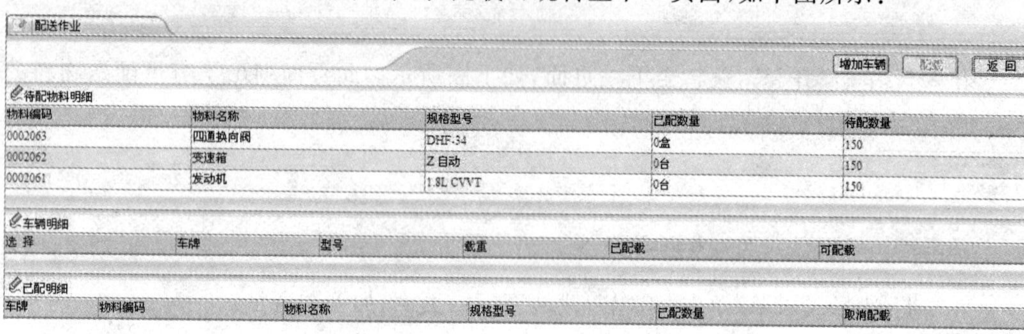

第二步：单击“增加车辆”，跳转至下一页面，如下图所示：

第三步：选择车辆，单击“确定”，返回跳转至上一页面，如下图所示。所选择车辆在车辆明细列表中列出，备配载使用。

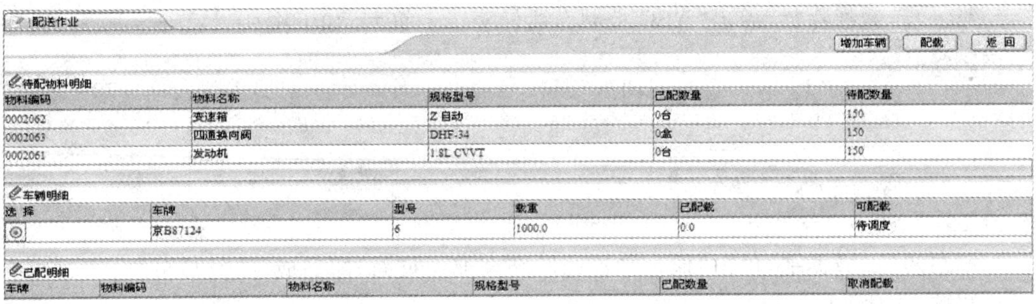

配送作业

增加车辆 配载 返回

待配物料明细

物料编码	物料名称	规格型号	已配数量	待配数量
0002062	变速箱	Z 自动	0台	150
0002063	四通换向阀	DHF-34	0盒	150
0002061	发动机	1.8L CVVT	0台	150

车辆明细

选择	车牌	型号	载重	已配载	可配载
◉	京B87124	6	1000.0	0.0	待调度

已配明细

车牌	物料编码	物料名称	规格型号	已配数量	取消配载

第四步：选择车辆，单击“配载”，跳转至下一页面，如下图所示。该页面列出了所选配送作业单下的所有需配送货物。

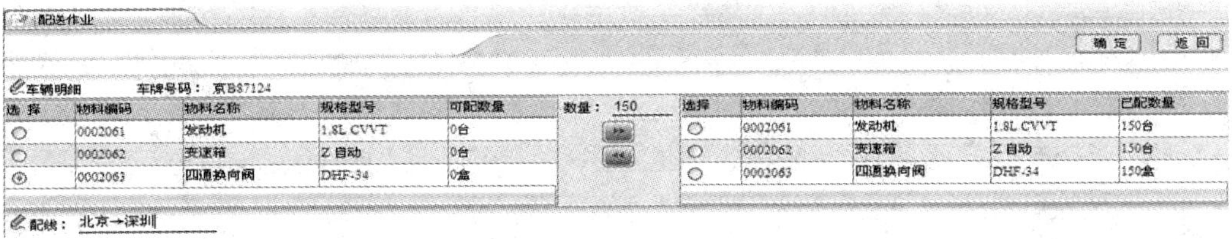

配送作业

确定 返回

车辆明细 车牌号码：京B87124

选择	物料编码	物料名称	规格型号	可配数量
○	0002061	发动机	1.8L CVVT	0台
○	0002062	变速箱	Z 自动	0台
◉	0002063	四通换向阀	DHF-34	0盒

数量：150

选择	物料编码	物料名称	规格型号	已配数量
○	0002061	发动机	1.8L CVVT	150台
○	0002062	变速箱	Z 自动	150台
○	0002063	四通换向阀	DHF-34	150盒

配线：北京→深圳

第五步：选择货物，单击“向右箭头”，进行配载作业，所列货物可以一次配载，也可以分次配载。输入配线的内容，单击“确定”，保存返回至上一页面。至此，配载操作结束。返回至配送作业主页面，选择刚才配载操作结束的配送作业单，单击“配载完成”，确认配载操作。配载完成后，方可进行出车操作。

配送作业

配送作业单号： 查询

配载 配载完成 取消完成 出车 取消出车 返回

选择	配送作业单号	作业单日期	发货日期	状态
◉	DOID200809110001	2007-12-30	2007-12-30	已审核

第六步：选择刚才配载完成的配送作业单，单击“出车”，开始运输过程。

步骤 20　ABC 物料控制

左边菜单栏单击“仓库管理”→“ABC 物料控制”，出现如下活动页面：

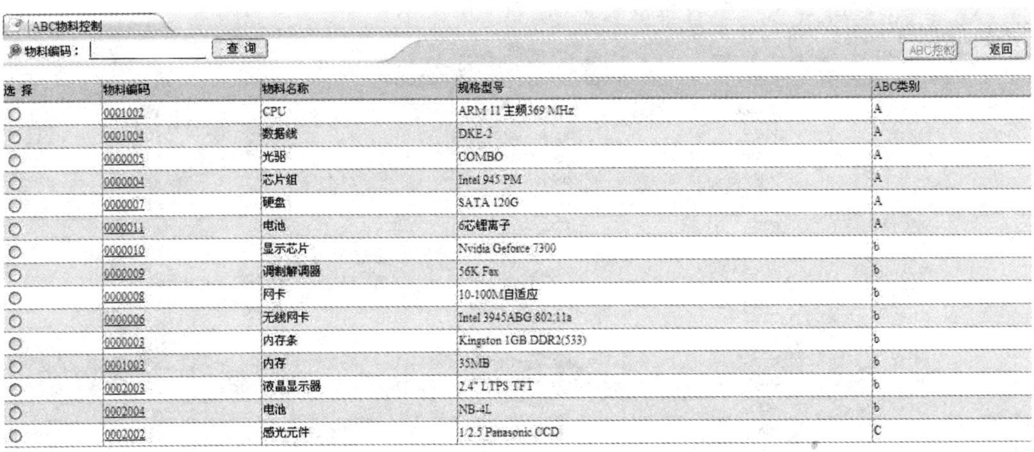

ABC物料控制

物料编码： 查询

ABC控制 返回

选择	物料编码	物料名称	规格型号	ABC类别
○	0001002	CPU	ARM 11 主频369 MHz	A
○	0001004	数据线	DKE-2	A
○	0000005	光驱	COMBO	A
○	0000004	芯片组	Intel 945 PM	A
○	0000007	硬盘	SATA 120G	A
○	0000011	电池	6芯锂离子	A
○	0000010	显示芯片	Nvidia Geforce 7300	b
○	0000009	调制解调器	56K Fax	b
○	0000008	网卡	10-100M自适应	b
○	0000006	无线网卡	Intel 3945ABG 802.11a	b
○	0000003	内存条	Kingston 1GB DDR2(533)	b
○	0001003	内存	35MB	b
○	0002003	液晶显示器	2.4" LTPS TFT	b
○	0002004	电池	NB-4L	b
○	0002002	感光元件	1/2.5 Panasonic CCD	C

第一步：选择物料，单击“ABC 控制”，跳转至下一页面，如下图所示：

ABC产品控制

保存　返回

物料编码：	0001002		物料名称：	CPU
规格型号：	ARM 11 主频369 MHz			
ABC类别：	⊙ A	占资金80%	占库存20%	
	○ B	占资金15%	占库存30%	
	○ C	占资金5%	占库存50%	

第二步：选择类别，单击“保存”，返回跳转至上一页面，即完成了 ABC 分类。

步骤 21　物料库存

左边菜单栏单击“仓库管理”→“物料库存”，出现如下活动页面：

物料库存

物料编码：　查询　返回

物料编码	物料名称	规格型号	在途库存	仓库库存
0002004	电池	NB-4L	150 块	150 块
0002003	液晶显示器	2.4" LTPS TFT	150 台	150 台
0002002	感光元件	1/2.5 Panasonic CCD	150 盒	150 盒
0001005	锂电池	890mAh	150 块	150 块
0001004	数据线	DKE-2	150 条	150 条
0001003	内存	35MB	150 条	450 条
0001002	CPU	ARM 11 主频369 MHz	150 盒	150 盒
0000012	处理器	Intel Core 2 Duo T5500	600 盒	300 盒
0000011	电池	6芯锂离子	600 块	300 块
0000010	显示芯片	Nvidia Geforce 7300	600 张	300 张
0000009	调制解调器	56K Fax	840 台	60 台
0000008	网卡	10-100M自适应	300 张	600 张
0000007	硬盘	SATA 120G	300 个	600 个
0000006	无线网卡	Intel 3945ABG 802.11a	150 张	450 张
0000005	光驱	COMBO	600 盒	300 盒

此页面可查看物料的库存状态及数量。

步骤 22　物料盘点

左边菜单栏单击“仓库管理”→“物料盘点”，出现如下活动页面：

物料盘点

盘点单号：　查询　新增　编辑　删除　返回

选择	盘点单号	盘点日期	盘点人	状态

第一步：单击“新增”，跳转至下一页面，如下图所示：

新增物料盘点

物料编码：　查询　确定　返回

选择	物料编码	物料名称	规格型号	ABC类别
□	0000003	内存条	Kingston 1GB DDR2(533)	b
□	0000004	芯片组	Intel 945 PM	A
□	0000005	光驱	COMBO	A
□	0000006	无线网卡	Intel 3945ABG 802.11a	b
□	0000007	硬盘	SATA 120G	A
□	0000008	网卡	10-100M自适应	b
□	0000009	调制解调器	56K Fax	b
□	0000010	显示芯片	Nvidia Geforce 7300	b
□	0000011	电池	6芯锂离子	A
□	0000012	处理器	Intel Core 2 Duo T5500	C
□	0001002	CPU	ARM 11 主频369 MHz	A
□	0001003	内存	35MB	b
□	0001004	数据线	DKE-2	A
□	0001005	锂电池	890mAh	C
□	0002002	感光元件	1/2.5 Panasonic CCD	C

第二步：选择物料，单击“确定”，跳转至下一页面，如下图所示：

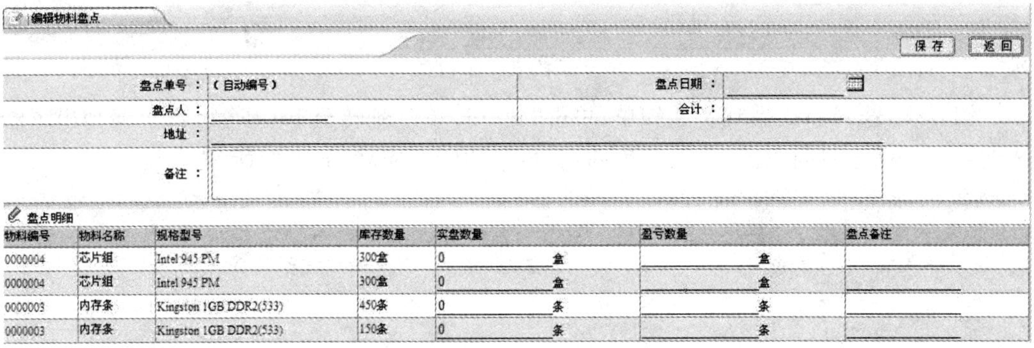

第三步：按照事先准备好的数据，对应填写各输入项，单击“保存”，返回跳转至上一页面，即完成了一次盘点，物料盘点主页面生成一张盘点单。

至此，物流公司物料综合实验结束。

实训案例二

情景描述：

假设某物流公司接收配送通知单，并接收成品到货单，对到货的成品进行出入库或配送处理，查看成品仓储情况，盘点核对成品仓储数据。

操作步骤：

步骤 1　配送通知

左边菜单栏单击“接单管理”→“配送通知”，出现如下活动页面：

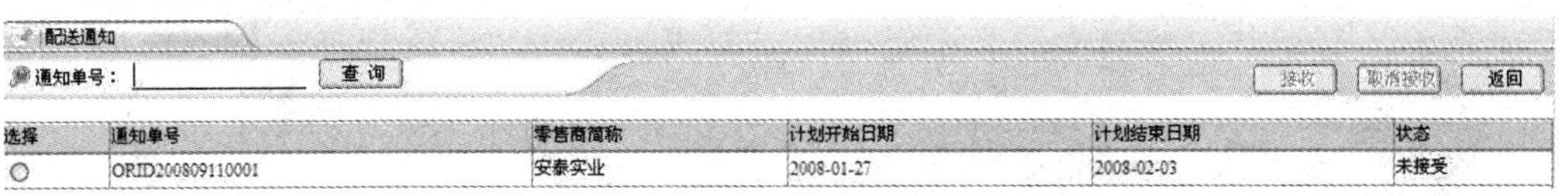

第一步：选择一配送通知单，单击“接收”，跳转至下一页面，此页面列出了该零售商订单所订购产品的供货明细，如下图所示：

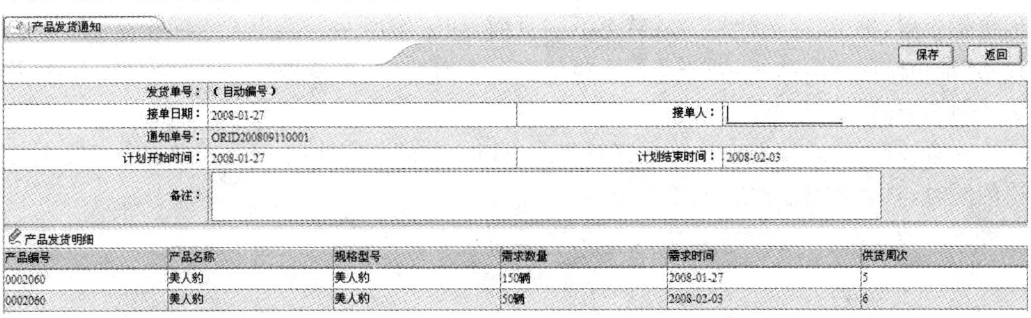

第二步：按照事先准备好的数据，对应填写各输入项，单击“保存”，返回跳转至上一页面，配送通知接收成功。此处接收到的供货明细将在物流公司配送过程中使用。

步骤 2　成品到货

左边菜单栏单击“接单管理”→“成品到货”，出现如下活动页面：

第一步：选择一成品到货通知单，单击“到货接单”，跳转至下一页面，此页面列出了制造商在一个固定时间段内（本系统为四周）生产的所有成品，如下图所示：

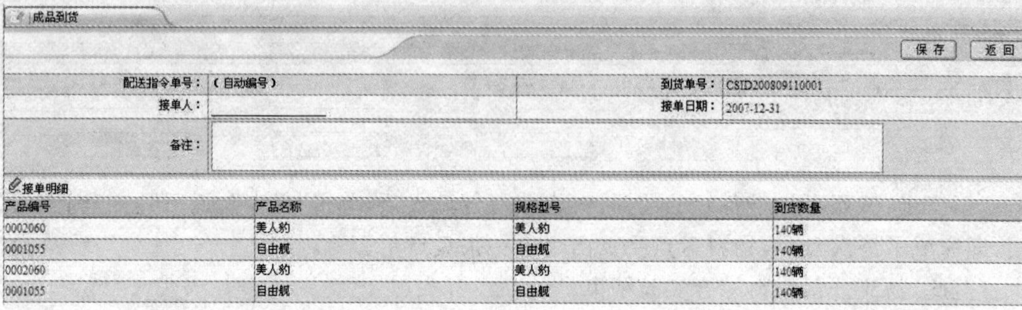

第二步：按照事先准备好的数据，对应填写各输入项，单击“保存”，返回跳转至上一页面，成品入库通知接收成功。物流公司方可以进行对成品的配送。

步骤 3　配送指令

左边菜单栏单击“配送计划”→“配送指令”，出现如下活动页面：

第一步：选择一配送指令单，单击“入库指令”，配送指令单进入入库管理模块；选择一配送指令单，单击“配送计划”，跳转至下一页面，如下图所示。其中，“入库指令”和“配送计划”是相排斥的两功能，即一条配送指令在一次操作中，要么做“入库指令”，要么做“配送计划”。

注意：若一配送计划未能配送完对应配送指令单的所有物品，系统会在产生配送计划单的同时，对剩余物品产生入库指令单。

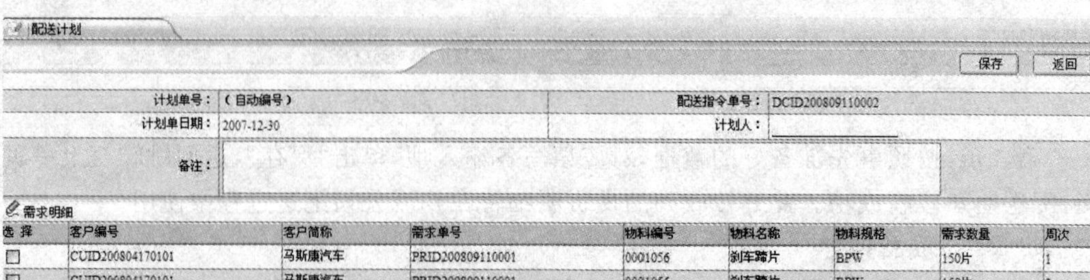

第二步：按照事先准备好的数据，对应填写各输入项，单击“保存”，返回跳转至上一页面，对所选择记录进行配送计划操作成功。

步骤 4　配送计划

左边菜单栏单击“配送计划”→“配送指令”，出现如下活动页面：

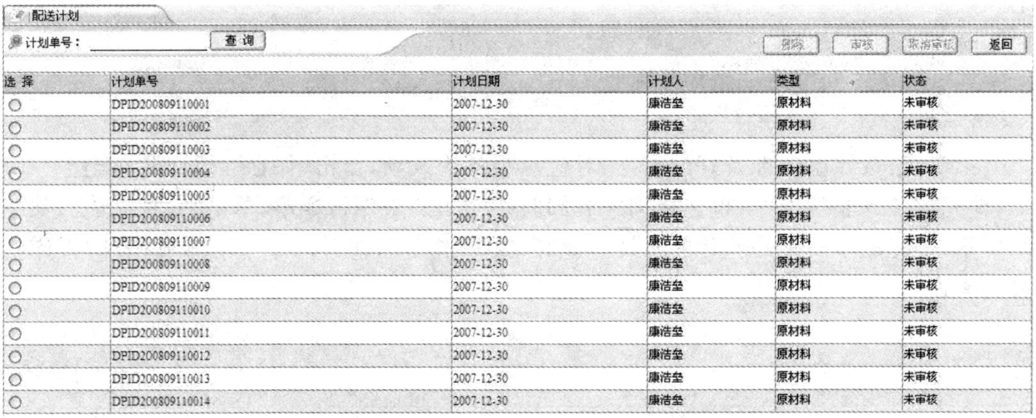

选 择	计划单号	计划日期	计划人	类型	状态
○	DPID200809110001	2007-12-30	康浩垒	原材料	未审核
○	DPID200809110002	2007-12-30	康浩垒	原材料	未审核
○	DPID200809110003	2007-12-30	康浩垒	原材料	未审核
○	DPID200809110004	2007-12-30	康浩垒	原材料	未审核
○	DPID200809110005	2007-12-30	康浩垒	原材料	未审核
○	DPID200809110006	2007-12-30	康浩垒	原材料	未审核
○	DPID200809110007	2007-12-30	康浩垒	原材料	未审核
○	DPID200809110008	2007-12-30	康浩垒	原材料	未审核
○	DPID200809110009	2007-12-30	康浩垒	原材料	未审核
○	DPID200809110010	2007-12-30	康浩垒	原材料	未审核
○	DPID200809110011	2007-12-30	康浩垒	原材料	未审核
○	DPID200809110012	2007-12-30	康浩垒	原材料	未审核
○	DPID200809110013	2007-12-30	康浩垒	原材料	未审核
○	DPID200809110014	2007-12-30	康浩垒	原材料	未审核

第一步：选择一配送计划单，单击“审核”，完成对配送计划单的审核确认。

第二步：完成配送计划后的对应物品方可在配送管理模块进行配送。物流公司成品综合实验配送管理模块的第一个环节便是“成品理货”。

步骤 5　入库指令

左边菜单栏单击“入库管理”→“入库指令”，出现如下活动页面：

选 择	入库指令单号	配送指令单号	指令单日期	计划人	物料类型	状态
○	SCID200809110002	DCID200809110001	2007-12-31	1001	成品	未审核

第一步：选择一入库指令单，单击“审核”，完成对入库指令单的审核确认。

第二步：审核后的入库指令单会进入装卸验货环节，等待装卸验货。

步骤 6　装卸验货

左边菜单栏单击“入库管理”→“装卸验货”，出现如下活动页面：

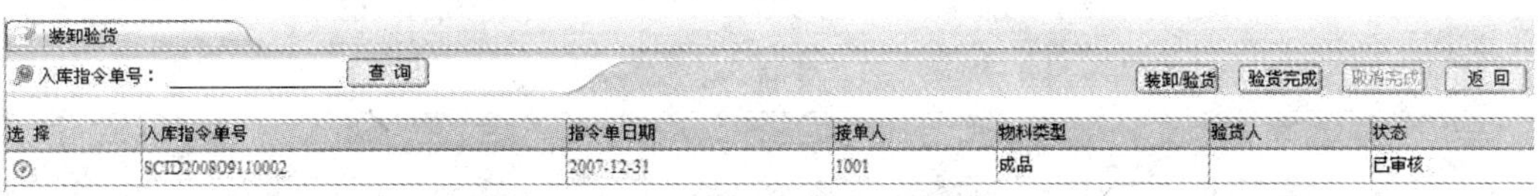

选 择	入库指令单号	指令单日期	接单人	物料类型	验货人	状态
⊙	SCID200809110002	2007-12-31	1001	成品		已审核

第一步：选择一条入库指令单，单击“装卸验货”，跳转至下一页面，如下图所示：

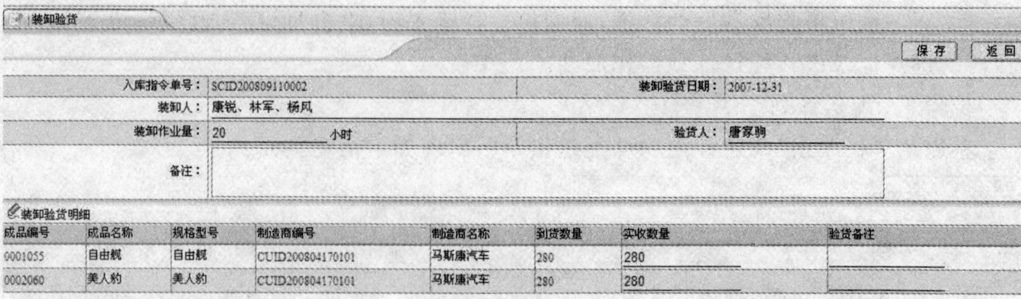

第二步：按照事先准备好的数据，对应填写各输入项，单击“保存”，返回跳转至上一页面，即完成装卸验货操作；再选择刚才装卸验货完毕的入库指令单，单击“验货完成”，如下图所示，即完成了对装卸验货的确认。此时，入库指令单进入入库上架环节，等待入库上架的操作。

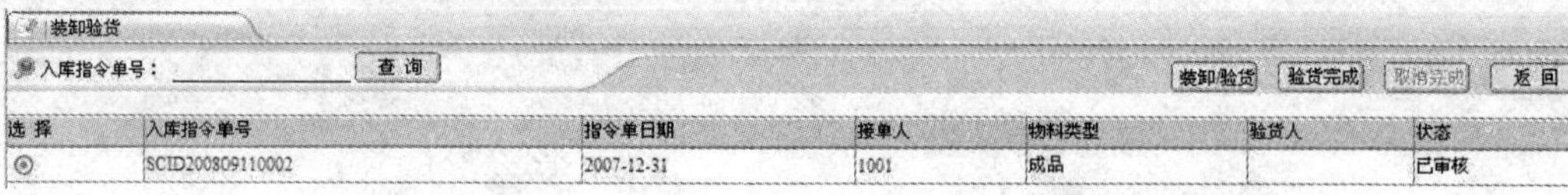

步骤 7 入库上架

入库上架分为自动上架和手动上架两种方式。自动上架有多种策略，例如：按物料唯一性上架，按供应商上架，按物料类别上架等策略。用户可以选择任一方式对物品进行上架操作。

左边菜单栏单击“入库管理”→“入库上架”，出现如下活动页面：

A. 自动上架

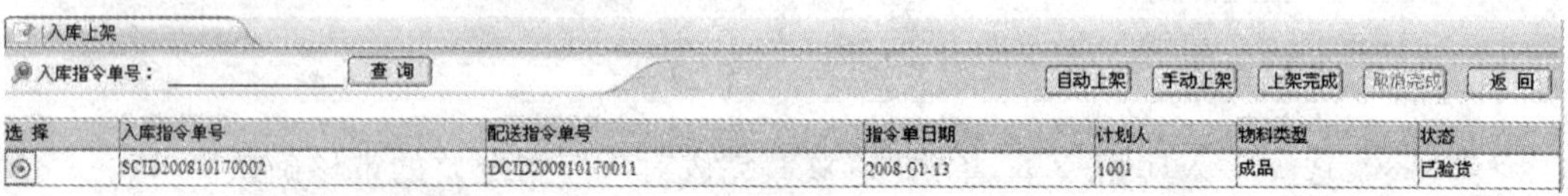

第一步：选择一条入库指令单，单击“自动上架”，跳转至下一页面，如下图所示：

第二步：单击“自动上架”，按选中策略进行自动上架，上架结束后，已上架物料的明细会列于页面下方，单击“返回”，返回跳转至入库上架主页面；选择刚才上架结束的入库指令单，单击“上架完成”，对入库上架进行审核确认。

B. 手动上架

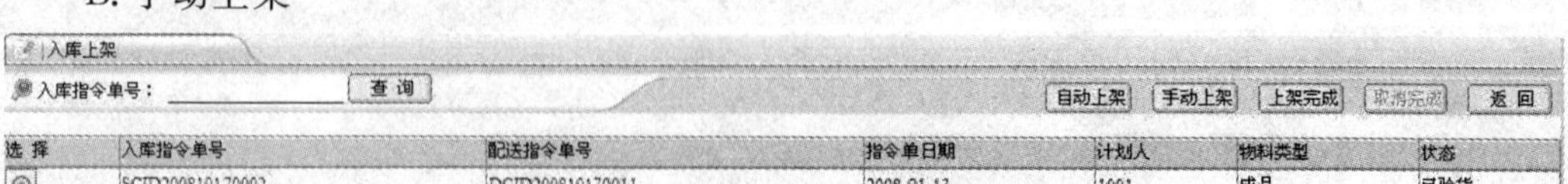

第一步：选择一条入库指令单，单击“手动上架”，跳转至下一页面，如下图所示：

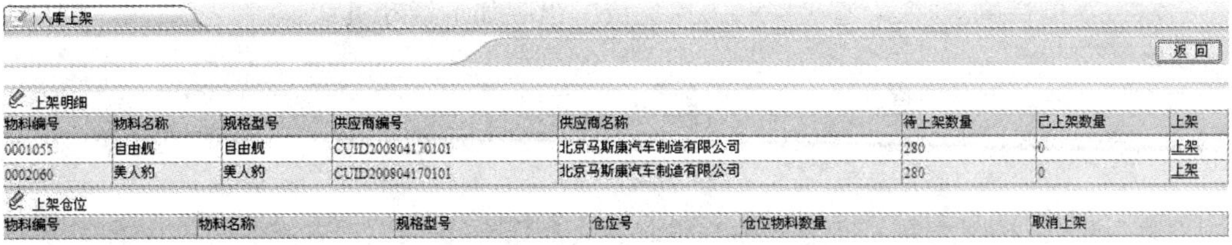

第二步：单击欲上架的货物后的“上架”链接，跳转至仓库列表页面，如下图所示：

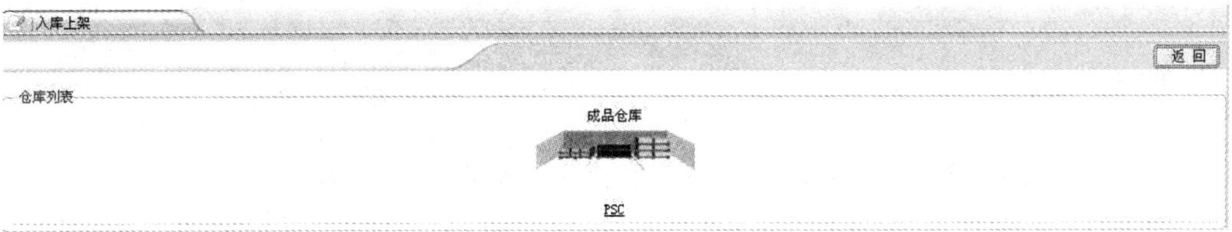

第三步：选择一仓库，单击仓库图标，跳转至仓库区域列表页面，如下图所示。此页面列出了所选择仓库下属的所有仓库区域。

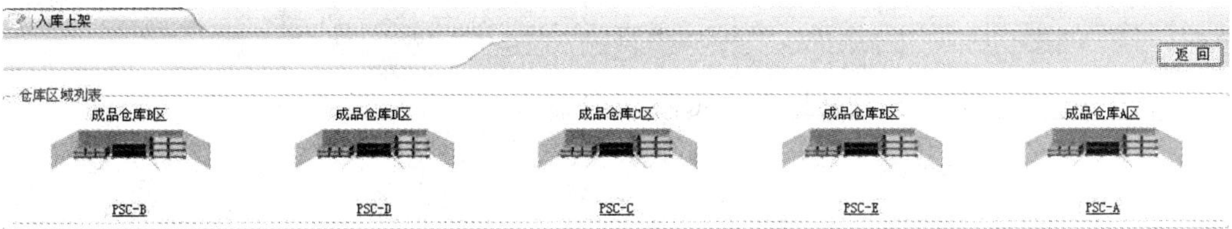

第四步：选择一仓库区域，单击仓库区域图标，跳转至下一页面，如下图所示。此页面列出了所选择仓库区域下属的所有仓位。

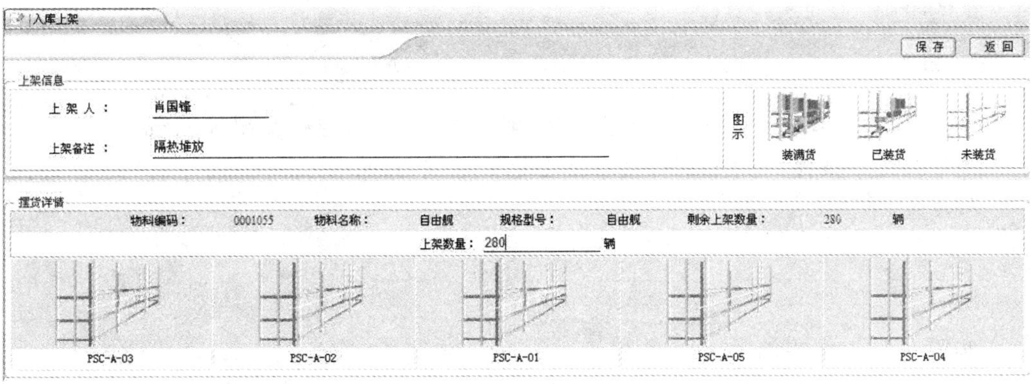

第五步：按照事先准备好的数据，对应填写各输入项，选择仓位，单击“保存”，返回跳转至上一页面，即完成上架操作；返回至入库上架主页面，如下图所示。选择刚才上架结束的入库指令单，单击“上架完成”，对上架进行审核确认。

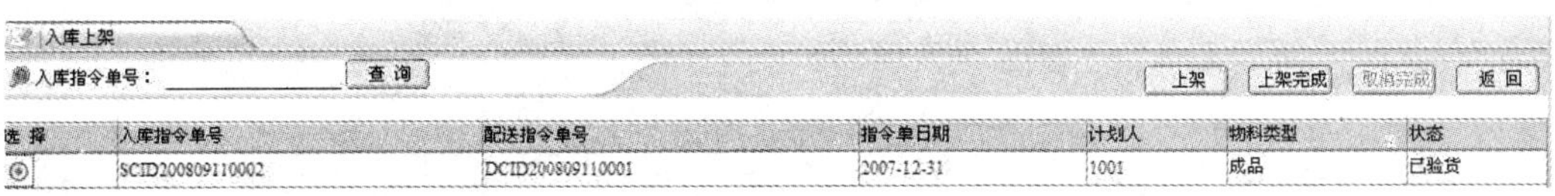

步骤 8　入库完成

左边菜单栏单击“入库管理”→“入库完成”，出现如下活动页面：

第一步：选择刚才在入库上架环节完成的入库指令单，单击“入库完成”，跳转至下一页面，如下图所示。在此页面用户可设置入库指令单的入库完成日期。

第二步：入库管理流程结束，可进入出库管理流程的操作。

步骤 9　成品出库

左边菜单栏单击“出库管理”→“成品出库”，出现如下活动页面：

第一步：单击“新增”，跳转至下一页面，如下图所示：

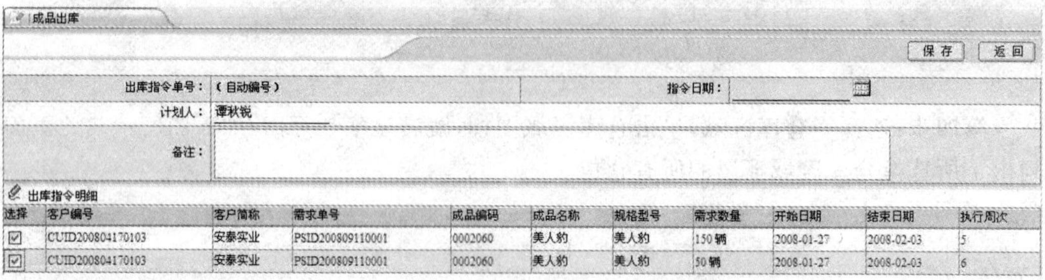

第二步：按照事先准备好的数据，对应填写各输入项，选择欲出库的成品，单击“保存”，返回到上一页面，一条成品出库指令单已新增成功，如下图所示：

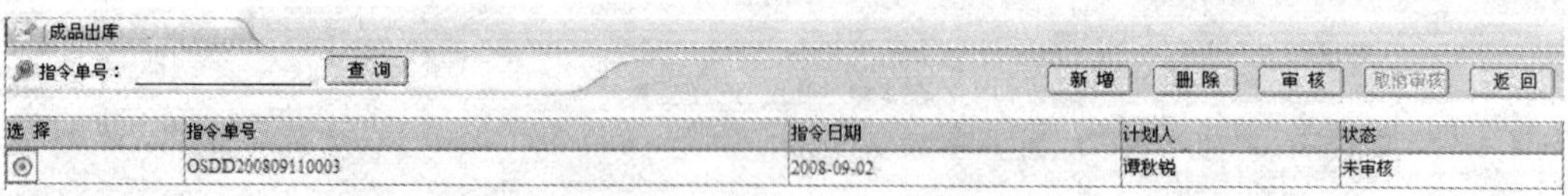

步骤 10　出库拣货

出库拣货分为自动拣货和手动拣货两种方式。自动拣货有多种策略，例如：按入库批次先进先出，按入库批次先进后出，按数量升序，按数量降序等策略。

左边菜单栏单击“出库管理”→“出库拣货”，出现如下活动页面：

A. 自动拣货

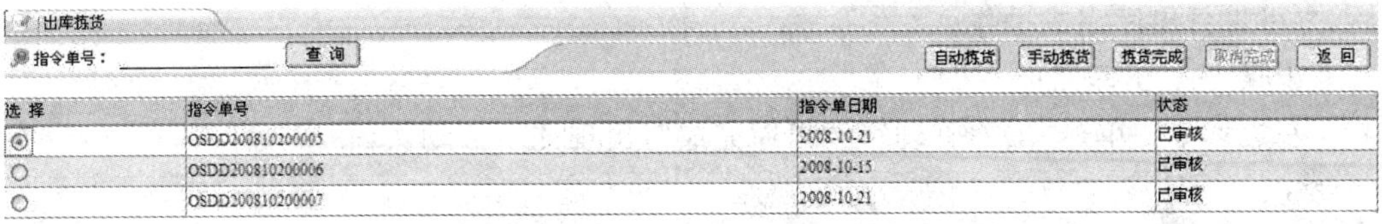

第一步：选择一出库指令单，单击“自动拣货”，跳转至下一页面，如下图所示：

第二步：单击“拣货”，按选中策略进行自动拣货，拣货结束后，已拣货物料的明细会列于页面下方，单击“返回”，返回跳转至出库拣货主页面；选择刚才拣货结束的出库指令单，单击“拣货完成”，对拣货进行审核确认。

B. 手动拣货

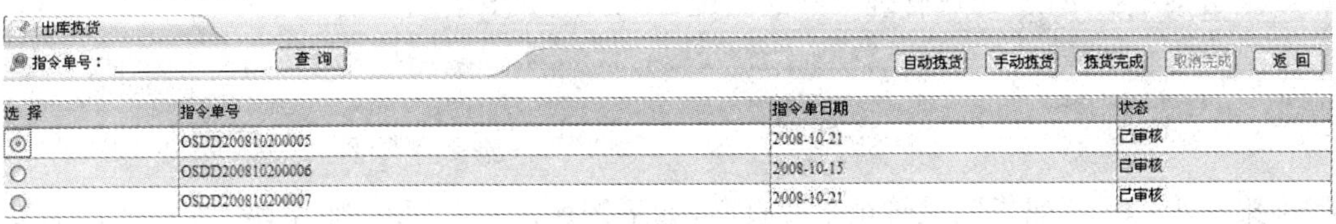

第一步：选择一出库指令单，单击“手动拣货”，跳转至下一页面，如下图所示：

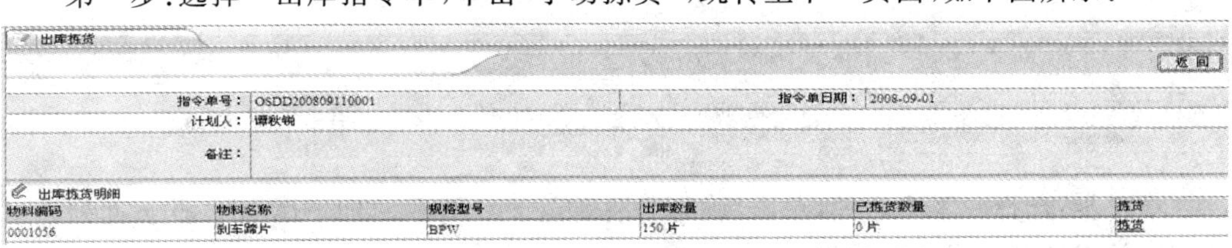

第二步：单击欲拣货的货物后的“拣货”链接，跳转至下一页面，如下图所示：

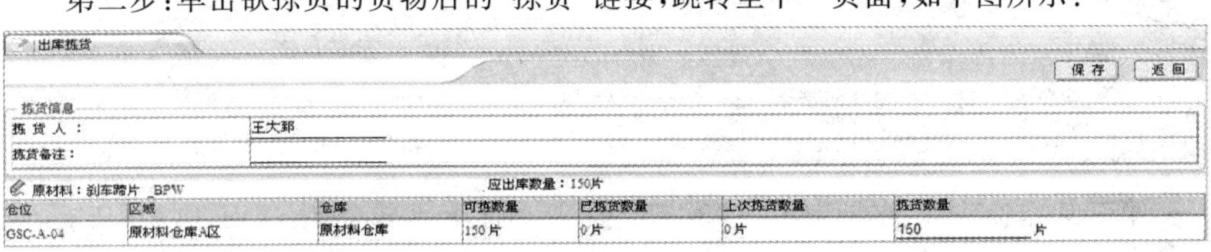

第三步：按照事先准备好的数据，对应填写各输入项，单击“保存”，返回到上一页面，完成拣货操作。

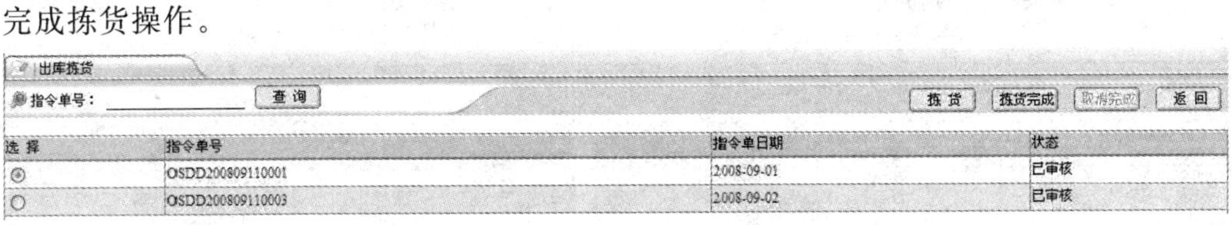

第四步：选择刚才拣货结束的出库指令单，单击“拣货完成”，确认拣货操作，拣货完成后，方可进行出库完成操作。

步骤 11　出库完成

左边菜单栏单击“出库管理”→“出库完成”，出现如下活动页面：

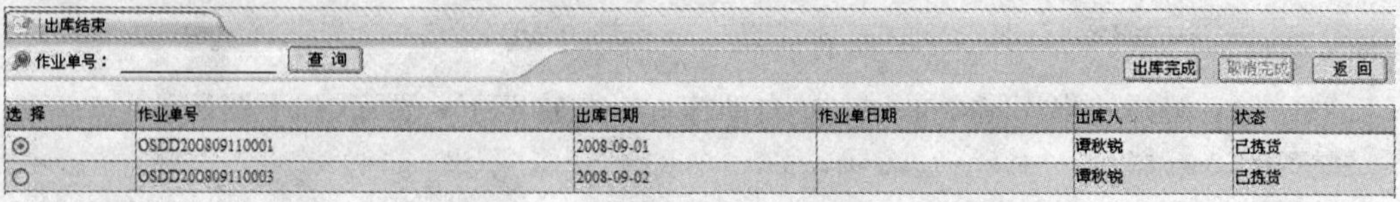

第一步：选择刚才在出库拣货环节完成的出库作业单，单击“出库完成”，跳转至下一页面，如下图所示。在此页面用户可设置出库作业单的出库完成日期。

第二步：出库管理流程结束，可进入配送管理流程的操作，开始成品理货。

步骤 12　成品理货

左边菜单栏单击“配送管理”→“成品理货”，出现如下活动页面：

第一步：单击“理货”，跳转至下一页面，如下图所示。此页面列出了待配送的成品发货需求单。

第二步：选择一客户订单，单击“确定”，跳转至下一页面，如下图所示。此页面列出了待配送的成品发货需求单明细。

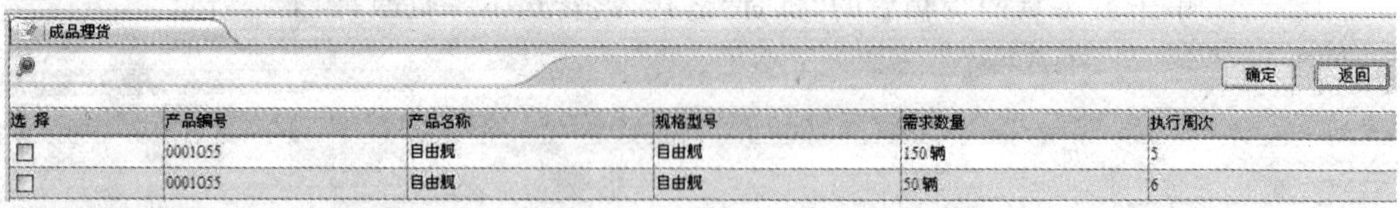

第三步：选择欲配送的明细，单击“确定”，保存所做选择，跳转至上一页面，如下图所示：

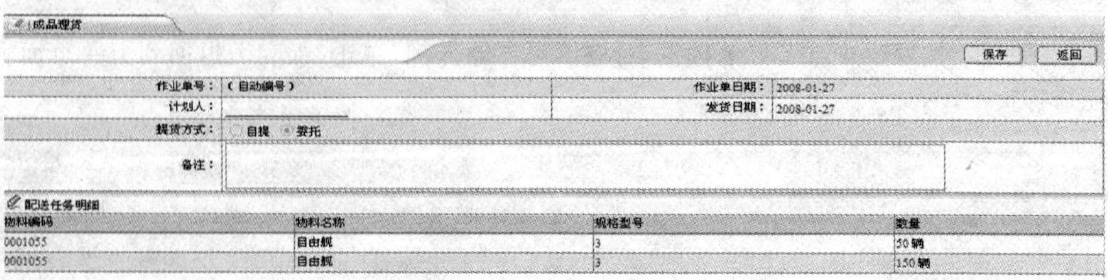

第四步：按照事先准备好的数据，对应填写各输入项，单击“保存”，返回至上一页面，生成一配送作业单。选择刚才理货操作后生成的配送作业单，单击“审核”，确认理货操作完成。配送作业单可以进入配送运输环节。

步骤 13　配送运输

左边菜单栏单击“配送管理”→“配送运输”，出现如下活动页面：

第一步：选择一配送作业单，单击“配载”，跳转至下一页面，如下图所示：

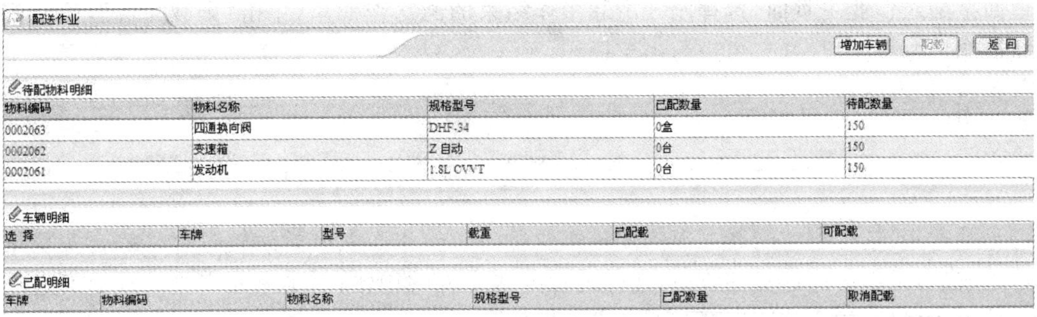

第二步：单击“增加车辆”，跳转至下一页面，如下图所示：

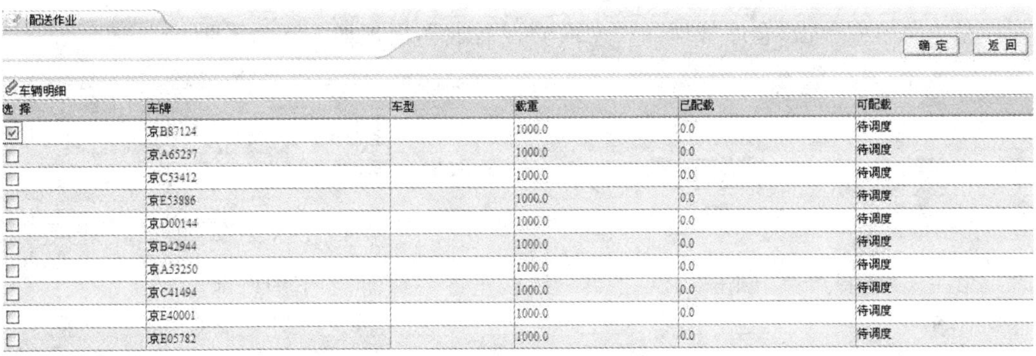

第三步：选择车辆，单击“确定”，返回跳转至上一页面，如下图所示。所选择车辆在车辆明细列表中列出，备配载使用。

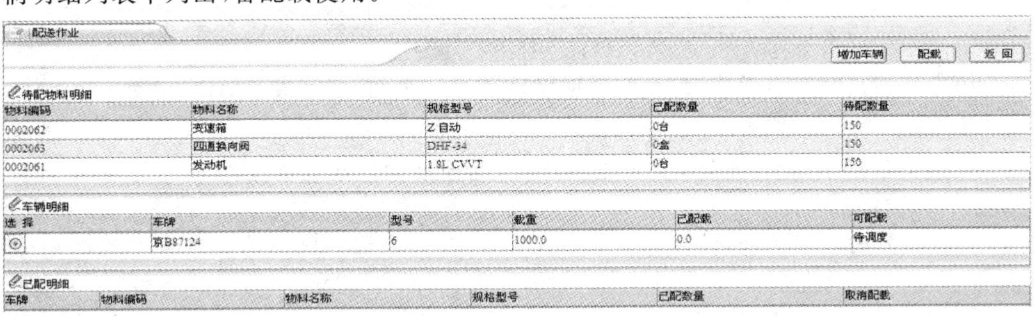

第四步：选择车辆，单击“配载”，跳转至下一页面，如下图所示。该页面列出了所选配送作业单下的所有需配送货物。

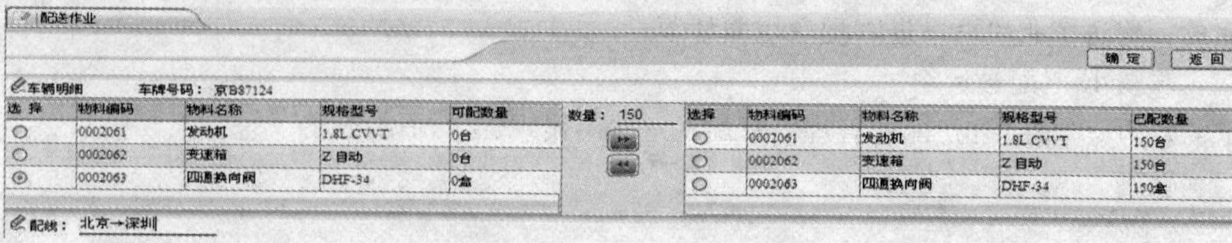

第五步：选择货物，单击“向右箭头”，进行配载作业，所列货物可以一次配载，也可以分次配载。输入配线的内容，单击“确定”，保存返回至上一页面。至此，配载操作结束。返回至配送作业主页面，选择刚才配载操作结束的配送作业单，单击“配载完成”，确认配载操作。配载完成后，方可进行出车操作。

第六步：选择刚才配载完成的配送作业单，单击“出车”，开始运输过程。综合实验中运送成品，经零售商到货签收后，还需进行配送完成的操作；而本单元实验处理为配送作业单出车以后，用户就可以对其配送完成操作。

步骤 14　ABC 产品控制

左边菜单栏单击“仓库管理”→“ABC 产品控制”，出现如下活动页面：

第一步：选择产品，单击“ABC 控制”，跳转至下一页面，如下图所示：

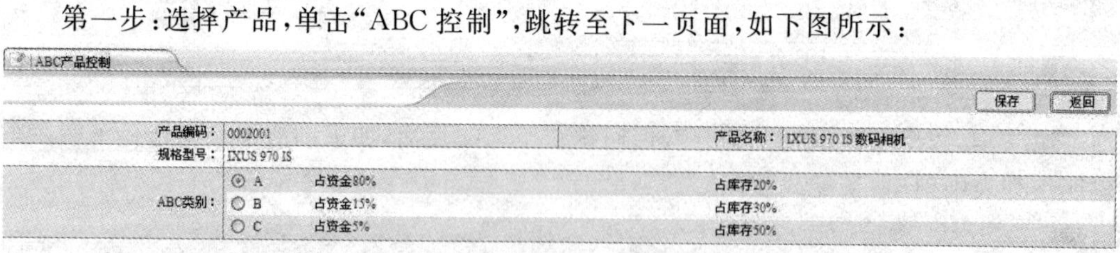

第二步：选择类别，单击“保存”，返回跳转至上一页面，即完成了 ABC 分类。

步骤 15　EOQ 管理

左边菜单栏单击“仓库管理”→“EOQ 管理”，出现如下活动页面：

EOQ管理

需求单号： 查 询 EOQ计算 返回

选 择	需求单号	开始日期	结束日期
◉	MRID200810130001	2007-12-30	2008-01-20
○	MRID200810130002	2007-12-30	2008-01-20
○	MRID200810130003	2008-01-27	2008-02-17
○	MRID200810130004	2008-01-27	2008-02-17
○	MRID200810130005	2008-01-27	2008-02-17
○	MRID200810170001	2008-02-24	2008-03-16
○	MRID200810200001	2008-03-23	2008-04-13
○	MRID200810200002	2008-03-23	2008-04-13
○	MRID200810200003	2008-03-23	2008-04-13
○	MRID200810200004	2008-03-23	2008-04-13

第一步：选择 MRP 运算结果单，单击“EOQ 计算”，跳转至下一页面，如下图所示：

EOQ管理

EOQ计算 返回

物料编码	物料名称	规格型号	日期	订货点	经济订货量
0000012	处理器	Intel Core 2 Duo T5500	2008-10-13	31盒	78盒
0000009	调制解调器	56K Fax	2008-10-13	261台	78台
0000003	内存条	Kingston 1GB DDR2(533)	2008-10-13	111条	78条
0000004	芯片组	Intel 945 PM	2008-10-13	61盒	78盒
0000005	光驱	COMBO	2008-10-13	31盒	78盒
0000007	硬盘	SATA 120G	2008-10-13	511个	78个
0000008	网卡	10-100M自适应	2008-10-13	1011张	78张
0000010	显示芯片	Nvidia Geforce 7300	2008-10-13	761张	78张
0000011	电池	6芯锂离子	2008-10-13	261块	78块

第二步：单击“EOQ 计算”，待计算出“订货点”和“经济订货量”，则完成了一次 EOQ 计算。

步骤 16　产品库存

左边菜单栏单击“仓库管理”→“产品库存”，出现如下活动页面。此页面可查看产品的库存状态及数量。

产品库存

产品编码： 查 询 返 回

产品编码	产品名称	规格型号	在制库存	在途库存	仓库库存
0002001	IXUS 970 IS 数码相机	IXUS 970 IS	300 台	0 台	0 台
0001001	6120c智能手机	6120c	300 台	20 台	280 台
0000002	ideaceter Q台式电脑	ideaceter Q	600 台	0 台	300 台
0000001	F410A笔记本电脑	F410A	900 台	20 台	280 台

步骤 17　产品盘点

左边菜单栏单击“仓库管理”→“产品盘点”，出现如下活动页面：

产品盘点

盘点单号： 查 询 新 增 编 辑 删 除 返 回

选 择	盘点单号	盘点日期	盘点人	状态
○	IDID200810110020		ewrt	已审核
○	IDID200810110021		hfhfghfghf	已审核

第一步：单击“新增”，跳转至下一页面，如下图所示：

新增产品盘点

产品编码： 查 询 确定 返 回

选 择	产品编码	产品名称	规格型号	ABC类别
☐	0000001	F410A笔记本电脑	F410A	b
☐	0000002	ideaceter Q台式电脑	ideaceter Q	C
☐	0001001	6120c智能手机	6120c	b
☐	0002001	IXUS 970 IS 数码相机	IXUS 970 IS	A

第二步：选择产品，单击“确定”，跳转至下一页面，如下图所示：

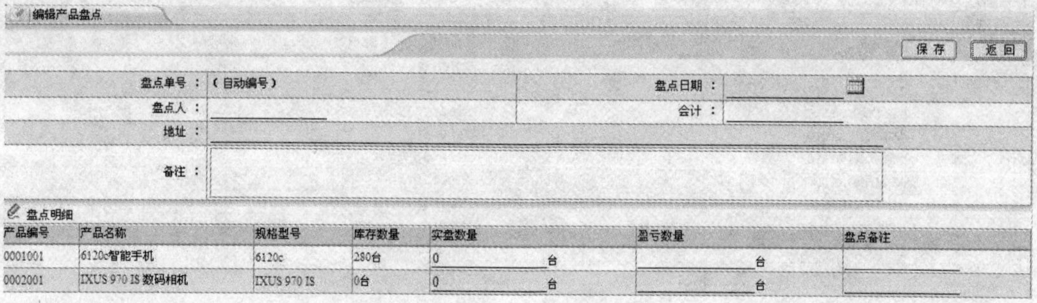

第三步：按照事先准备好的数据，对应填写各输入项，单击“保存”，返回跳转至上一页面，即完成了一次盘点，产品盘点主页面生成一张盘点单。

至此，物流公司成品综合实验结束。

实训报告（总结）

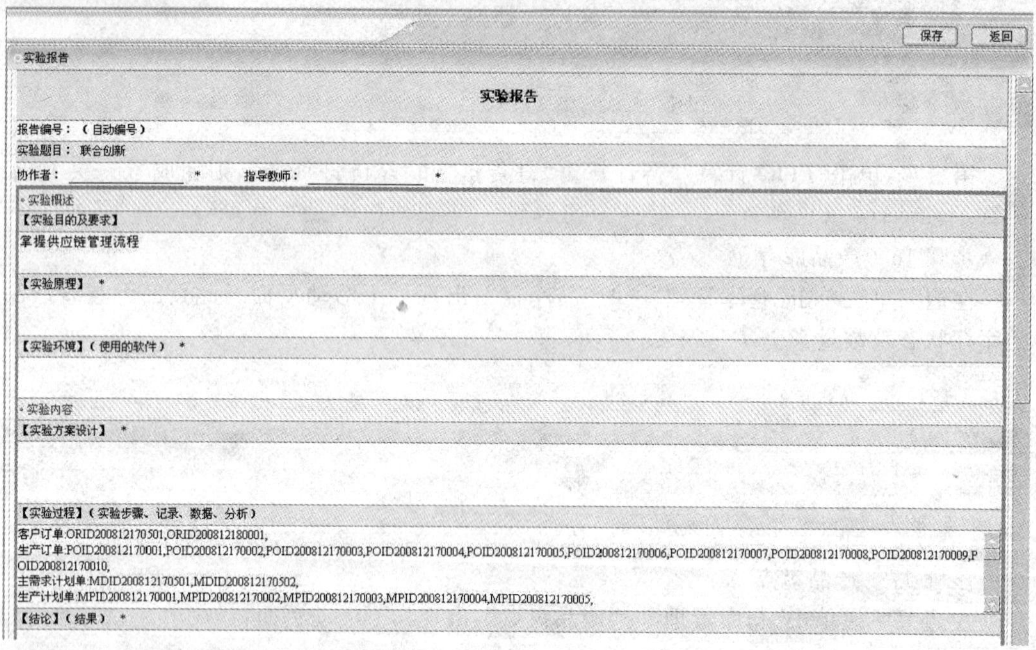

任务2　运输管理系统

知识目标

1. 了解运输管理系统的内容和业务流程。
2. 掌握运输管理系统的模块功能。
3. 掌握运输管理系统的基本资料的设置及维护。
4. 掌握运输业务的信息管理内容。

能力目标

1. 能够根据各类运输业务的基本流程绘制业务流程图。
2. 能够完成运输业务的基本资料的管理任务。
3. 能够完成各类运输业务的信息管理任务。

职业素养

1. 具备运输管理系统的初步认知及操作能力。
2. 提高学生的团队合作能力,多角色扮演体验不同的工作岗位的职责及相互合作。

知识准备

一、运输业务与信息

运输活动包括水路、公路、铁路、航空、管道运输 5 种方式。在各类运输活动中,物流企业为了顺利完成客户的委托,往往需要一系列的业务环节,在各个环节安排好车辆、货物、人物和信息的交换与处理,长期运行逐渐形成了企业乃至行业固定的流程。

在运输业务流程中,要想运输活动顺利进行,一方面需要科学的组织和管理,另一方面也离不开信息的及时、有效的传递。可以说,没有信息及时、有效传递,运输活动将无法完成。

这些反映运输各项活动内容的数据、资料、知识、图像和文件,统称为运输业务中的信息。保持运输信息的畅通和准确是完成运输活动的重要保证。物流公司若想提高运输活动的效率,必须对运输业务全过程进行有效的信息管理。

二、运输管理系统

运输管理系统,是指在物流业务活动中,凡是有关运输方面的物流信息,都归类为运输管理系统的工程,由主管运输业务的部门进行管理。如有关运输计划、统计资料、货物发运清单、货物到达通知、货物中转手续、运输事故查询及处理等。

运输管理系统,是一种“供应链”分组下的(基于网络的)操作软件。它能通过多种方法和其他相关的操作一起提高物流的管理能力;包括管理装运单位,制定企业、国内和国外的发货计划，管理运输模型、基准和费用，维护运输数据，生成提单，优化运输计划，选择承运人及服务方式，招标和投标，审计和支付货运账单，处理货损索赔，安排劳力和场所，管理文件（尤其是国际运输）和管理第三方物流。

物流运输管理系统是物流信息系统的一个重要的子系统，与其他子系统有着密切的关系，它们之间互相衔接、互相配合才能使物流活动更加高效。

三、运输管理系统的功能及应用

运输管理系统提高了物流运输活动的服务水平，降低了物流运输的作业成本。

公路运输是现代运输的主要方式之一，主要承担铁路、水运优势难以发挥的短途运输以及铁路、水运难以到达地区的货运。由于公路运输的机动性和灵活性的特点，可实现门到门运输。所以本书将以实现工作中使用最多的公路运输为例，重点介绍公路运输管理系统。

公路货物运输方式主要有以下两种：整车运输、零担运输。

1. 整车运输

整车运输是指托运人一次托运货物的重量在 3 吨以上的货物运输。

2. 零担运输

零担运输是指托运人一次托运量在 3 吨以下或不满一整车的少量货物的运输。运输部门将零担货物拼成整车时，零担运输就变成了整车分卸形式。为了降低运输成本，现代物流公司越来越多地采用整车分卸形式，真正意义上的零担运输已经不多见了。零担运输业务流程与整车运输有很多相似之处，不同之处仅在于零担运输有集货环节。

职业能力训练

训练目标

能够通过运输管理系统模拟将来在运输企业不同的工作岗位上对运输业务的各类信息的管理内容，主要包括两部分：功能模块的介绍及运输实验。

功能模块的介绍又包含基本数据、客户管理、资源规划、托运接单、运输作业、车辆监控、结算管理、成本核算、统计分析九大部分。

运输实验则包括整车运输综合实验。

训练条件

计算机、运输管理系统。

工作流程

运输管理工作流程如下图所示。

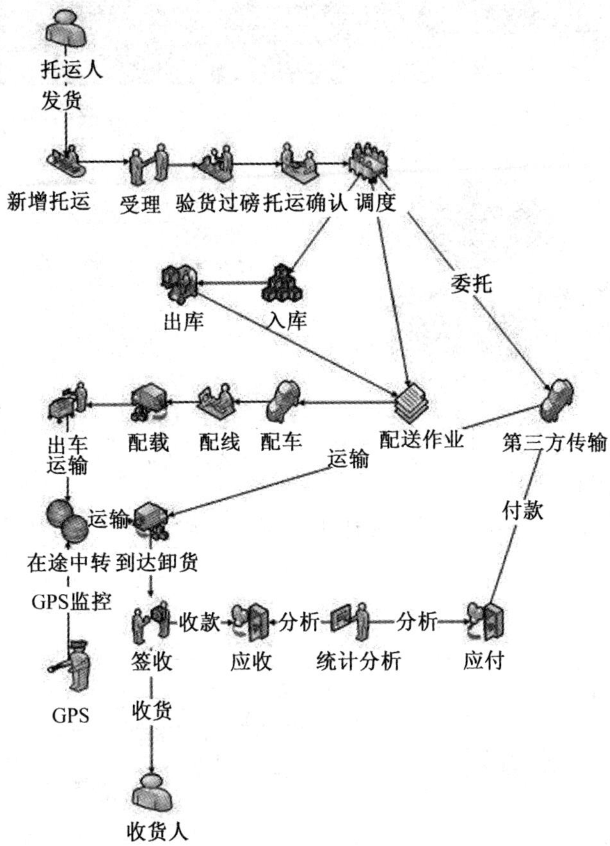

实训案例

情景描述：

武义浩尔日用礼品厂需包车从深圳发一批货物到北京，物货名称为：翰皇精品办公杯。

货号：HH-1052。30个/箱，共计500箱。纸箱包装。总重量：1500千克。总体积：100立方米。联系人：张××。联系地址：深圳福田区上沙金地工业园区5栋×××号，联系电话：0755-××××××(公)，136×××××××××，送货地址：北京丰台区丰管路东星新大厦×××室，收货人：王××，电话：134×××××××××，货到付款！

操作步骤：

步骤1　登录

第一步：打开IE浏览器.输入 http://10.1.27.234:902/NOStoms，其中的10.1.27.234是指系统服务器IP地址，902为系统访问端口。

第二步：输入用户名和密码，根据管理平台设置的用户名和密码进行登录。输入完毕，点“登录”按钮，登录系统。如想重新输入用户名和密码进行登录，请点“重置”按钮。如下图所示：

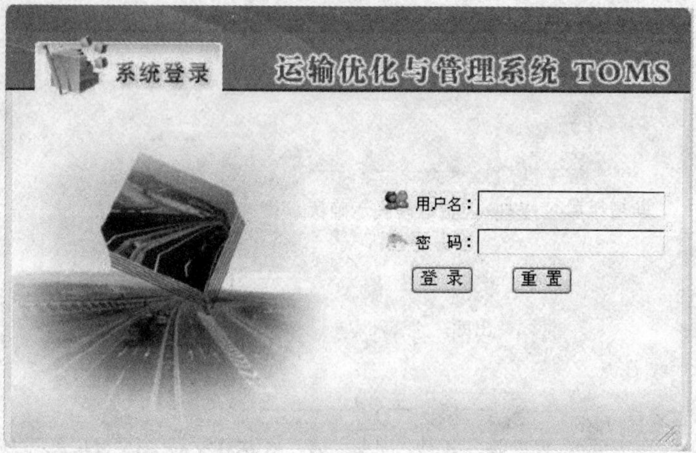

步骤 2　选择实验实例

登录系统后，在实验实例列表里，选择单人综合实验，点“开始实验”按钮，进入角色页面。如下图所示：

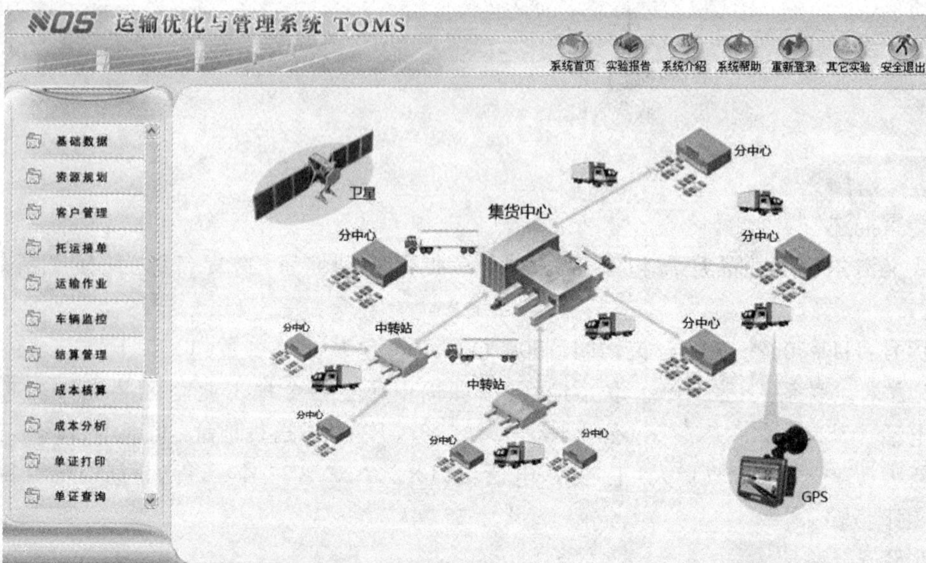

步骤 3　设置货物信息

第一步：点击“基础数据/货物信息”进入到货物集合列表页面，如下图所示：

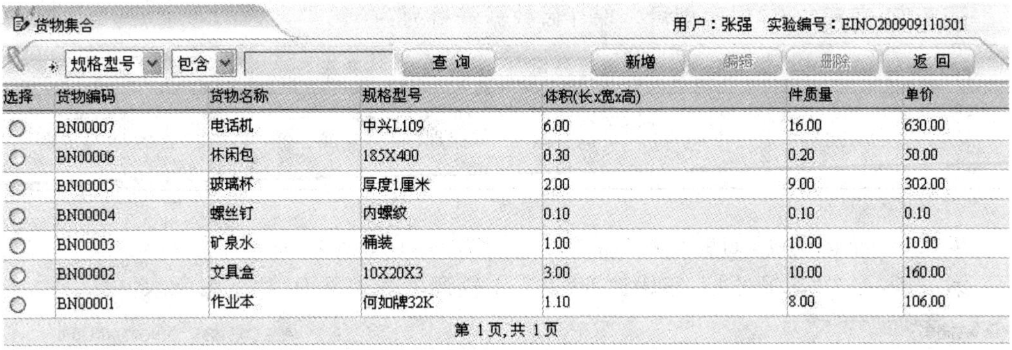

第二步：新增货物，点击“新增”按钮，进入到新增页面，如下图所示：

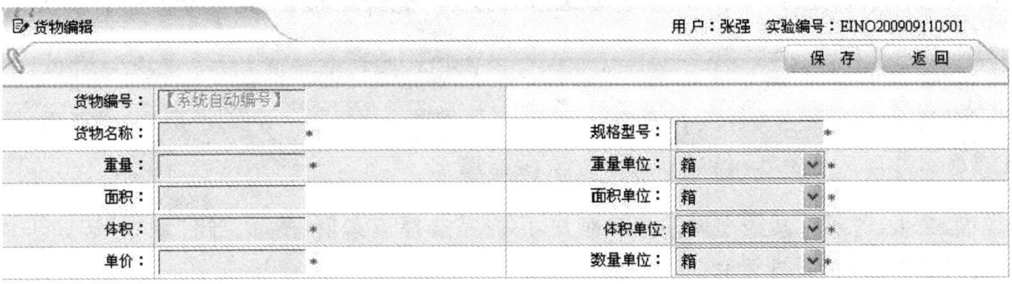

第三步：完善货物明细，然后保存即可，保存后数据资料为：

选择	货物编码	货物名称	规格型号	体积	单位重量	单价
○	系统生成	翰皇精品办公杯	HH-1052	0.30	3.00	600.00

步骤 4　车辆管理

第一步：点击“资源规划/车辆管理”进入到车辆管理列表，如下图所示：

第二步：新增站点车辆信息，点击“新增”，进入到新增页面，如下图所示：

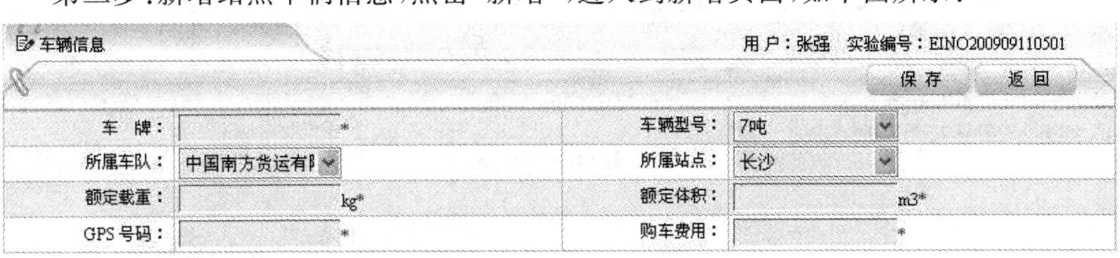

第三步：完善站点，保存即可。保存后数据资料为：

选择	车牌号	车 型	所属公司	所属站点	购车费用	GPS 号码	状 态
○	粤 B6895	2 吨	中国南方货运有限公司	深圳	60000.00	13625258383	待命

步骤 5　车辆调度，如果车辆当前站点不在深圳，调度至深圳。

第一步：点击“车辆监控/车辆调度”进入车辆调度列表页面，如下图所示：

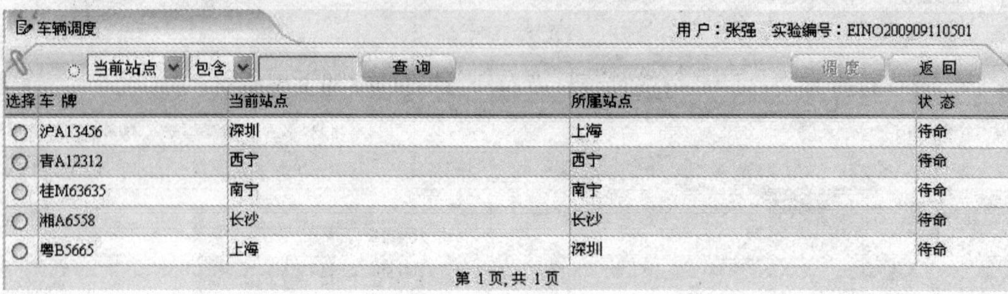

第二步：若要将某辆车调往某个地方，用户需选择该车辆，然后点击“调度”按钮进入车辆调度页面，如下图所示：

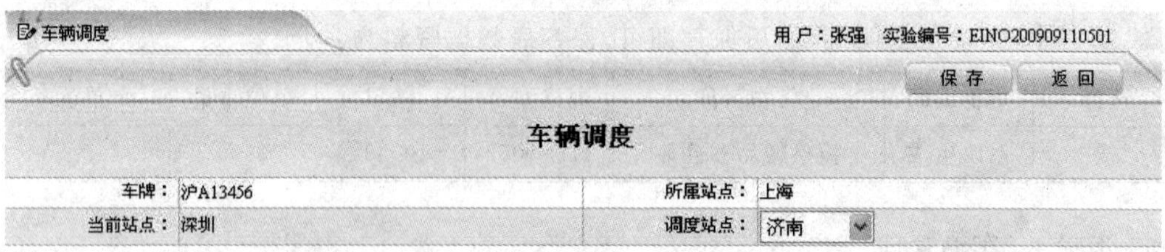

第三步：在调度站点中选择需要调往的地方，然后保存即可。保存后数据资料为：

选择	车牌号	车 型	所属公司	所属站点	购车费用	GPS 号码	状 态
○	粤 B6895	2 吨	中国南方货运有限公司	深圳	60000.00	13625258383	待命

步骤 6　线路管理

第一步：点击“资料规划/线路管理”进入到线路列表页面，如下图所示：

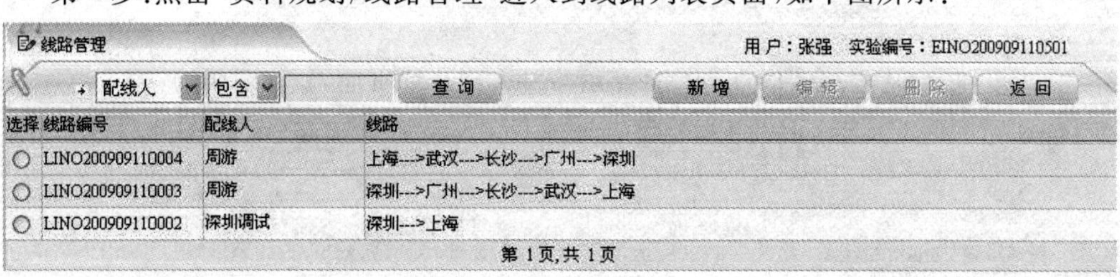

第二步：新增线路，点击“新增”，进入到新增页面，如下图所示：

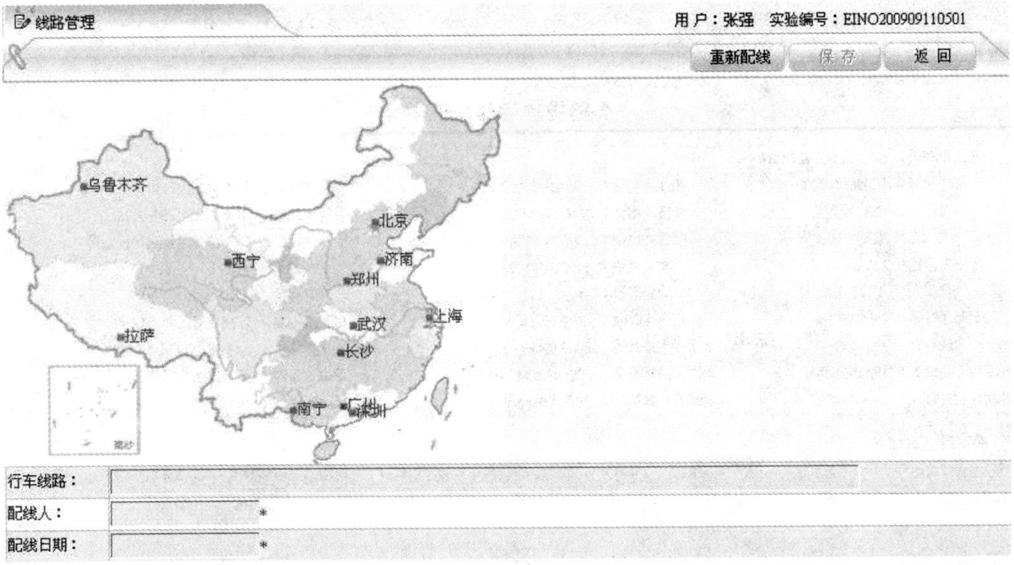

第三步：配线操作，完成后保存即可。保存后数据资料为：

选择	线路编号	配线人	线路
○	系统生成	周长山	深圳—北京

步骤 7　整车托运

第一步：点击“托运接单/整车托运”进入到货物托运单列表，如下图所示：

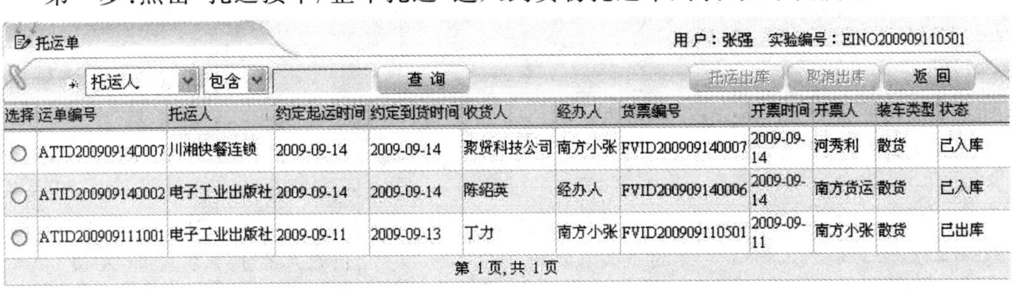

选择	运单编号	托运人	约定起运时间	约定到货时间	收货人	经办人	货票编号	开票时间	开票人	装车类型	状态
○	ATID200909140007	川湘快餐连锁	2009-09-14	2009-09-14	聚贤科技公司	南方小张	FVID200909140007	2009-09-14	河秀利	散货	已入库
○	ATID200909140002	电子工业出版社	2009-09-14	2009-09-14	陈绍英	经办人	FVID200909140006	2009-09-14	南方货运	散货	已入库
○	ATID200909111001	电子工业出版社	2009-09-11	2009-09-13	丁力	南方小张	FVID200909110501	2009-09-11	南方小张	散货	已出库

第二步：新增托运单，点击“新增托运单”进入到托运单填写页面，如下图所示：

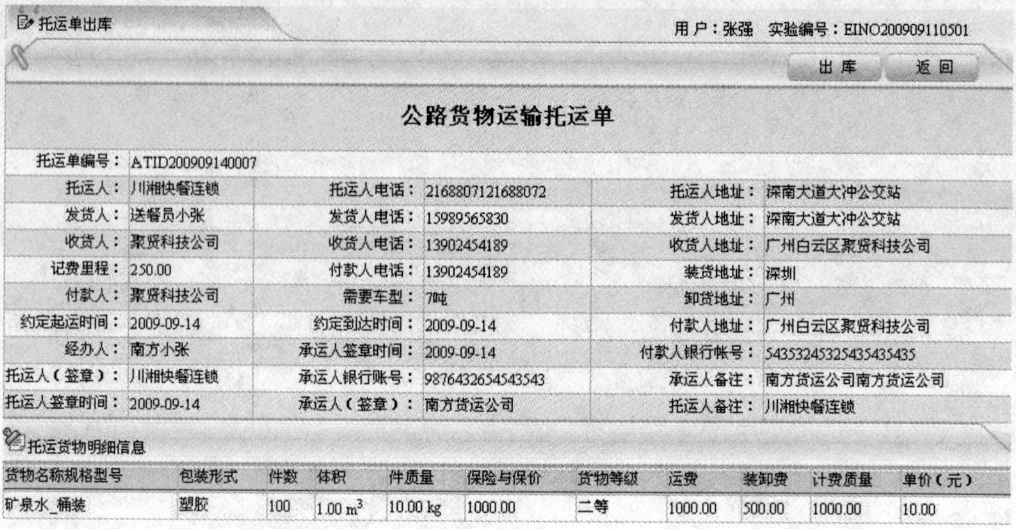

托运单出库

用户：张强 实验编号：EINO200909110501

出库 返回

公路货物运输托运单

托运单编号：	ATID200909140007				
托运人：	川湘快餐连锁	托运人电话：	2168807121688072	托运人地址：	深南大道大冲公交站
发货人：	送餐员小张	发货人电话：	15989565830	发货人地址：	深南大道大冲公交站
收货人：	聚贤科技公司	收货人电话：	13902454189	收货人地址：	广州白云区聚贤科技公司
记费里程：	250.00	付款人电话：	13902454189	装货地址：	深圳
付款人：	聚贤科技公司	需要车型：	7吨	卸货地址：	广州
约定起运时间：	2009-09-14	约定到达时间：	2009-09-14	付款人地址：	广州白云区聚贤科技公司
经办人：	南方小张	承运人签章时间：	2009-09-14	付款人银行帐号：	5435324532543543535
托运人（签章）：	川湘快餐连锁	承运人银行账号：	9876432654543543	承运人备注：	南方货运公司南方货运公司
托运人签章时间：	2009-09-14	承运人（签章）：	南方货运公司	托运人备注：	川湘快餐连锁

托运货物明细信息

货物名称规格型号	包装形式	件数	体积	件质量	保险与保价	货物等级	运费	装卸费	计费质量	单价（元）
矿泉水_桶装	塑胶	100	1.00 m^3	10.00 kg	1000.00	二等	1000.00	500.00	1000.00	10.00

第三步：托运确认表头信息完善，如下图所示：

托运人：	武义浩尔日用礼品厂	托运人电话：	0755-×××××××	托运人地址：	深圳福田区上沙金地工业园区5栋×××号
发货人：	张××	发货人电话：	136××××××××	发货人地址：	深圳福田区上沙金地工业园区5栋×××号
收货人：	王××	收货人电话：	134××××××××	收货人地址：	北京丰台区丰管路东星新大厦×××室
付款人：	王××	付款人电话：	134××××××××	付款人地址：	北京丰台区丰管路东星新大厦×××室
计费里程：	承运人填写	经办人：	承运人填写	目的地址：	北京
约定起运日期：	2009-10-20	约定到货日期：	2009-10-23		
承运人银行账号：	承运人填写	付款人银行账号：		起运地址：	深圳
托运人(签章)：	张××	托运人签章日期：	2009-10-28	托运人备注：	小心轻放
承运人(签章)：	承运人填写	承运人签章日期：	承运人填写	承运人备注：	承运人填写

第四步：托运确认货物明细，点击“添加物料”，进入物料选择页面选择物料然后点击“确定”即可，如下图所示：

货物名称	货物规格	包装形式	托运件数	单位重量	总重量	件体积	总体积	单位价值	保险与保价
翰皇精品办公杯	HH-1052	纸箱	500	3kg	1500kg	0.2 m^3	100 m^3	600	100000
合计					1500kg		100m^3		

第五步：完善物料信息，然后点击保存进入“托运受理”流程。

第六步：在“货物托运”保存后直接进入“托运受理”，或在托运列表中选中该托运单点击流程图上的“托运受理”进入。

第七步：托运受理信息完善。

计费里程：	2150	经办人：	王 ×	目的地址：	北京
承运人银行账号：		付款人银行账号：		起运地址：	深圳
承运人(签章)：	王 ×	承运人签章日期：	2009-10-28	承运人备注：	货到付款

第八步：托运受理完成后，点击“保存”，系统自动进入“过磅验货”流程。

第九步：在“托运受理”保存后直接进入“过磅验货”，或在托运列表中选中该托运单点击流程图上的“过磅验货”进入过磅验货。

第十步：完善过磅验货情况。

验货日期：	2009-10-28	开票人：	刘××
开票单位：	南方货运公司	开票日期：	2009-10-28
货物等级：	二级	运费：	3500
装卸费：	500	计费重量：	1500

第十一步：在“过磅验货”保存后直接进入“托运确认”，或在托运列表中选中该托运单，点击流程图上的“托运确认”进入。

第十二步：点击保存进行确认操作，系统自动进入“调度”流程。

第十三步：在“托运确认”保存后直接进入“调度”，或在托运列表中选中该托运单，点击流程图上的“调度”进入。

第十四步：调度决策，保存即可。这里可进行三种处理：

策略一：自主运输，不进行暂存入库。

策略二：自主运输，进行暂存入库。

策略三：委托运三方承运，物流公司：北方货运，委托费用：3500 元。

说明：选择策略一，可直接进行整车配送。

选择策略二，需先进行出库操作，再进行整车配送。

选择策略三，则无需进行配送操作，配送操作由第三方承担。选择策略后下一步流程是“运输作业/货物交付”。

步骤 8　整车配送

第一步：点击“运输作业/整车配送”进入到配送作业列表页面。

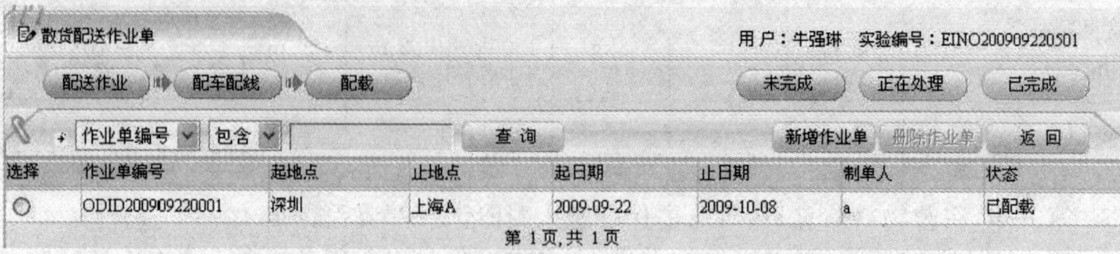

第二步：新增配送作业单，点击“新增作业单”进入到新增页面。

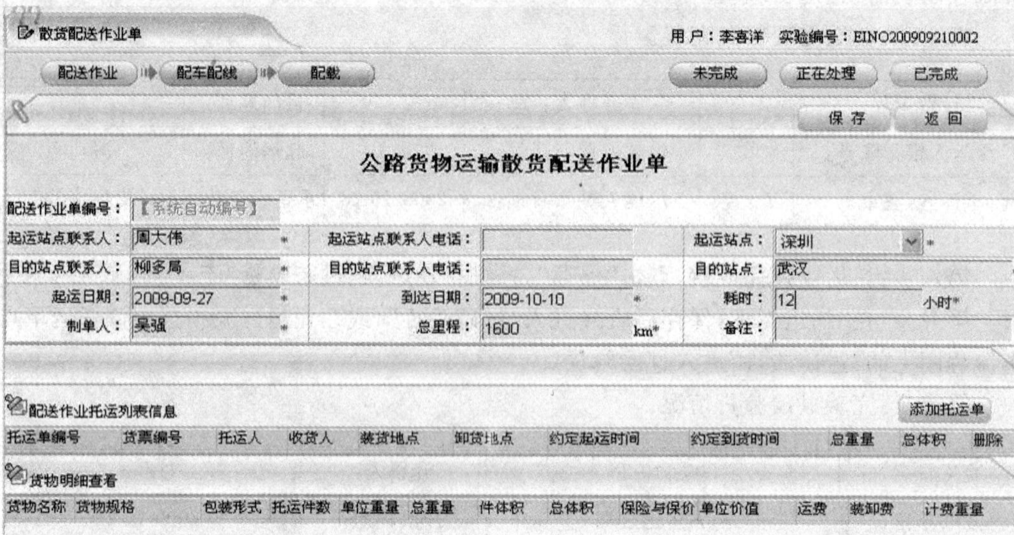

第三步：完善配送作业单表头信息。

起运站点联系人：	刘××	起运站点联系人电话：	0755-××××××	起运站点：	深圳
目的站点联系人：	周×	目的站点联系人电话：	010-××××××	目的站点：	北京
起运日期：	2009-10-28	到达日期：	2009-10-31	耗时：	40
制单人：	隋×	总里程：	2489	备注：	

第四步：拟制配送清单，点击“添加托运单”，进入托运单选择列表。

第五步：选择托运单，然后确定即可，系统自动将托运单发送至配送清单。

①配送作业托运列表信息：

托运单编号	货票编号	托运人	收货人	装货地点	卸货地点	约定起运时间	约定到货时间	总重量	总体积
系统生成	系统生成	张××	王××	深圳	北京	2009-10-28	2009-10-31	1500	100

②货物明细查看：

货物名称	货物规格	包装形式	托运件数	单位重量	总重量	件体积	总体积	保险与保价	单位价值	运费	装卸费	计费重量
翰皇精品办公杯	HH-1052	纸箱	500	3kg	1500kg	0.2 m^3	100 m^3	100000	600	3500	500	1500

第六步：点击“保存”按钮自动进入到配车配线流程。

第七步：选择状态为未配载的配送作业单，点击“运输作业/整车配送”流程图上的“配车配线”进入或在“配送作业”保存后直接进入。

第八步：选择车辆：

选 择	车 牌	已 载 重	剩余载重	已装体积	剩余体积	状 态
◉	粤 B6895	0.00	2000	0.00	120	待命

第九步：配线，点击“配线”按钮，进入车辆运行线路选择。

选择	线路编号	配线人	线路
○	系统生成	周长山	深圳—北京

第十步：选择线路，然后点击“确定”，配车配线即完成，系统自动返回到配载页面，进行“配载”操作。

第十一步：选择状态为配车配线的配送作业单，点击“运输作业/整车配送”流程图上的“配载”进入或在第十步确定后直接进入。

第十二步：选择线路，点击“配载”，进入装车操作页面。

第十三步：完善装车人等信息，选中货物，点击向右移按键进行装车操作，完毕后，保存即可。

①装车人员信息：

装车人：	刘××	司机：	甄×	押车人：	王××	特殊说明：	无

②装车货物信息(系统自带初始数据)：

选择	货物编号	货物名称_规格型号	托运单	装车数量
○	系统生成	翰皇精品办公杯--HH-1052	系统生成	500

步骤 9　出车操作

第一步:点击“运输作业/出车作业”进入出车操作页面。

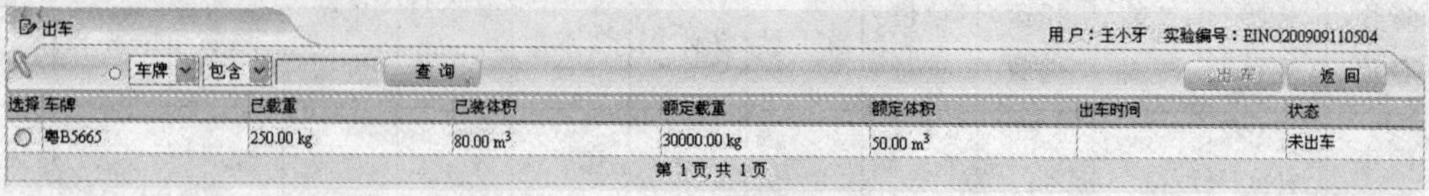

第二步:选择要出车的车辆,然后点击出车,输入出车日期,保存即可。需注意的是:出车后车辆不可进行取消操作。

步骤 10　中转调度

第一步:点击“运输作业/中转调度”进入到车辆运行列表页面,用户可查看车辆运行到哪个站点。

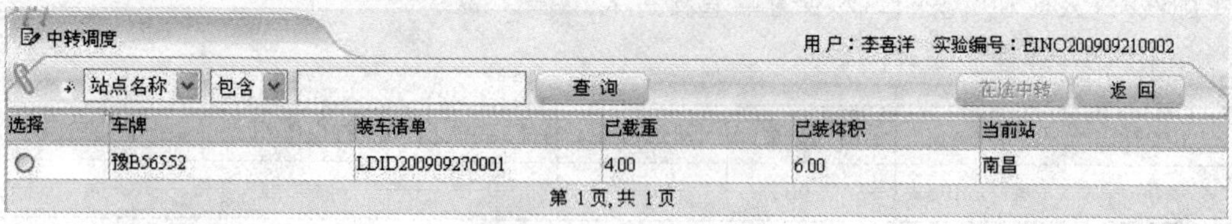

第二步:选择车辆,点击“在途中转”进入中转页面,决策是否需要卸货或中转。

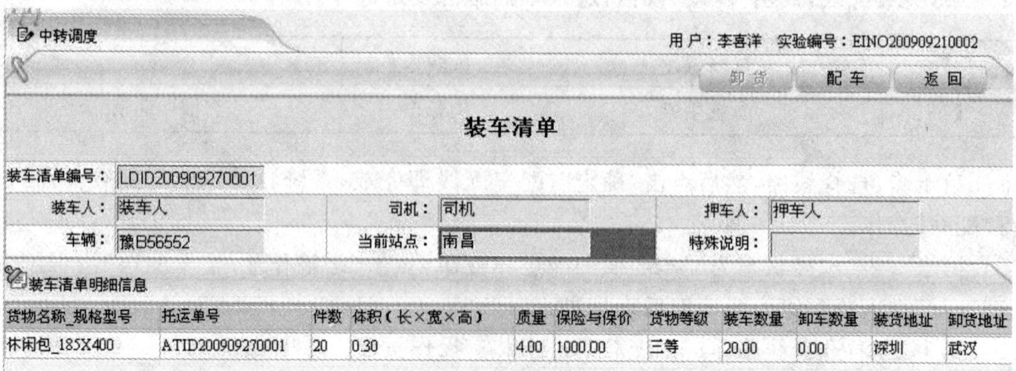

第三步:点击“配车”按钮,进入到中转决策页面。

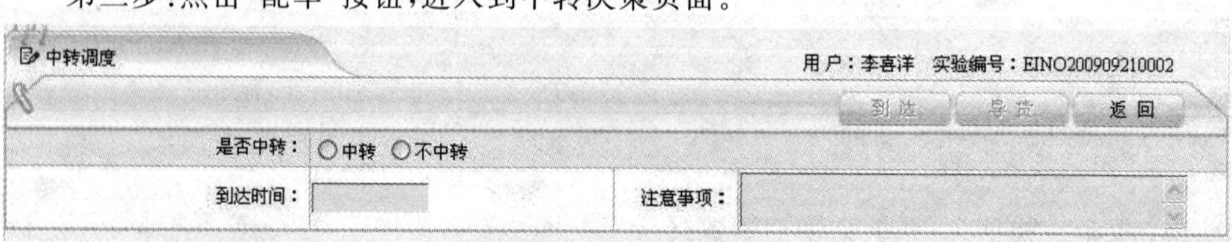

第四步:选择“不中转”,输入到货日期,点击“到达”。

步骤 11　到达卸货

第一步:点击“运输作业/到达卸货”进入车辆到达列表。

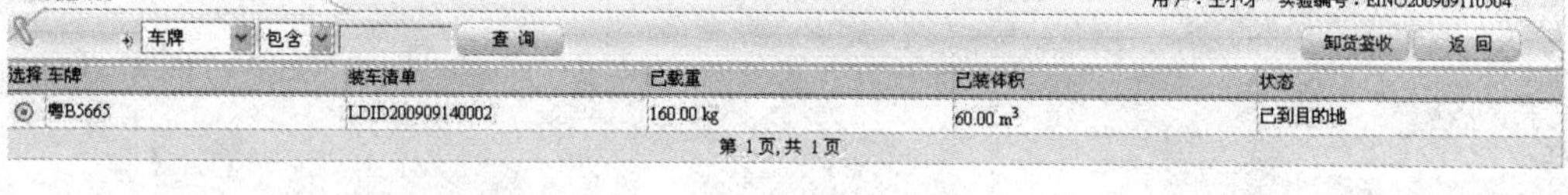

第二步：选择到达车辆，点击“卸货签收”按钮，进入卸货签收页面。

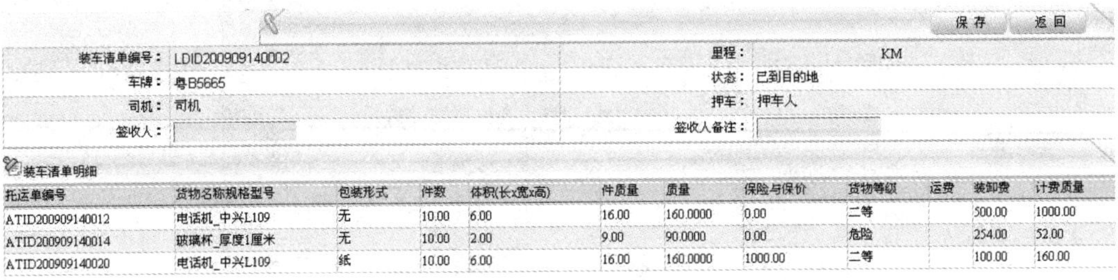

保 存 返 回

装车清单编号：	LDID200909140002	里程：	KM
车牌：	粤B5665	状态：	已到目的地
司机：	司机	押车：	押车人
签收人：		签收人备注：	

装车清单明细

托运单编号	货物名称规格型号	包装形式	件数	体积(长x宽x高)	件质量	质量	保险与保价	货物等级	运费	装卸费	计费质量
ATID200909140012	电话机_中兴L109	无	10.00	6.00	16.00	160.0000	0.00	二等		500.00	1000.00
ATID200909140014	玻璃杯_厚度1厘米	无	10.00	2.00	9.00	90.0000	0.00	危险		254.00	52.00
ATID200909140020	电话机_中兴L109	纸	10.00	6.00	16.00	160.0000	1000.00	二等		100.00	160.00

第三步：输入签收人信息，点击“保存”确认卸货签收完毕。

选择	车牌	装车清单	已载重	已装体积	状态
○	粤 B6895	系统生成	1500	100	已到目的地

步骤 12　结算管理

第一步：点击“结算管理/应收账单”进入应收列表：

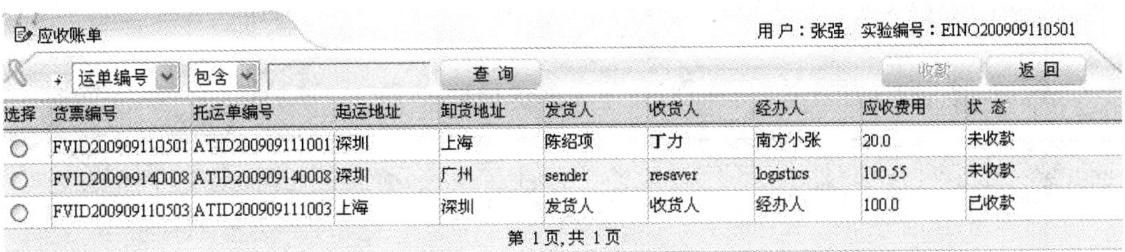

应收账单　　用 户：张强　实验编号：EINO200909110501

运单编号　包含　查 询　收款　返 回

选择	货票编号	托运单编号	起运地址	卸货地址	发货人	收货人	经办人	应收费用	状 态
○	FVID200909110501	ATID200909111001	深圳	上海	陈绍项	丁力	南方小张	20.0	未收款
○	FVID200909140008	ATID200909140008	深圳	广州	sender	resaver	logistics	100.55	未收款
○	FVID200909110503	ATID200909111003	上海	深圳	发货人	收货人	经办人	100.0	已收款

第 1 页，共 1 页

第二步：选择需收款单据，点击“收款”进入应收费用单，查看托运明细。

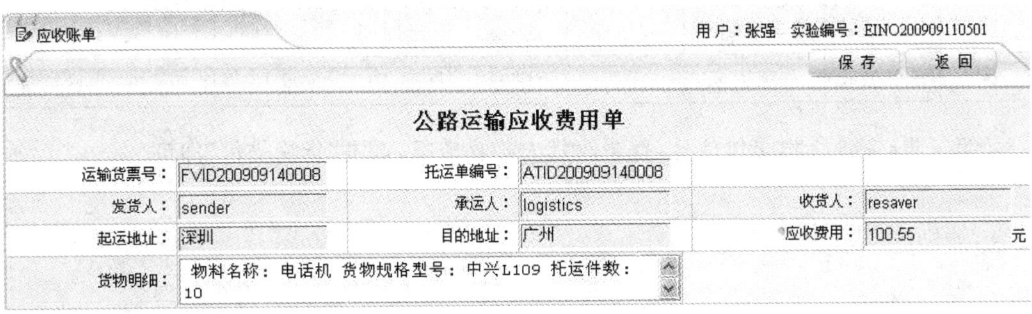

应收账单　　用 户：张强　实验编号：EINO200909110501

保 存　返 回

公路运输应收费用单

运输货票号：	FVID200909140008	托运单编号：	ATID200909140008		
发货人：	sender	承运人：	logistics	收货人：	resaver
起运地址：	深圳	目的地址：	广州	应收费用：	100.55 元
货物明细：	物料名称：电话机 货物规格型号：中兴L109 托运件数：10				

第三步：收款。

第四步：收款完毕，点击“保存”确认。

第五步：点击“结算管理/应收开票”进入应收开票列表。

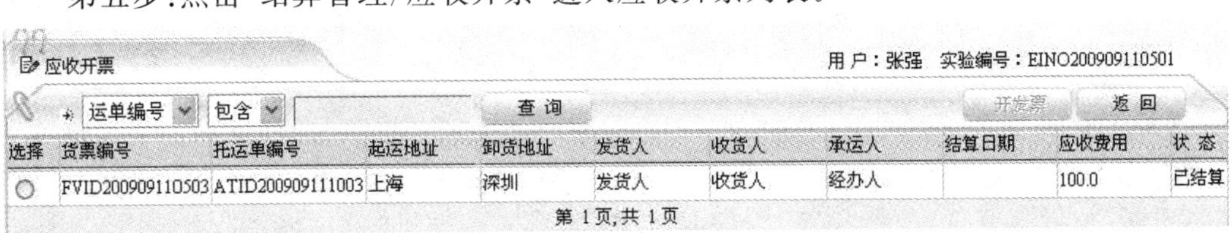

应收开票　　用 户：张强　实验编号：EINO200909110501

运单编号　包含　查 询　开发票　返 回

选择	货票编号	托运单编号	起运地址	卸货地址	发货人	收货人	承运人	结算日期	应收费用	状 态
○	FVID200909110503	ATID200909111003	上海	深圳	发货人	收货人	经办人		100.0	已结算

第 1 页，共 1 页

第六步：选择要开具发票的托运单，然后点击“开发票”进入。

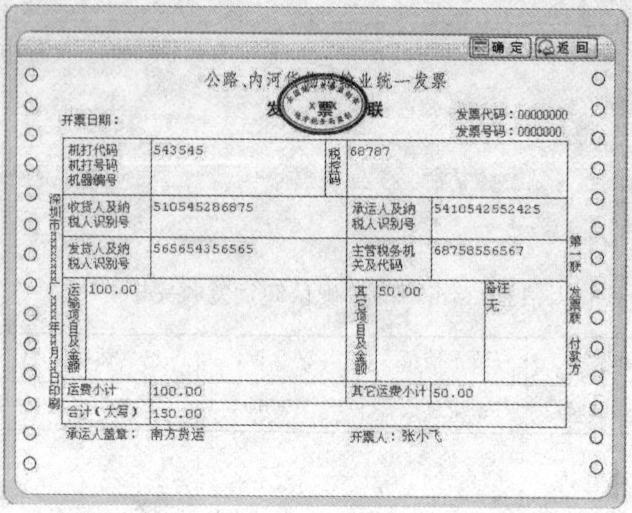

第七步：填制发票，打印发票。

步骤 13　货物交付

第一步：点击“运输作业/货物交付”进入到货列表。

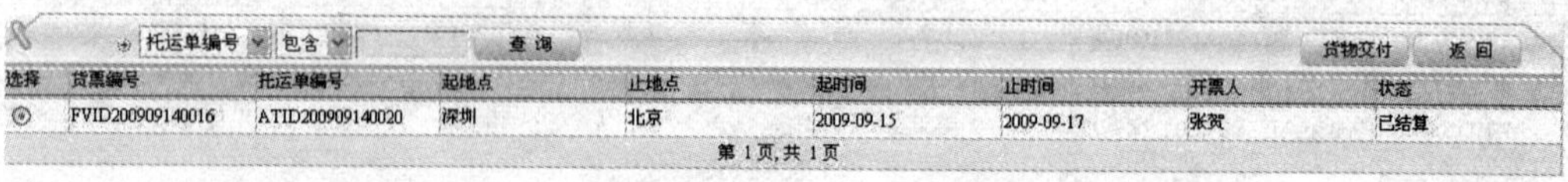

第二步：选择客户提取货物的托运单，点击“货物交付”按钮进入交付信息记录页面。

选择	货票编号	托运单编号	起地点	止地点	起时间	止时间	开票人	状态
◉	系统生成	系统生成	深圳	北京	2009-10-13	2009-10-13	65436	已结算

第三步：完善货物交付信息，登录收货人签收情况，点击“货物交付”即可。

实验报告（总结）

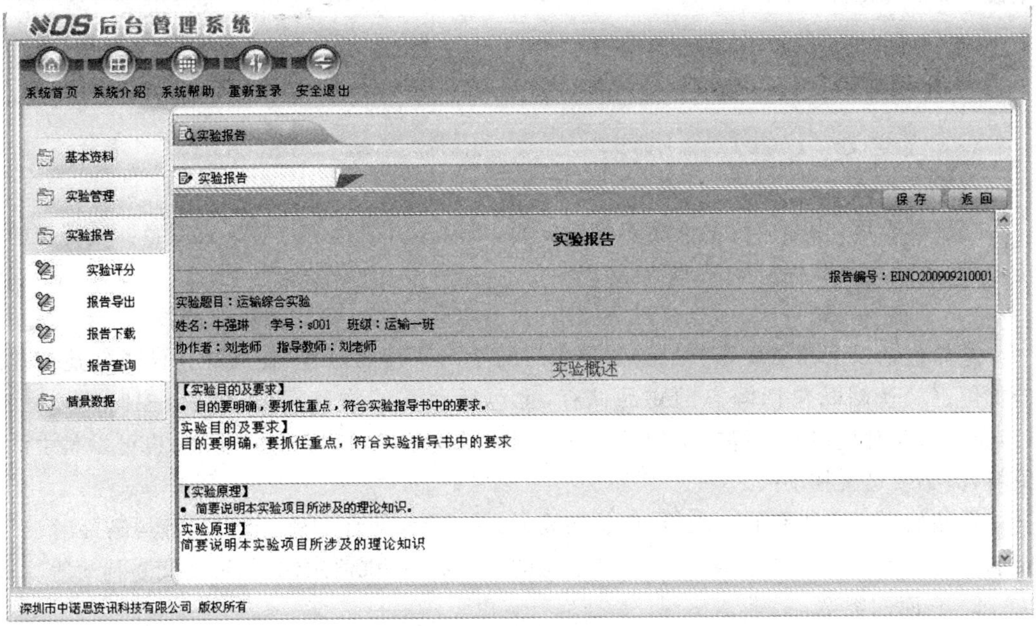

任务3 仓储管理系统

知识目标

1. 了解物流仓储企业物流管理信息的内容、范畴和类型。
2. 掌握物流信息在物流仓储企业活动中的流程。
3. 掌握物流仓储企业物流管理信息系统的解决方案。
4. 掌握仓储管理信息系统的构成，通过模拟软件的使用进一步掌握物流信息在物流仓储企业中的作用。
5. 了解仓储自动化设备的特点和使用。

能力目标

1. 可以对仓储信息进行采集、分类和筛选。
2. 理解仓储管理的业务信息流程图。
3. 能够熟练使用仓储管理系统操纵仓储自动化设备。

职业素养

1. 具备运输管理系统的初步认知及操作能力。
2. 提高学生的团队合作能力，多角色扮演体验不同的工作岗位的职责及相互合作。

知识准备

一、仓储的概念

1. 仓储定义

仓储是指通过仓库对暂时不用的物品进行储存和保管。

"仓"即仓库，为存放物品的建筑物或场地，可以是房屋建筑、洞穴、大型容器或特定的场地等，具有存放和保护物品的功能。

"储"即储存、储备，表示收存以备使用，具有收存、保管、交付使用的意思。

仓储包括以下几个要点：(1)仓储是物品的生产持续的过程，物品的仓储也创造产品的价值；(2)仓储既包括静态的物品储存，也包括动态的物品存取、保管、控制的过程；(3)仓储活动发生在仓库等特定的场所；(4)仓储的对象既可以是生产资料，也可以是生活资料，但必须是实物动产。

仓储的主要功能有储存功能、保管功能、加工功能、整合功能、分类和转运功能、支持企业市场形象的功能等，此外还是市场信息的传感器，提供信用保证、现货交易场所等。

2. 仓库的类型

按仓库的用途来分类，可以分为采购供应仓库、批发仓库、零售仓库、中转仓库、加工仓库、保税仓库等。

二、仓储管理系统概述

仓储管理系统(WMS)是一个实时的计算机软件系统，它能够按照运作的业务规则和运算法则，对信息、资源、行为、存货和分销运作进行更完美的管理，使其最大化地满足有效产出和精确性的要求。

职业能力训练

训练目标

能够通过仓储管理系统模拟将来在仓储企业不同的工作岗位上对入库出库作业的各类相关信息的管理，主要包括功能模块的介绍及仓储综合实验两部分。

功能模块的介绍又包含基础数据、货位管理、入库操作、出库操作、盘点操作、库存监控、库存管理、单证打印 8 大部分。

仓储实验则主要指仓储综合实验。

训练条件

计算机、物流虚拟实训室。

工作流程

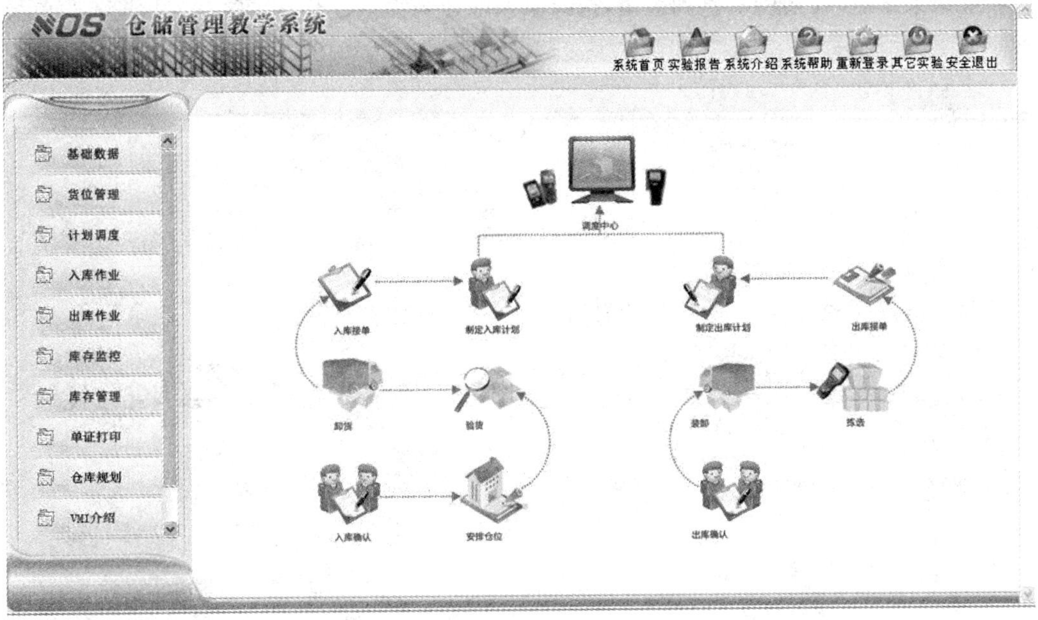

实训案例

情景描述：

有一批物品要暂存仓库，物货名称为：茉莉花茶，货号：DB35/T91.19，共计100箱，总重量：300千克，总体积：10立方米，需暂时放入仓库：滞料库N83，暂存时间为5天。

操作步骤：

步骤1　登录

第一步：打开IE浏览器，输入 http://10.1.27.234:802/NOSProject2009，其中的10.1.27.234是指系统服务器IP地址，802为系统访问端口。

第二步：输入用户名和密码，根据管理平台设置的用户名和密码进行登录。输入完毕，点“登录”按钮，登录系统。如想重新输入用户名和密码进行登录，请点“重置”按钮。如下图所示：

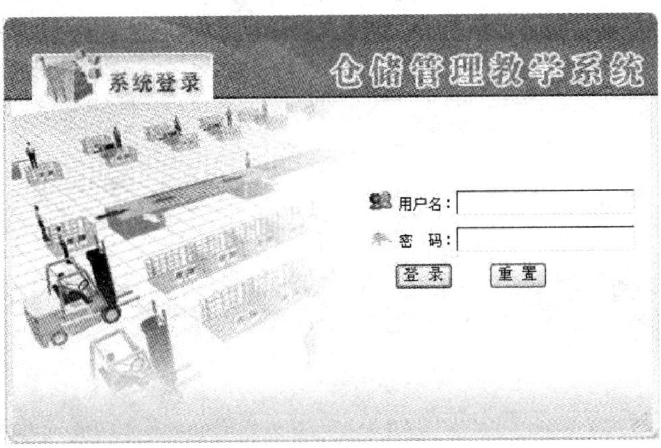

步骤 2　选择实验实例

登录系统后，在实验实例列表里，选择单人综合实验，点“开始实验”按钮，进入角色页面。如下图所示：

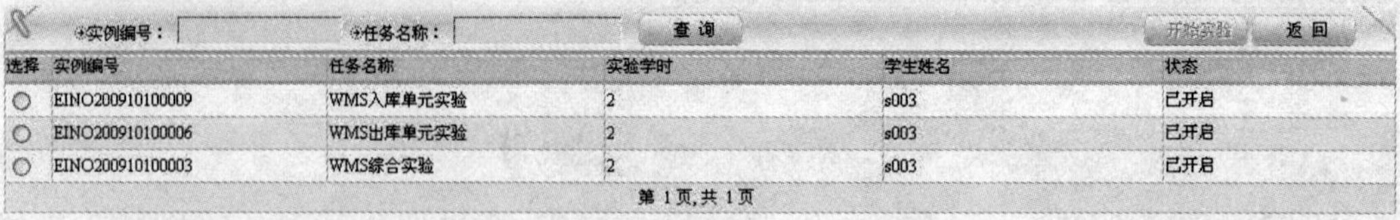

步骤 3　实验设置物料信息

第一步：点击“基础数据/物料信息”进入物料信息列表页面。

第二步：点击“新增”按钮进入新增页面。

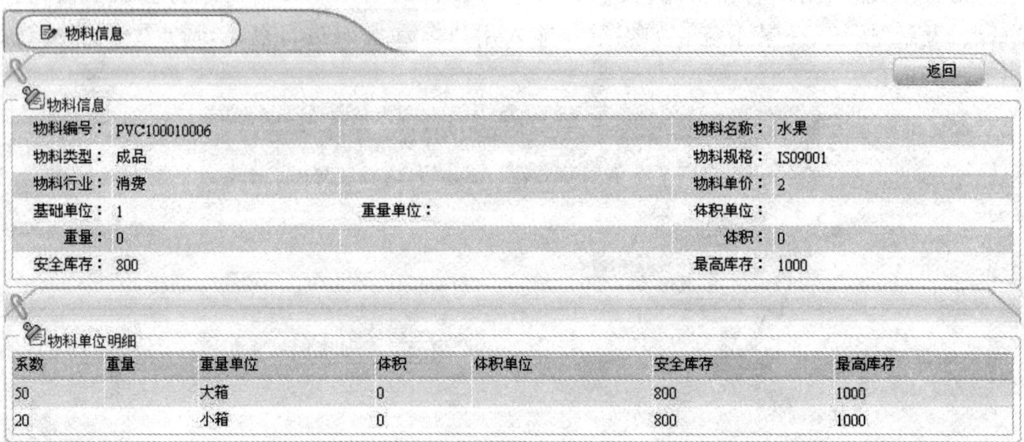

第三步：根据实验题目提供的物料信息，录入物料。录入信息大体如下：

①物料信息：

物料编号：	系统自动生成	物料名称：	茉莉花茶
物料类型：	成品	物料规格：	DB35/T91.19
物料行业：	制造行业		

②物料单位明细：

选择	重量	重量单位	体积	体积单位	安全库存	最高库存	最低库存	系数	物料单价
○	3	小箱	0.1	立方米	10	200	10	1	1000

第四步：保存录入的物料信息。保存后结果如下图所示：

选择	物料名称	物料编号	物料规格
○	茉莉花茶	系统自动生成	DB35/T91.19

步骤 4　查看实验题目中提示的仓位是否存在。若无，需进行增加；若有，可直接使用。

(1)新增仓库

第一步：点击“基础数据/仓库信息”进入仓库列表页面。

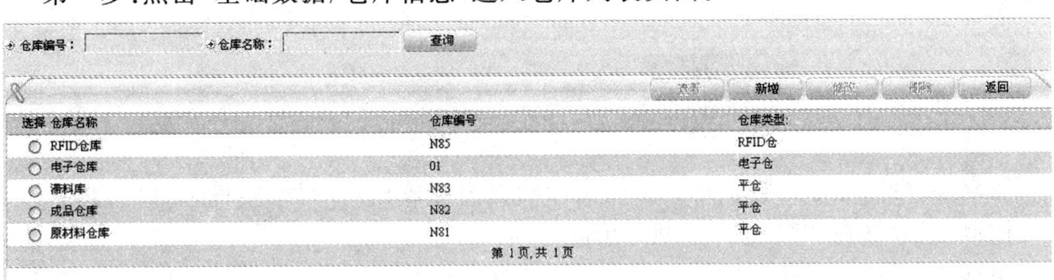

第二步：新增仓库信息。点击“新增”进入仓库新增信息完善页面。

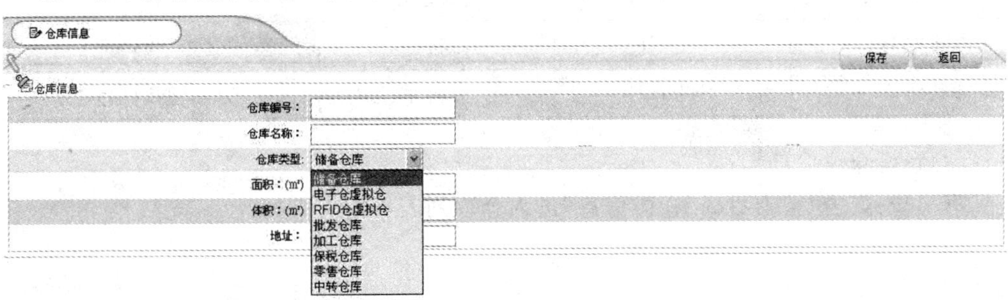

第三步：填写新增仓库信息。仓库类型分为 3 种：平仓、电子仓虚拟仓、RFID 仓虚拟仓。系统在仓库类型中设置了 8 种仓库，除电子仓虚拟仓、RFID 仓虚拟仓新增保存后分别显示为电子仓和 RFID 仓，其余的都显示为平仓，用户需根据实际需求进行新增仓库。

第四步：保存新增信息，保存后，以平仓为例，结果大致如下：

选择	仓库名称	仓库编号	仓库类型
○	滞料仓	N83	平仓

(2)新增仓库区域

第一步：点击“基础数据/区域信息”进入仓库列表页面。

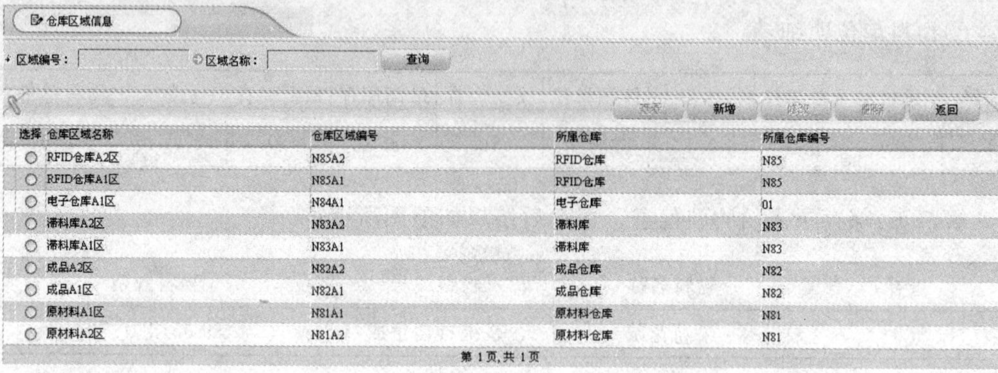

第二步：新增区域信息。点击“新增”进入区域新增信息完善页面。

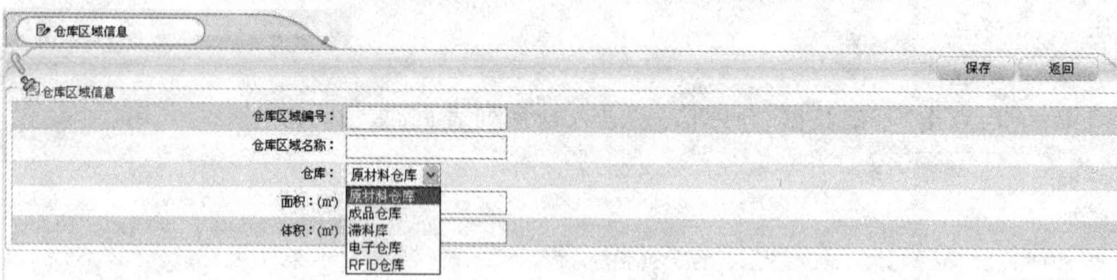

第三步：增写仓库区域信息。根据实验题目中仓位信息的提炼，可知仓库为 N83，区域无限制，所以需在 N83 仓库中划分出区域 A1、A2。

第四步：保存新增的区域信息。保存后信息大致如下：

仓库区域名称	仓库区域编号	所属仓库	所属仓库编号
滞料库 A1 区	N83A1	滞料库	N83
滞料库 A2 区	N83A2	滞料库	N83

(3)新增仓位信息

第一步：点击“基础数据/仓位信息”进入仓库列表页面。

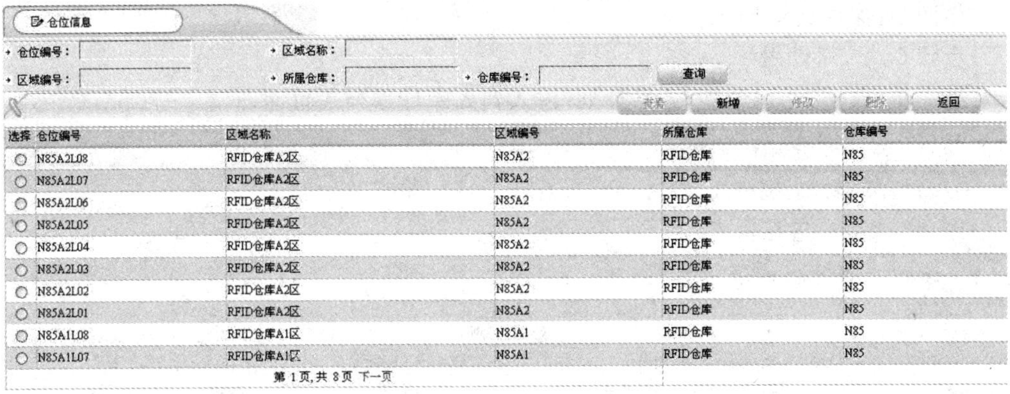

第二步：新增仓位信息。点击“新增”进入仓位新增信息完善页面。

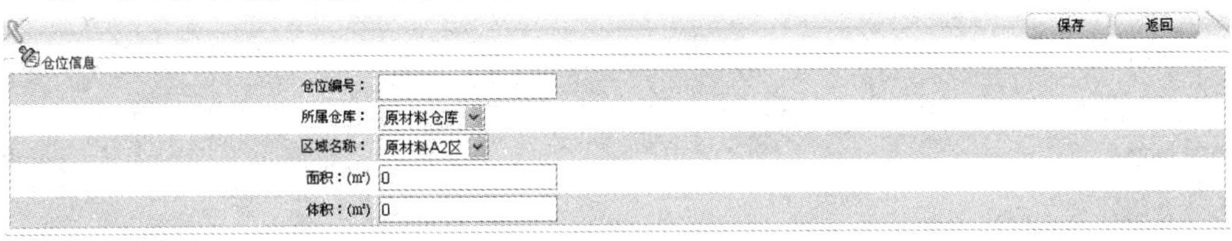

第三步：增加仓位信息。

仓位编号	区域名称	区域编号	所属仓库	仓库编号
N83A2L08	滞料库 A2 区	N83A2	滞料库	N83
N83A2L07	滞料库 A2 区	N83A2	滞料库	N83
N83A2L06	滞料库 A2 区	N83A2	滞料库	N83
N83A2L05	滞料库 A2 区	N83A2	滞料库	N83
N83A2L04	滞料库 A2 区	N83A2	滞料库	N83
N83A2L03	滞料库 A2 区	N83A2	滞料库	N83
N83A2L02	滞料库 A2 区	N83A2	滞料库	N83
N83A2L01	滞料库 A2 区	N83A2	滞料库	N83
N83A1L08	滞料库 A1 区	N83A1	滞料库	N83
N83A1L07	滞料库 A1 区	N83A1	滞料库	N83
N83A1L06	滞料库 A1 区	N83A1	滞料库	N83
N83A1L05	滞料库 A1 区	N83A1	滞料库	N83
N83A1L04	滞料库 A1 区	N83A1	滞料库	N83
N83A1L03	滞料库 A1 区	N83A1	滞料库	N83
N83A1L02	滞料库 A1 区	N83A1	滞料库	N83
N83A1L01	滞料库 A1 区	N83A1	滞料库	N83

第四步：保存仓位信息。

步骤 5　入库计划

第一步：点击“计划调度/入库计划”进入到入库计划列表页面。

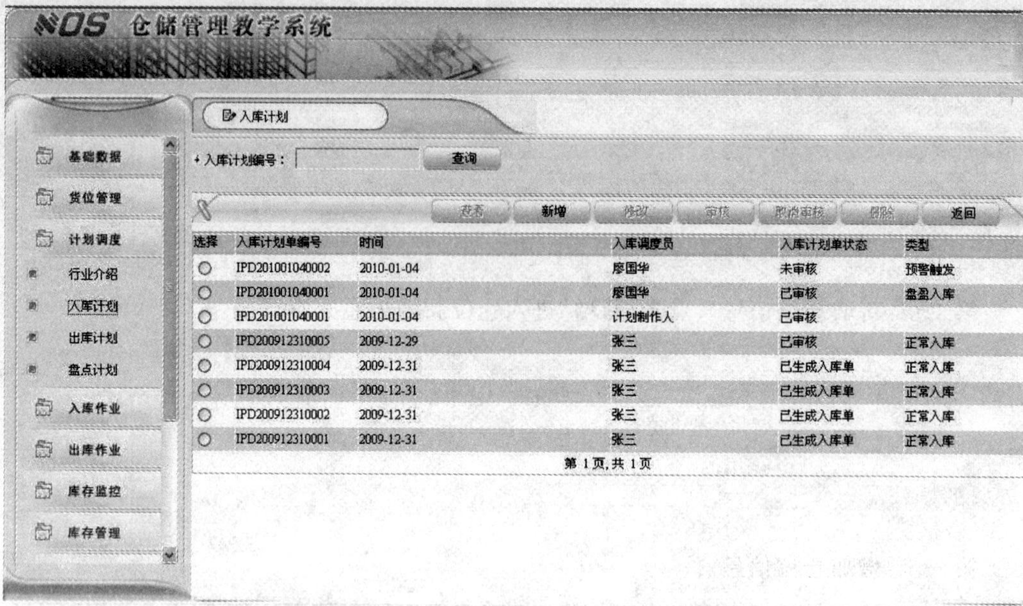

第二步：新增入库计划单，点击“新增”按钮，进入到新增页面。

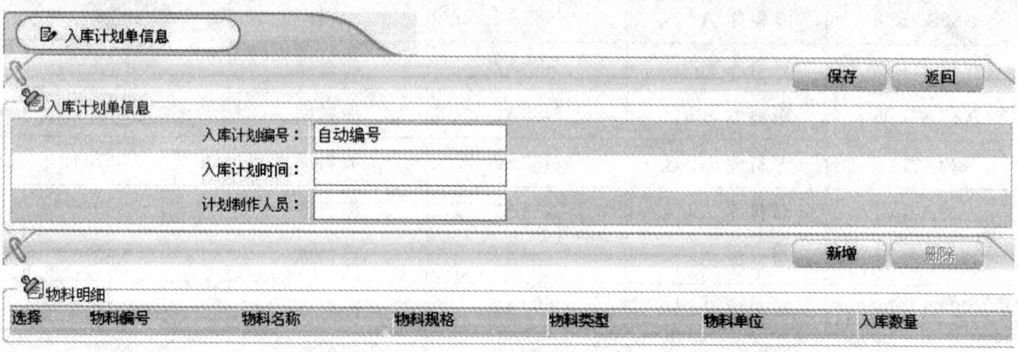

第三步：完善入库计划单表头信息。

入库计划编号：	自动编号
入库计划时间：	2009-11-1
计划制作人员：	李漳

第四步：选择物料及单位后，点击“确定”按钮。

第五步：输入计划入库的数量。

第六步：点击“保存”按钮进行保存。

物料明细：

选择	物料编号	物料名称	物料规格	物料类型	物料单位	入库数量
○	系统自动调用	茉莉花茶	DB35/T91.19	成品	小箱	100

第七步：选择新增入库计划单，点击“审核”按钮进行审核操作。

步骤 6　入库接单

第一步：点击“入库作业/入库接单”，进入到入库接单列表页面。

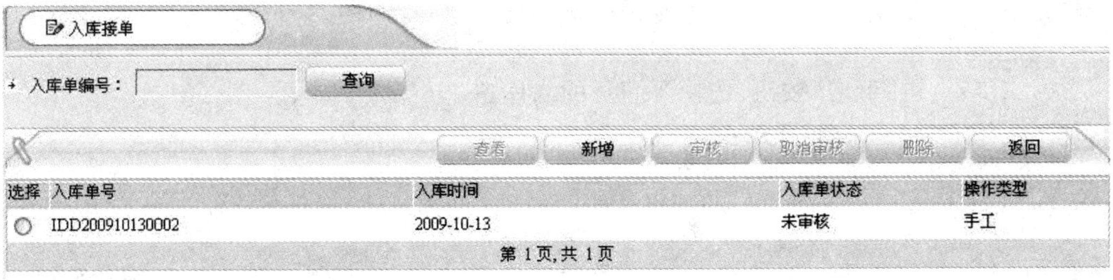

第二步：新增入库作业单，点击“新增”按钮，进入到入库计划单选择页面，即选择要进行入库操作的计划单。

第三步：选择需入库的计划单，点击“下一步”，进入到入库安排。

第四步：制定入库，安排入库时间和入库调度员。

①入库单信息：

入库单编号：	自动编号
入库计划编号：	系统自动调用
入库时间：	2009-11-1
入库调度员：	李漳
操作类型：	○ RFID ○ 电子标签 ◉ 人工 ○ IT600

②物料明细：

物料编号	物料名称	物料规格	物料行业类型	物料单位	入库数量
系统自动调用	茉莉花茶	DB35/T91.19	成品	小箱	100

第五步：“保存”入库安排，返回入库接单列表页面，此时入库作业单的状态为：未审核。

第六步：“审核”入库单，审核后结果及状态如下：

选择	入库单号	入库时间	入库单状态	操作类型
○	系统自动调用	2009-11-11	已审核	手工

步骤 7　卸货

第一步：点击“入库作业/卸货”进到卸货列表。

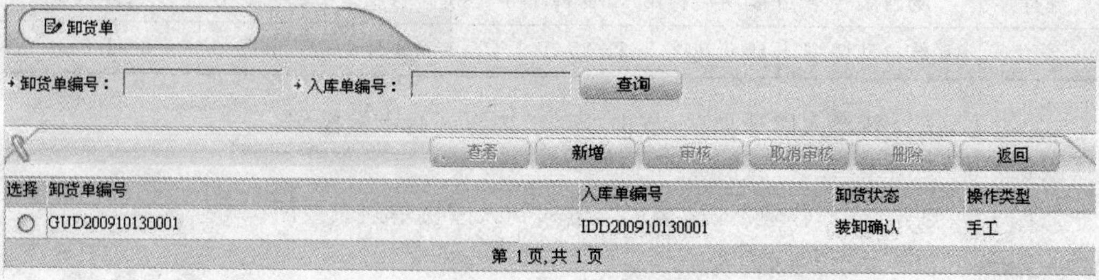

第二步：点击“新增”按钮，选择要卸货的入库单。

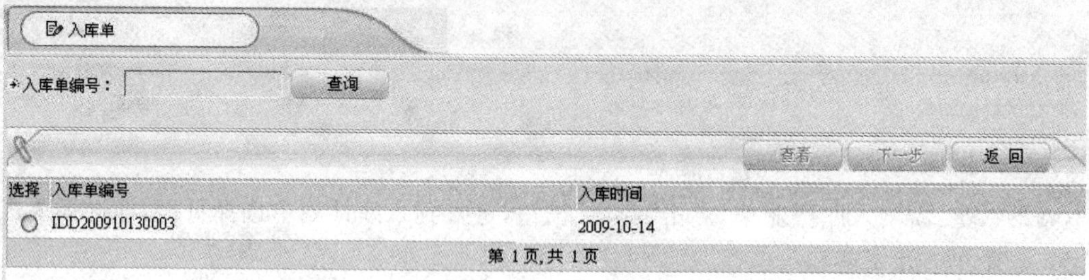

第三步：选择入库单，点击“下一步”，进行卸货安排。

①卸货单信息：

卸货单编号：	自动生成
入库单编号：	自动生成
入库时间：	2009-11-1
操作类型：	手工
卸货人员数量：	3

②物料明细：

物料编号	物料名称	物料规格	物料行业类型	物料单位	入库数量
系统自动调用	茉莉花茶	DB35/T91.19	制造行业	小箱	100

第四步：“保存”卸货安排。

第五步：卸货完毕，点击“审核”确认卸货。

选择	卸货单编号	入库单编号	卸货状态	操作类型
○	系统自动生成	系统自动调用	装卸确认	手工

步骤 8　验货

第一步：点击“入库作业/验货”进入验货单列表页面。

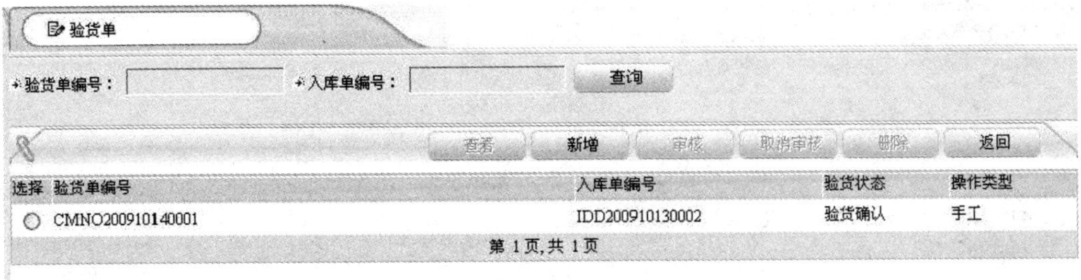

第二步：点击“新增”按钮，进入到需验货的入库单列表。

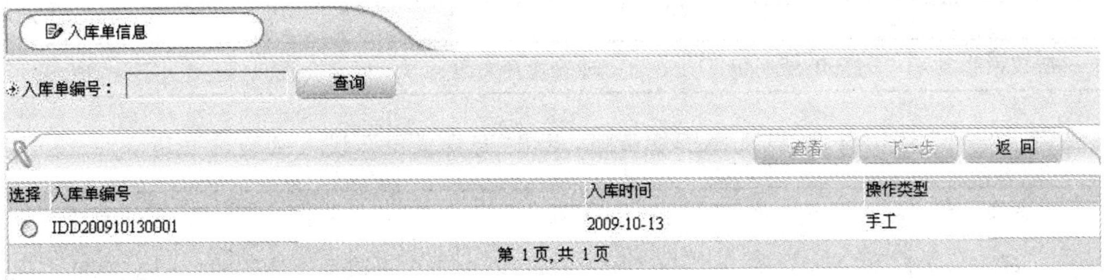

第三步：选择入库单，点击下一步，进入验货单验货结果记录页面。

①验货单信息

验货单编号：	自动生成
入库单编号：	系统自动调用
验货人员：	刘海军

②验货明细：

物料名称	物料单位	抽检数量	入库数量	包装检查结果	数量检查结果	质量检查结果	检查合格数
茉莉花茶	小箱	100	100	包装完好	100 箱	合格	100

第四步：点击“审核”按钮，进行验货确认。

选择	验货单编号	入库单编号	验货状态	操作类型
○	系统自动生成	系统自动调用	验货确认	手工

步骤 9　安排仓位

第一步：点击“入库作业/安排仓位”，进入入库单列表页面。

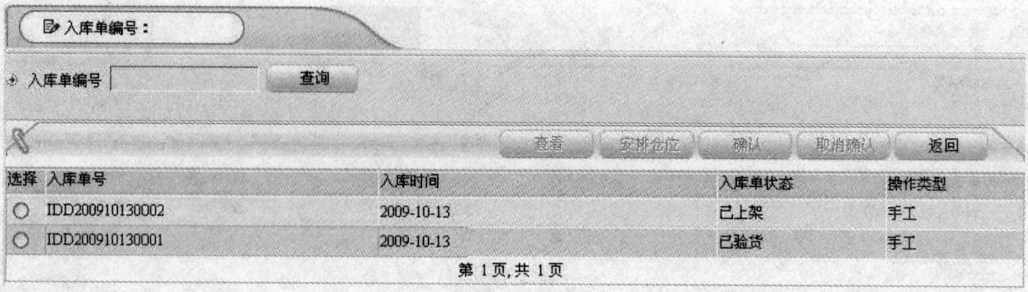

第二步：选择入库单，点击“安排仓位”，进入到摆货策略选择页面。

摆货策略	○ 手动摆货	○ 现有货存	○ 固定仓位	○ 下一空仓位

第三步：选择物料后，再选择摆货策略，点击“安排仓位”，进入到仓位摆货。

选择	物料名称	物料规格	物料类型	入库数量
⊙	茉莉花茶	DB35/T91.19	成品	100 小箱

摆货策略	⊙ 手动摆货	○ 现有货存	○ 固定仓位	○ 下一空仓位

第四步：选择仓位，输入摆货数量。

货物信息：	茉莉花茶 100 小箱
已摆货数量：	0 小箱
未摆货数量：	100 小箱
仓库类型：	平仓

仓位编号	货存量	摆货数量
N83A1L02	0	50
N83A1L01	0	50

第五步：摆货完毕，点击“摆货确认”，保存摆货信息。

步骤 10　入库确认

第一步：点击“入库作业/入库确认”按钮，进入到入库单列表。

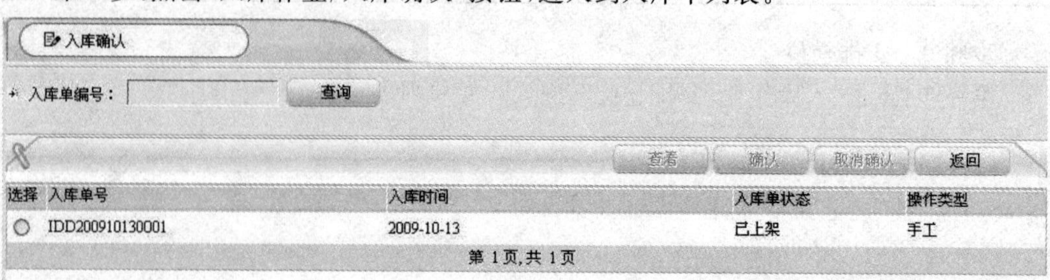

第二步：入库确认。点击“确认”按钮，完成入库确认，入库单状态由已上架更新为已入库。

选择	入库单号	入库时间	入库单状态	操作类型
○	系统自动调用	2009-11-1	入库完成	手工

步骤 11　出库计划单

第一步：点击“计划调度/出库计划”，进入到出库计划列表页面。

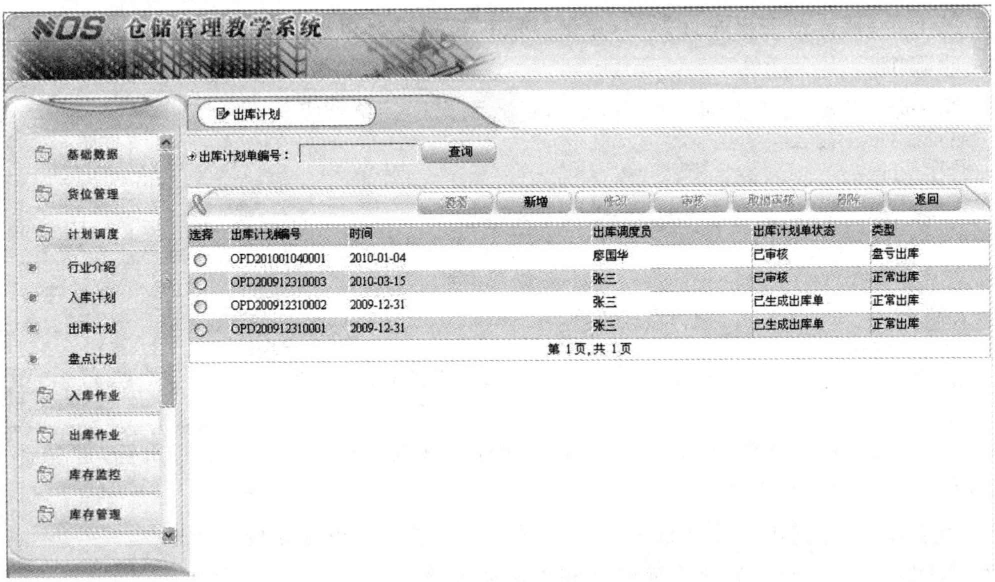

第二步：新增出库计划单。点击“新增”按钮，进入到新增页面。

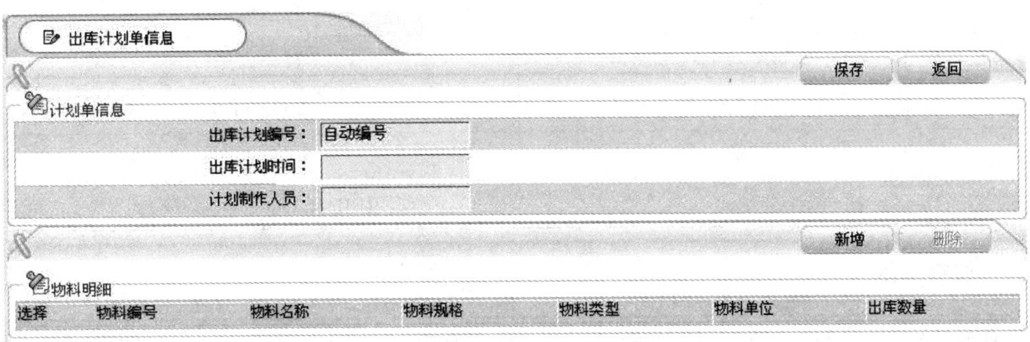

第三步：完善出库计划单表头信息。

出库计划编号：	自动编号
出库计划时间：	2009-11-6
计划制作人员：	王志

第四步：完善物料明细。点击“新增”按钮，选择物料。

第五步：选择物料及单位后，点击“确定”按钮，新增出库计划单页的物料明细将显示选择的物料信息。输入计划出库的数量。

选择	物料编号	物料名称	物料规格	物料类型	物料单位	出库数量
○	自动调用	茉莉花茶	DB35/T91.19	成品	小箱	100

第六步：点击“保存”按钮，返回到出库计划列表。

第七步：选择新增出库计划单，点击“审核”按钮进行审核操作。

步骤 12　出库接单

第一步：点击“出库作业/出库接单”，进入到出库接单列表页面。

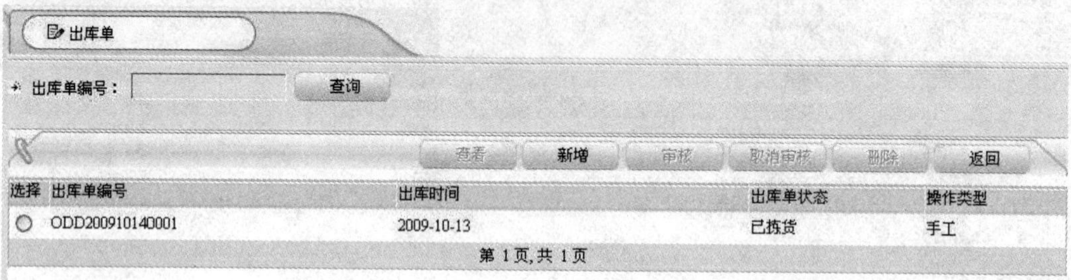

第二步：新增出库作业单。点击“新增”按钮，进入到出库计划单选择页面，即选择要进行出库操作的计划单。

第三步：选择需出库的计划单，点击“下一步”，进入到出库安排。

第四步：制定出库，安排出库时间和出库调度员。

出库单编号：	自动编号
出库计划单编号：	自动调用
出库时间：	2009-11-6
出库调度员：	王志
操作类型：	○ RFID ○ 电子标签 ⊙ 人工

物料明细：

物料编号	物料名称	物料规格	物料行业类型	物料单位	出库数量
自动调用	茉莉花茶	DB35/T91.19	成品	小箱	100

第五步：“保存”出库安排，返回到出库接单列表页面，此时出库作业单的状态为：未审核。

第六步：“审核”出库单。

选择	出库单编号	出库时间	出库单状态	操作类型
○	自动调用	2009-11-6	已审核	手工

步骤 13　出库拣选

第一步：点击“出库作业/出库拣选”，进入到出库拣货列表。

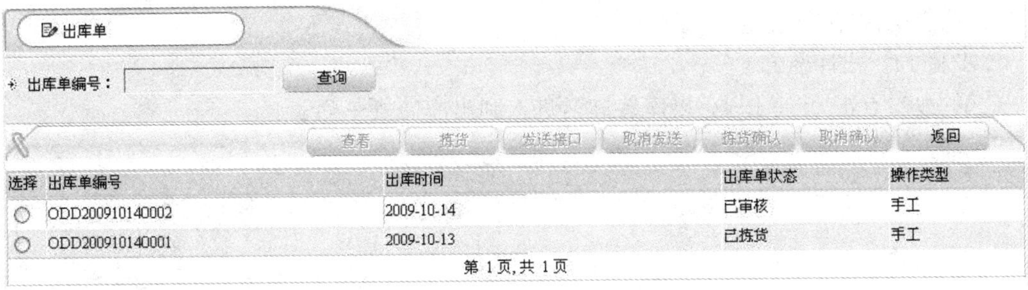

第二步：选择出库单，点击“拣货”，进入到货物信息页面。

选择	货物编号	货物品名	货物类型	货物规格	货物单位	数量
○	自动调用	茉莉花茶	DB35/T91.19	成品	小箱	100

第三步：选择出库物料，再点击“拣货”按钮，进入到仓位拣货页面。

第四步：拣货。

①货物信息：

货物编号：	PVC100010001	货物名称：	茉莉花茶
仓库编号：	N83	仓库名称：	滞料库
拣货数量：	100 小箱		

②仓位信息：

仓位编号	区域编号	库存数量	拣货数量
N83A1L02	N83A1	50	50
N83A1L01	N83A1	50	50

第五步：拣货完毕，点击“保存”，系统自动返回到拣货方式选择页面，显示该物料的仓位拣货情况。

货物编号	货物品名	货物类型	货物规格	货物单位	仓位编号	仓库编号	仓库名称	拣货数量
自动调用	茉莉花茶	成品	DB35/T91.19	小箱	N83A1L02	N83	滞料库	50
自动调用	茉莉花茶	成品	DB35/T91.19	小箱	N83A1L01	N83	滞料库	50

第六步：确认拣货。所有拣货完毕，返回到出库拣货单列表页，选择已拣货的出库单，点击“拣货确认”进行确定。

步骤 14　出库装卸

第一步：点击“出库作业/出库装卸”，进入到出库装货单列表。

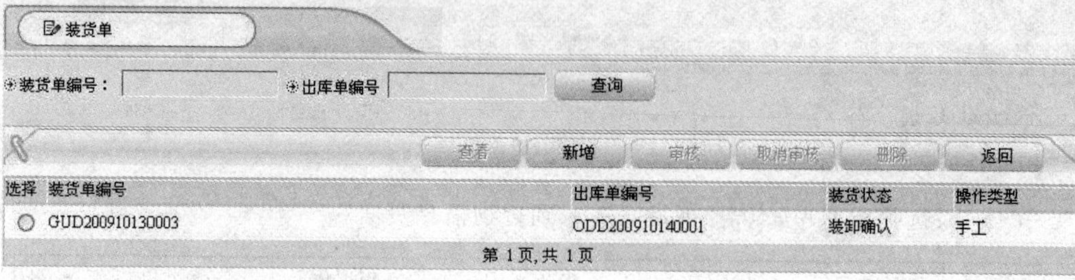

第二步：点击“新增”，选择已拣货完毕的出库单。

第三步：选择出库单，点击“下一步”，进行装货安排。

①装货单信息：

装货单编号：	自动生成
出库单编号：	自动调用
出库时间：	2009-11-6
装货人员数量：	2
装货团队：	装卸第一组

②物料明细：

物料编号	物料名称	物料规格	物料行业类型	物料单位	出库数量
自动调用	茉莉花茶	DB35/T91.19	制造行业	小箱	100

第四步：装货完毕，须进行审核。

选择	装货单编号	出库单编号	装货状态	操作类型
○	自动生成	自动调用	装卸确认	手工

步骤 15　出库确认

第一步：点击“出库作业/出库确认”按钮，进入到出库单列表。

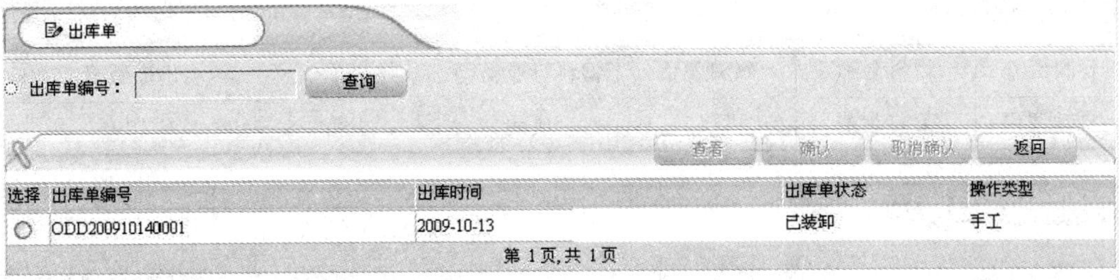

第二步：出库确认。点击“确认”按钮，完成出库确认，出库单状态由已装卸更新为出库确认。

选择	出库单编号	出库时间	出库单状态	操作类型
○	自动调用	2009-11-6	出库确认	手工

步骤 16　库存监控查询

第一步：点击“库存监控/入库历史查询”按钮，点击“确认”进入。

①入库单信息：

入库单编号：	自动调用
入库计划编号：	自动调用
入库时间：	2009-11-1
入库调度员：	李漳

②物料明细：

物料编号	物料名称	物料规格	物料类型	物料单位	入库数量
自动调用	茉莉花茶	DB35/T91.19	成品	小箱	100

第二步：点击“库存监控/出库历史查询”按钮，点击“查看”进入。

①出库单信息：

出库单编号：	自动调用
出库计划单编号：	自动调用
出库时间：	2009-11-6
出库调度员：	王志
操作类型：	手工

②物料明细：

物料编号	物料名称	物料规格	物料行业类型	物料单位	出库数量
自动调用	茉莉花茶	DB35/T91.19	成品	小箱	100

实训报告（总结）

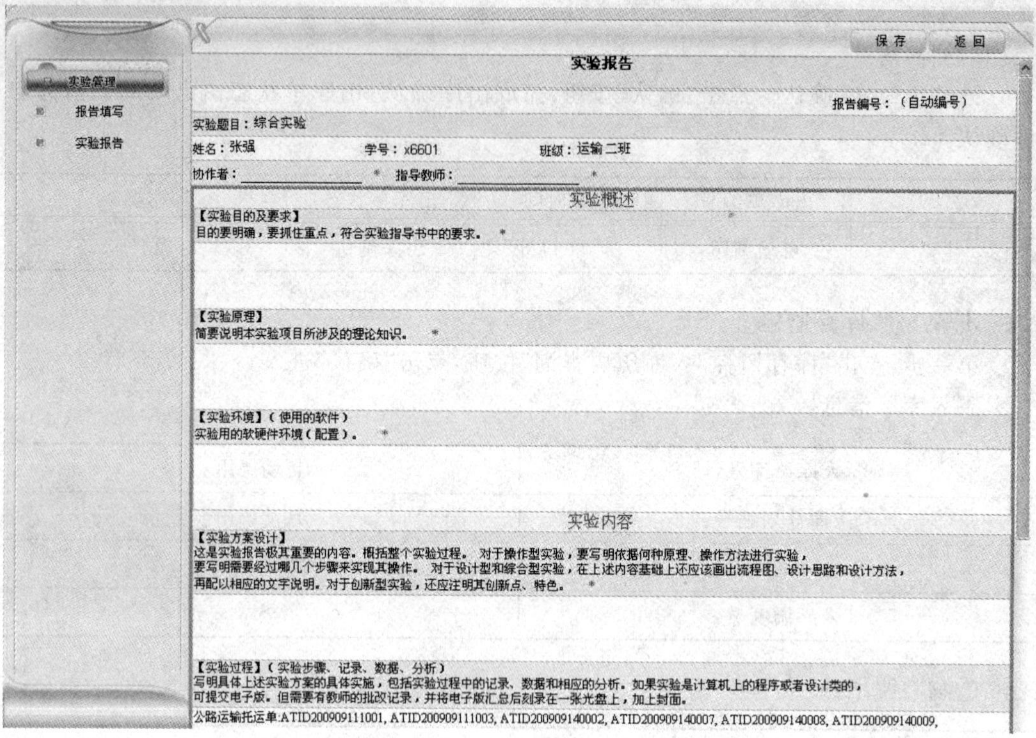

任务 4　电子订货系统与销售时点系统

知识目标

1. 掌握 EOS 和 POS 系统的概念及特点。
2. 熟悉 EOS 和 POS 系统的组成和作用。
3. 掌握 EOS 和 POS 系统的软硬件结构。

能力目标

1. 可以独立操作 EOS 和 POS 机的前台。
2. 可以对 EOS 和 POS 后台的管理信息系统进行有效的操作。
3. 可以将 EOS 和 POS 系统的信息与其他系统的信息进行有效的分析。

职业素养

1. 具备销售时点系统的初步认知及操作能力。
2. 提高学生的团队合作能力，多角色扮演体验不同的工作岗位的职责及相互合作。

知识准备

一、电子订货系统

(一)何为“电子订货系统”

电子订货系统(Electronic Ordering System,EOS)是指将批发、零售商场所发生的订货数据输入计算机,即通过计算机通信网络连接的方式将资料传送至总公司、批发商、商品供货商或制造商处。

因此,EOS能处理从新商品资料的说明直到会计结算等所有商品交易过程中的作业,可以说EOS涵盖了整个物流。最早把电子订货系统引入商业的是连锁店,其目的是追求分店与总店的相互补货业务及管理运行上的合理化。在寸土寸金的情况下,零售业已没有许多空间用于存放货物,在要求供货商及时补足售出商品的数量且不能缺货的前提下,更必须采用EOS系统。EOS因为其包含了许多先进的管理手段,因此使用越来越广泛,并越来越受到商业界的青睐。

(二)电子订货系统的组成

电子订货系统采用电子手段完成供应链上从零售商到供应商的产品交易过程,因此,一个EOS系统必须有:

1. 供应商:商品的制造者或供应者(生产商、批发商);
2. 零售商:商品的销售者或需求者;
3. 网络:用于传输订货信息(订单、发货单、收货单、发票等);
4. 计算机系统:用于产生和处理订货信息。

(三)电子订货系统的特点

1. 商业企业内部计算机网络应用功能完善,能及时产生订货信息;
2. POS与EOS高度结合,产生高质量的信息;
3. 满足零售商和供应商之间的信息传递;
4. 通过网络传输信息订货;
5. 信息传递及时、准确;
6. EOS是许多零售商和供应商之间的整体运作系统,而不是单个零售店和单个供应商之间的系统。

电子订货系统在零售商和供应商之间建立起了一条高速通道,使双方的信息及时得到沟通,使订货过程的周期大大缩短,既保障了商品的及时供应,又加速了资金的周转,实现了零库存战略。

(四)电子订货系统的结构和配置

1. 电子订货系统的结构

电子订货系统的构成内容包括订货系统、通信网络系统和接单电脑系统。

就门店而言,只要配备了订货终端机和货价卡(订货簿),再配上电话就可以说是一套完整的电子订货系统。

就供应商而言,凡能接收门店通过计算机发来的订货信息,并可利用终端设备直接作订单处理，打印出货单和检货单，就可以说已具备电子订货系统的功能。

但就整个社会而言，标准的电子订货系统绝不是“一对一”的整体运作，即并非单个的零售店与单个的供应商组成的系统，而是“多对多”的整体运作，即许多零售店和许多供应商组成的大系统的整体运作方式。

2. 电子订货系统的配置

根据电子订货系统的整体运作程序来划分，大致可以分为以下三种类型：

(1)连锁体系内部的网络型，即连锁门店有电子订货配置，连锁总部有接单电脑系统，并用即时、批次或电子信箱等方式传输订货信息。这是“多对一”与“一对多”相结合的初级形式的电子订货系统。

(2)供应商对连锁门店的网络型，其具体形式有两种：一种是直接的“多对多”，即众多的不同连锁体系下属的门店对供应商，由供应商直接接单发货至门店；另一种是以各连锁体系内部的配送中心为中介的间接的“多对多”，即连锁门店直接向供应商订货，并告知配送中心有关订货信息，供应商按商品类别向配送中心发货，并由配送中心按门店组配向门店送货，这可以说是中级形式的电子订货系统。

(3)众多零售系统共同利用的标准网络型，其特征是利用标准化的传票和社会配套的信息管理系统完成订货作业。其具体形式有两种：一是地区性社会配套的信息管理系统网络，即成立由众多的中小型零售商、批发商构成的区域性社会配套的信息管理系统营运公司和地区性的咨询处理公司，为本地区的零售业服务，支持本地区 EOS 的运行；二是专业性社会配套信息管理系统网络。这是高级形式的电子订货系统，必须以统一的商品代码、统一的企业代码、统一的传票和订货的规范标准的建立为前提条件。

无论采用何种形式的电子订货系统，皆以门店订货系统的配置为基础。门店订货系统配置包括硬件设备配置与电子订货方式的确立两方面。

(1)硬件设备配置

硬件设备一般由三部分组成：

①电子订货终端机。电子订货终端机的功能是将所需订货的商品和条码及数量，以扫描和键入的方式，暂时储存在记忆体中，当订货作业完毕时，再将终端机与后台电脑连接，取出储存在记忆体中的订货资料，存入电脑主机。

电子订货终端机与手持式扫描器的外形有些相似，但功能却有很大差异，其主要区别是：电子订货终端机具有存储和运算等电脑基本功能，而扫描器只有阅读及解码功能。

②数据机。数据机是传递订货主电脑与接单主电脑信息资料的主要通信装置，其功能是将电脑内的数据转换成线性脉冲资料，通过专有数据线路，将订货信息从门店传递给商品供方的数据机，供方以此为依据来发送商品。

③其他设备。如个人电脑、价格标签及店内码的印制设备等。

(2)确立电子订货方式

EOS 的运作除了硬件设备外，还必须有记录订货情报的货架卡和订货簿，并确立电子订货方式。常用的电子订货方式有三种：

①电子订货簿。电子订货簿是记录包括商品代码/名称、供应商代号/名称、进/售价等商品资料的书面表达。利用电子订货簿订货就是由订货者携带订货簿及电子订货终端

机直接到现场巡视缺货状况，再由订货簿寻找商品，用条码进行扫描并输入订货数量，然后直接接上数据机，通过电话线传输订货信息。

②货架卡。货架卡就是装设在货架槽上的一张商品信息记录卡，显示内容包括商品的中文名称、代码、条码、售价、最高订量、最低订量、厂商名称等。利用货架卡订货，不需携带订货簿，而只需手持电子订货终端机，一边巡货一边订货，订货手续完成后再直接接上数据机将订货信息传输出去。

③低于安全存量订货法。低于安全存量订货法即将每次进货数量输入电脑，销售时电脑会自动将库存扣减，当库存量低于安全存量时，会自动打印货单或直接传输出去。

(五)电子订货系统的操作流程

1. 在零售店的终端利用条码阅读器获取准备采购的商品条码，并在终端机上输入订货资料，利用电话线通过调制解调器传到批发商的计算机中。

2. 批发商开出提货传票，并根据传票开出拣货单，实施拣货，然后根据送货传票进行商品发货。

3. 送货传票上的资料便成为零售商店的应付账款资料及批发商的应收账款资料，并接到应收账款的系统中去。

4. 零售商对送到的货物进行检验后，就可以陈列出售了。

使用 EOS 时要注意订货业务作业的标准化，这是有效利用 EOS 的前提条件：(1)商品代码的设计，商品代码一般采用国家统一规定的标准，这是应用 EOS 的基础条件；(2)订货商品目录账册的建立及更新，订货商品目录账册的设计和运用是 EOS 成功的保证；(3)计算机以及订货信息输入和输出终端设备的添置是应用 EOS 的基础条件；(4)在应用过程中需要制定 EOS 应用手册并协调部门间、企业间的经营活动。

二、销售时点系统

(一)何为"销售时点系统"

销售时点系统(Point of Sale，POS)是指利用光学式自动读取设备，按照商品的最小类别读取实时销售信息以及采购、配送等阶段发生的各种信息，并通过通信网络和计算机系统传送至有关部门进行分析加工处理和传送，便于各部门根据各自的目的有效地利用上述信息以提高经营效率的系统。该系统在销售的同时，采集每一种商品的销售信息并传送给计算机，计算机通过对销售、库存、进货和配送等信息的处理和加工，为企业进、销、存提供决策依据。

POS 系统是以电子收款机(Electronic Cash Register，ECR)为核心建立起来的销售交易系统，它主要针对销售的具体环节，如什么时候、卖出的是什么、由谁卖出的、怎么卖出的，以及这些数据的收集和积累及销售数据的汇总、报告等。随着计算机技术的不断发展和更新，商业自动化技术发生了变革。

(二)销售时点系统的组成

POS 系统包含前台 POS 系统和后台 MIS 系统两大部分。

1. 前台 POS 系统

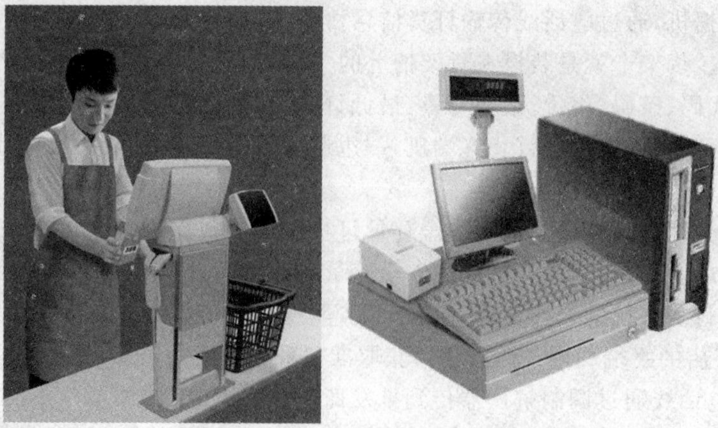

前台 POS 系统是指通过自动读取设备，在销售商品时直接读取商品的销售信息（如商品名称、单价、销售数量、销售时间、销售店铺等），实现前台销售业务的自动化，对商品交易进行实时服务和管理，并通过通信网络和计算机系统传送至后台。

2. 后台 MIS 系统

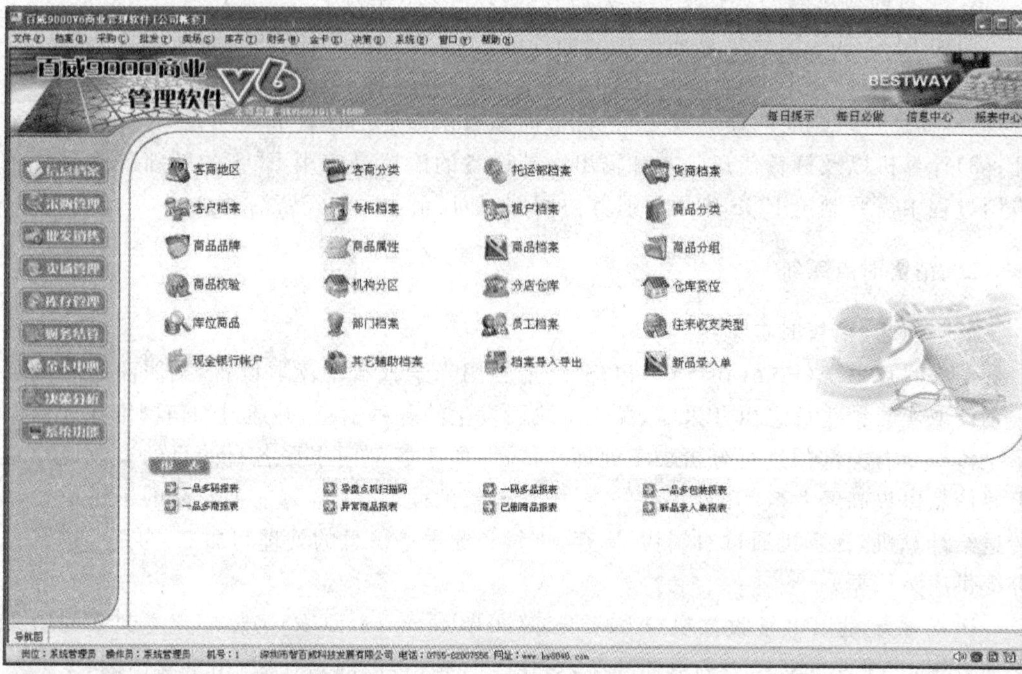

后台 MIS 系统又称“管理信息系统”，负责整个商场进、销、存的管理及财务管理、库存管理、考勤管理等。它可以根据商品进货信息对供应商进行管理，又可以根据系统提供的销售数据，控制进货数量，合理周转资金，还可以分析统计各种销售报表，快速准确地计算成本与毛利，也可以对销售员、收款员业绩进行考核，是员工分配工资、奖金的客观依据。

因此，商场现代化管理信息系统中前台 POS 系统与后台 MIS 系统是密切相关的，两者缺一不可。

职业能力训练

训练目标

能够通过前台 POS 和后台的 MIS 系统掌握如超市等大卖场的销售时点系统的基本操作及后台相关信息的设置。主要包括两部分的相关实验：前台 POS 机的实验、后台 MIS 的实验。

训练条件

计算机、前台的 POS 机、后台的管理信息系统。

工作流程

使用 POS 机的工作流程如下图所示。

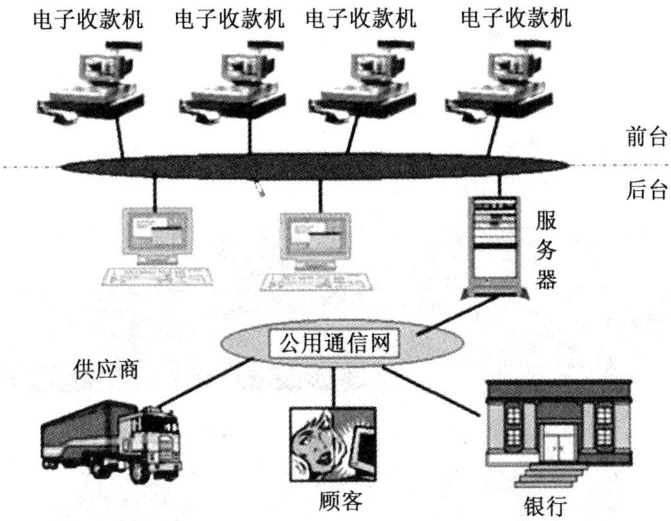

实训案例一

情景描述：

假设你现在在某地的佳乐家超市的前台收银，必须初步具备 POS 机的基础知识和基本使用技能。

操作步骤：

步骤 1　前台当班

前台当班是一天工作的开始，进入前台主界面，点击前台当班按钮或按键盘“1”，系统会弹出当班界面，如下图所示：

在输入框中输入当班时的零钱(比如 500 元零钱,就在框中输入 500),然后按“当班”,提示是否真的当班,按“是”,此时钱箱便弹出,将零钱放入钱箱,即可完成当班工作。

步骤 2　前台收款

前台当班工作完成后,即可进行前台收款操作。

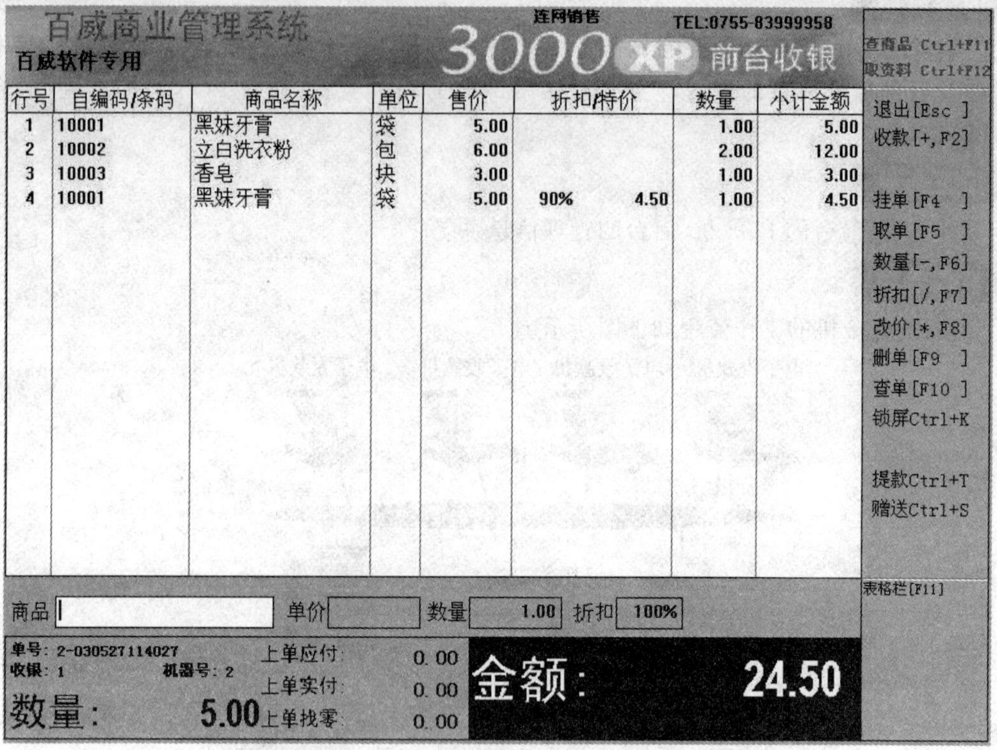

前台在按了“+”号或者是“F2”时,系统会弹出如下界面:

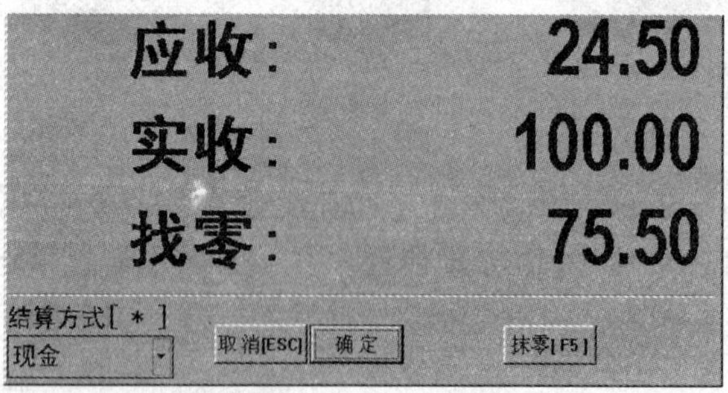

步骤 3　销售明细

前台可以查询当天的销售明细,不过只能查询当班收银员的收银记录,并不可打印。可通过单据编号、商品名称、类别、单据类型等查询前台的销售情况。

步骤 4　前台交班

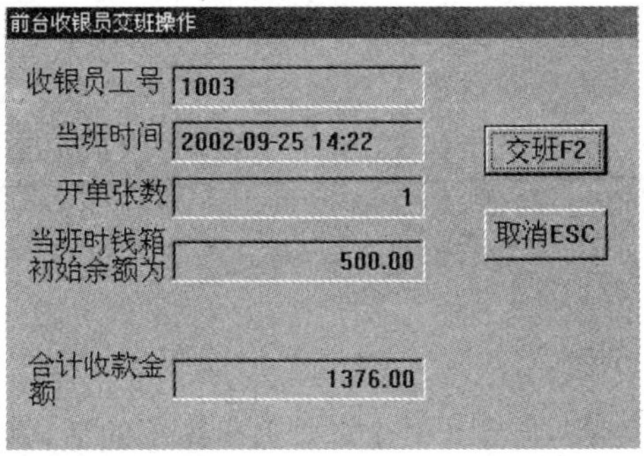

当一天的工作完成后，最后需要做的工作便是前台交班，交班时打印交班记录表，表中记录交班操作员、当班时间、交班时间、当班时钱箱余额、收款金额、交易笔数等信息，收银员最后将交班报表和现金一并交给财务核对。

步骤 5　修改密码

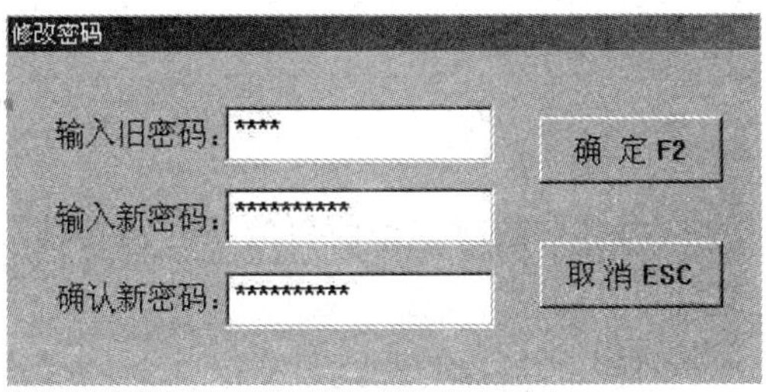

收银员可以更改自己的密码，操作方法很简单：首先进入修改密码界面，在弹出的界面中输入一次旧密码，然后再输入两次新密码，最后按“确定”即完成。要注意的是两次新密码一定要相同，否则不可更改密码。

步骤 6　参数设置

参数设置是最重要的一步，一般由系统管理员来设置，如下图所示：

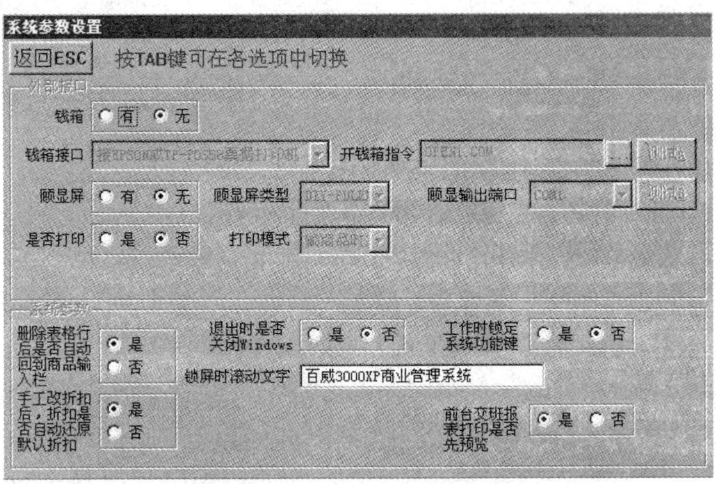

步骤 7　员工考勤

本系统提供了一个独特的功能便是前台考勤，所有的员工可以配一个考勤卡，然后在每天上班或者是下班的时候，都通过员工考勤刷卡，将考勤数据记录到电脑。

进入员工考勤的界面上，有三个按钮：员工上班刷卡、员工下班刷卡、退出。

如果员工上需要上班刷卡的话，那么就按员工上班刷卡，点击“员工上班刷卡”，会弹出“请刷卡”的界面，然后在此界面中将员工的考勤卡刷一次就可以了，同样“员工下班刷卡”也是这样操作。

步骤 8　退出系统

如果所有的工作全部完成或者是中途需要退出系统的话，就按“退出系统”按钮，或者按键盘 ESC 键，即可以全部退出系统。

实训案例二

情景描述：

假设你超市正在为五一搞各种打折促销活动，请配合节日期间各卖场的打折促销活动在后台 MIS 系统上进行相关的设置。

业务操作：

(1)前台实时监控

通过前台实时监测模块，后台可随时掌握前台的实时销售情况，而且可将具体情况直观地体现出来。

进入前台实时监控模块，如下图所示：

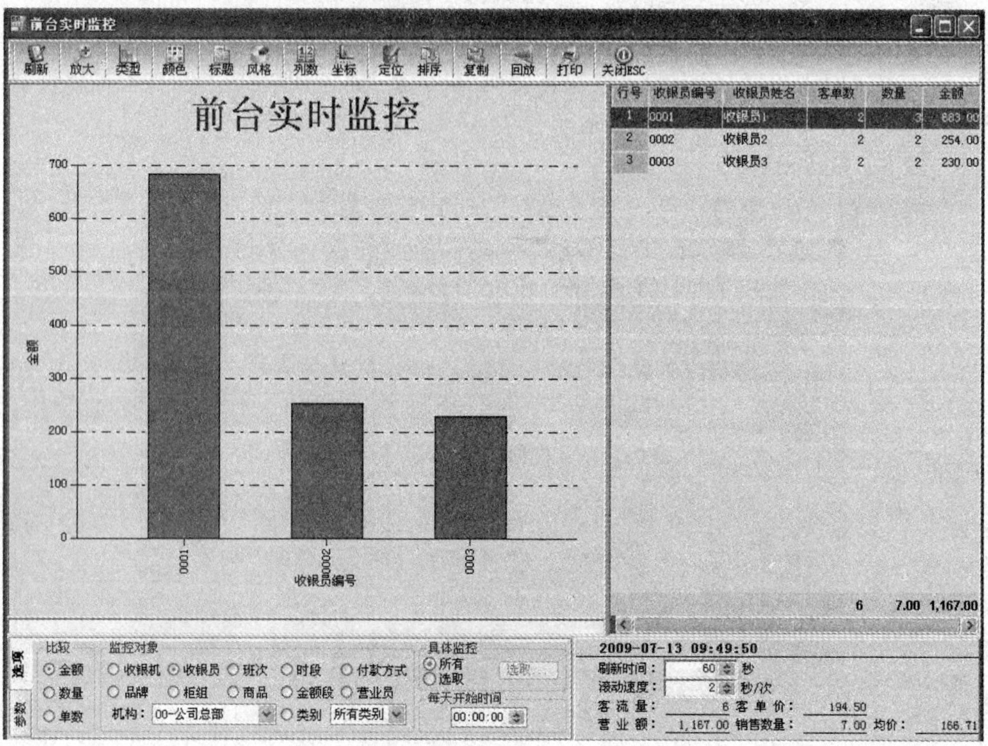

(2)零售参数设置

此模块是用来设置前台收银机的有关参数。

进入零售参数设置模块,如下图所示:

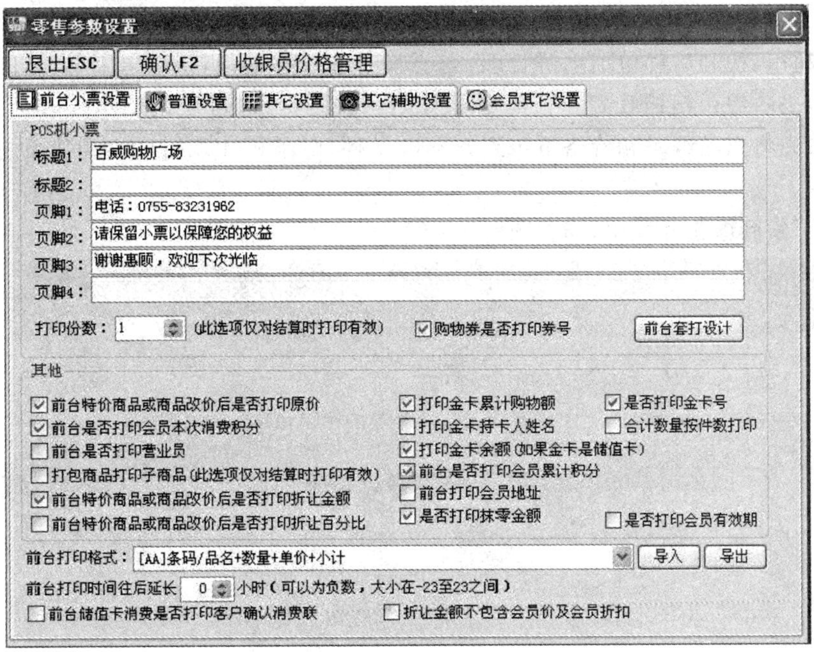

(3)收银员操作日志

前台收银员操作日志是将前台收银员的每一步的操作全部记录下来,防止作弊,也方便以后查询,如下图所示:

(4)前台客户信息录入

用于登记前台客户的联系方式、小票号码。包括前台单号、客户名称、联系人、地址、电话、备注 1、备注 2、备注 3 等。

(5)下发到电子秤

一般超市、便利店都包括生鲜管理，需要临时进行称重，用条码电子秤打印商品预包装标签，再去收银台扫描收费。条码电子秤是一种特殊称，可以记忆格式和商品编码价格，需要事先将商品编码和价格下传到条码电子秤，电子秤才能打印出相应的标签，调价同理。

进入下发到电子秤模块，如下图所示：

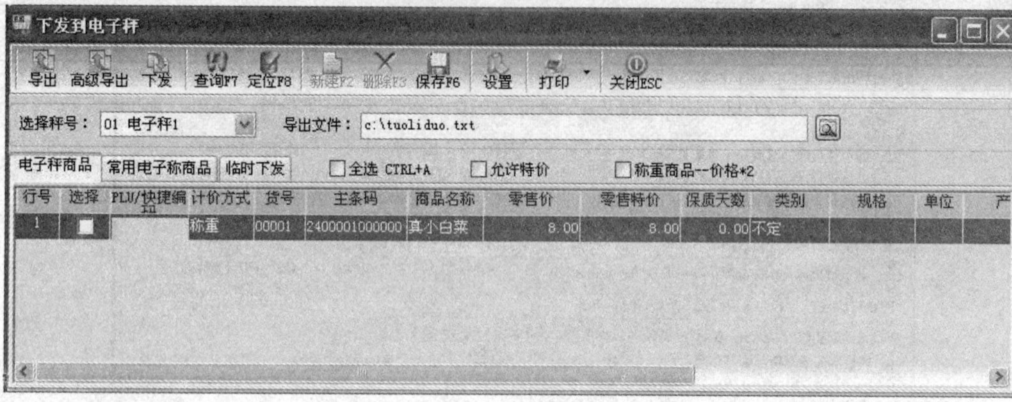

(6)零售价格调整

现实生活中，有多种原因会使商品的价格变动(如由于国家政策的改变发生价格变动、因为企业产品结构的调整使存货陈旧过时引起价格变动)，零售价格调整模块就是处理这类工作。

进入零售价格调整模块，如下图所示：

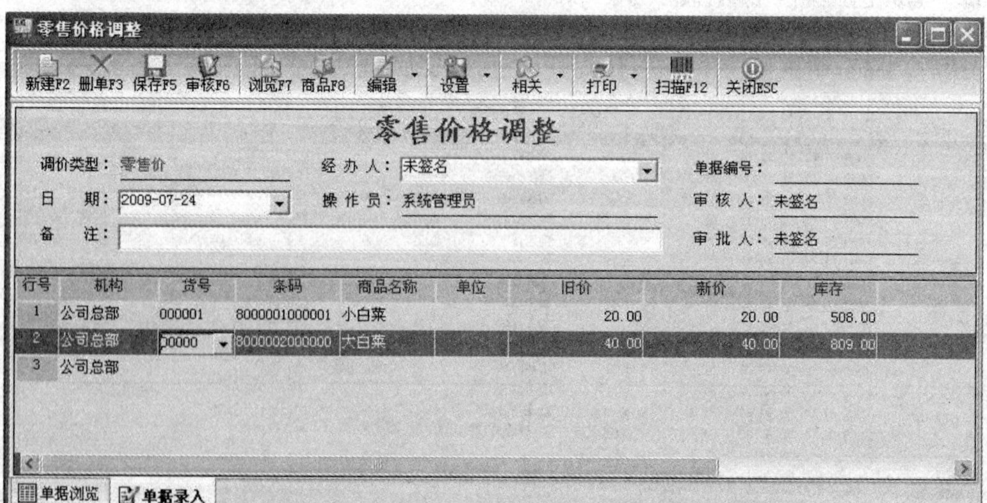

(7)会员价格调整

现实生活中,有多种原因会使商品的价格变动(如由于国家政策的改变发生价格变动、因为企业产品结构的调整使存货陈旧过时引起价格变动),会员调价单模块就是处理这类工作。用于调整商品的会员价格。

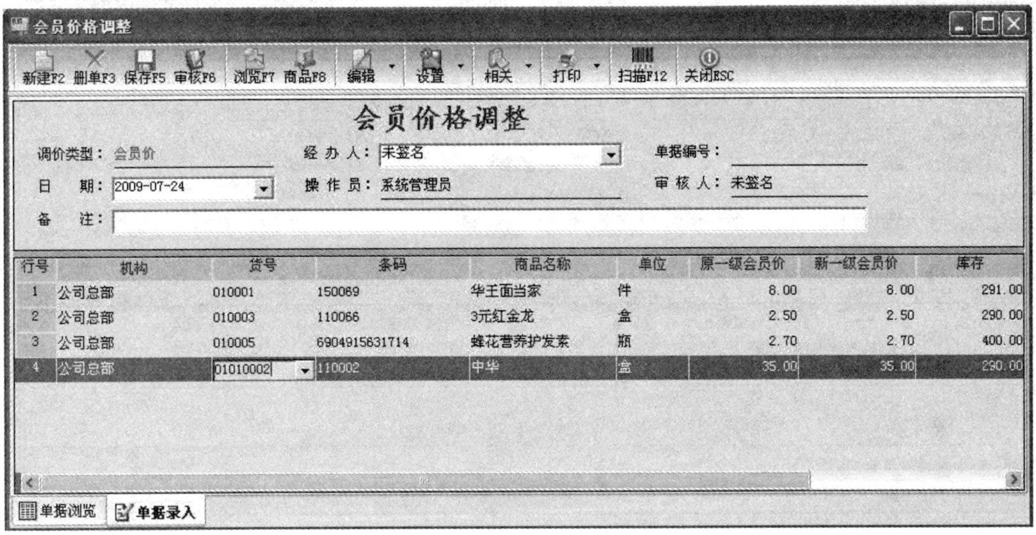

(8)促销管理

查询所有促销的情况,促销的商品,可以删除相关的促销,以便终止该商品促销,如下图所示:

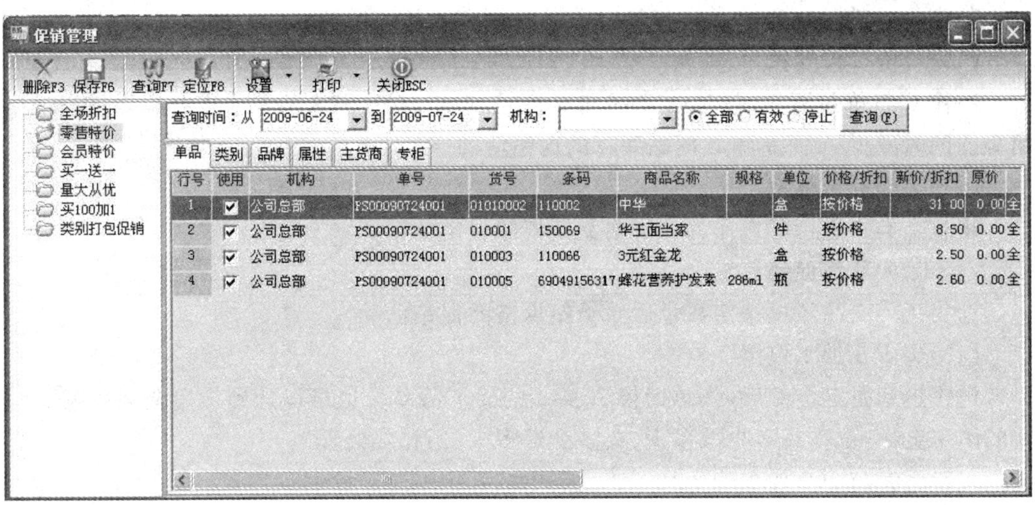

(9)零售特价促销

零售特价单是企业通过促销将某些商品作特价销售出去，以提高销售量和客户量。

进入零售特价促销模块，如下图所示：

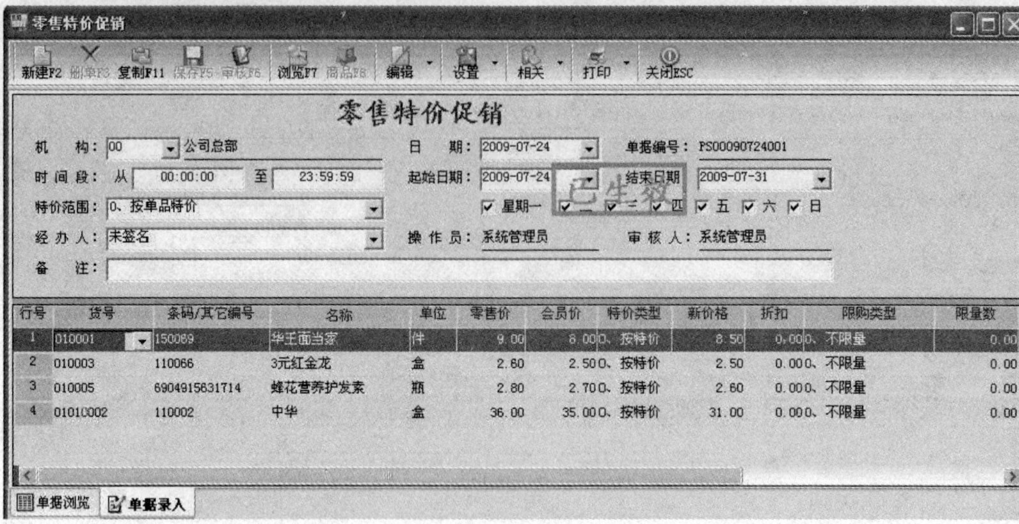

(10)全场折扣促销

制作全场一段时期内按指定折扣销售商品。

(11)会员特价促销

制作全场一段时期内按指定优惠的会员价销售商品，仅针对会员。

(12)买一送一促销

制作一段时期内 A 商品销售指定数量赠送 B 商品的促销活动。

(13)特价打包促销

制作 C 特价包资料，包含 A 商品和 B 商品，但价格低于“A 商品＋B 商品”的总和，在销售的同时减少 A 商品和 B 商品库存的促销活动。

(14)类别打包促销

将整个类别进行打包作为一个商品销售的促销活动。

(15)量大从优促销

销售指定商品超过一定数量后给予新价格的促销活动。

(16)买 100 加 1 促销

销售达到指定金额后，优惠销售 A 商品的促销活动。也可以达到指定金额后减少一定的消费金额，也称买多少减多少、买多少送多少(用礼券处理)。

(17)不参与 100 加 1 的商品

在活动中不能参与 100 加 1 促销的商品。

(18)积分折扣设置

折扣方案设置和积分折扣方案设置，提供商品折扣促销的方法和积分转折扣的方法。

进入积分折扣设置模块，如下图所示：

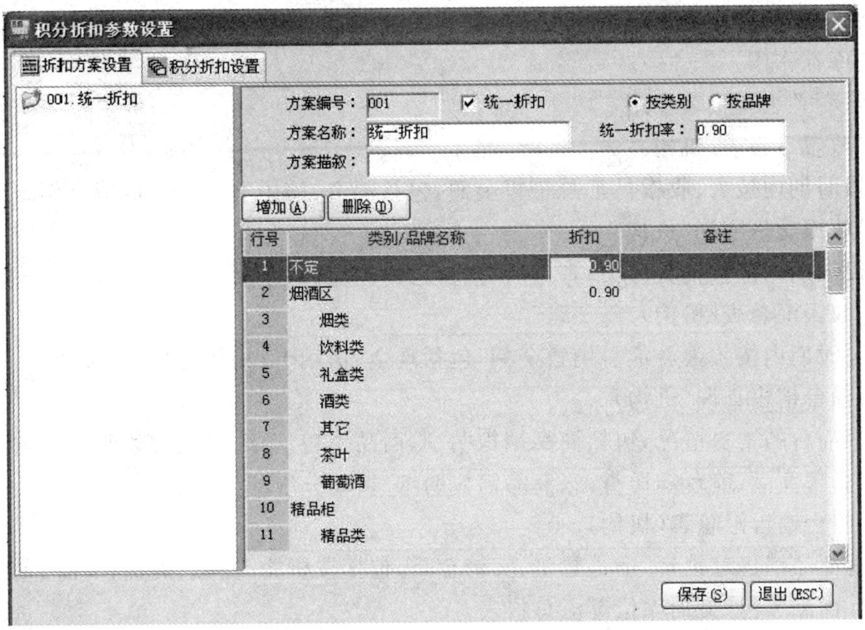

(19)积分翻倍设置

用于设置积分在特定的时期内收入翻倍的促销活动。

(20)超额折扣方案

用于设置消费金额达到一定金额后给予相应的折扣优惠。

(21)特价小数位设置

用于设置类别商品特价小数位的处理方法。

(22)不参与超额折扣的商品

用于设置针对超额折扣促销活动中不参与促销的单品、类别、品牌、属性的商品。如下图所示：

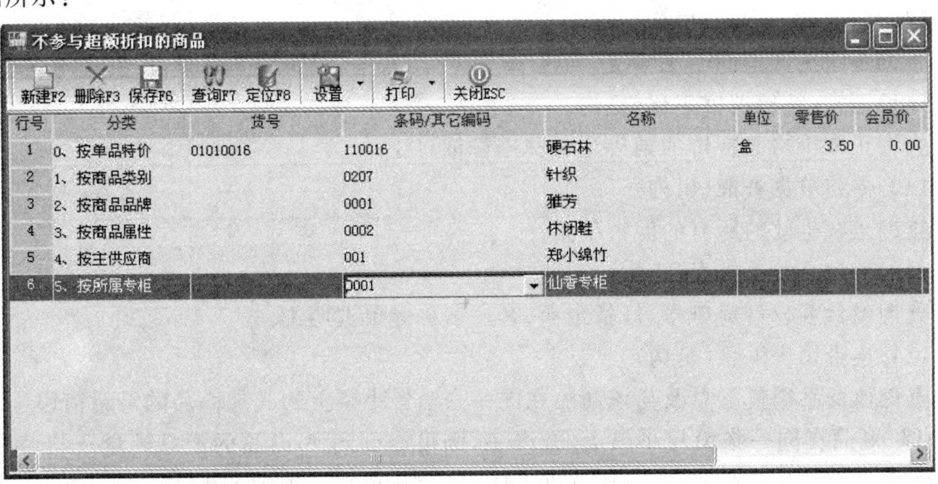

(23)前台 POS 日结

前台收银日结是每个商场每天营业完成后必做的工作，是将当天销售的数据进行汇总，平衡库存作用。

卖场管理主要报表介绍：

(1)收银日报表(机构)

一段时期内按天、收银员汇总销售金额，包括现金、信用卡、销售、退货金额。

(2)收银交班明细(机构)

一段时期内按收银员分类，查询所有收银员的交班对账表。

(3)收银汇总表(机构)

一段时期内按收银员汇总销售金额，包括现金、信用卡、销售、退货金额。

(4)前台销售查询(机构)

查询前台的销售情况，包括商品销售明细、商品销售汇总、收银付款明细、非销售收入明细、未销售商品、前台赠送查询、商品销售明细(按单分组)等报表。

(5)前台销售汇总表(机构)

查询商品销售总销售、赠送数量、实销金额，包括按机构、商品、类别、货商、专柜、营业员、特价、商品库位、类别库位等汇总报表。

(6)前台销售日报表(机构)

前台销售按日进行汇总，包括按机构、商品、类别、货商、专柜、营业员、特价、商品库位、类别库位等汇总报表。

(7)前台时段销售日报(机构)

查询一段时间内商品的销售情况，包括按商品、类别、站点查询。

(8)零售客户报表

查询前台客户销售明细。

(9)前台订货明细(机构)

查询前台订货销售明细。

(10)售价调整明细(机构)

查询零售价调整的明细情况。

(11)正常/特价销售正比(机构)

查询正常价格和特价的销售金额和销售量对比。

(12)促销单据查询(机构)

查询正在生效的所有的促销单据。

(13)前台订货单报表(机构)

查询前台客户订货单号、订货金额、客户名称等单据明细。

(14)连带销售汇总(机构)

查询该商品销售汇总及与该商品在同一张销售小票上的其他商品的汇总销售量。例如：ABC 商品在同一张销售小票上，查询 A，则可查询到 A 商品的汇总销量及与 A 在同张销售小票上的该类小票(如 AB、ABC、AC)的销售汇总。查询 B，同理。

任务5　企业资源计划

知识目标

了解制造企业的管理信息系统。

能力目标

可以通过 SAP 公司了解企业常见的功能模块。

职业素养

具备了解制造业的企业资源计划软件与上下游企业进行信息交换的工作原理。

知识准备

一、企业资源计划

(一)企业资源计划的定义

企业资源计划即 ERP(Enterprise Resource Planning),是由美国的 Gartner Group 公司于 1990 年提出的。企业资源计划是 MRPⅡ(企业制造资源计划)下一代的制造业系统和资源计划软件。除了 MRPⅡ已有的生产资源计划、制造、财务、销售、采购等功能外,还有质量管理、实验室管理、业务流程管理、产品数据管理、存货、分销与运输管理、人力资源管理和定期报告系统。目前,在我国 ERP 所代表的含义已经被扩大,用于企业的各类软件,已经统统被纳为 ERP 的范畴。

EPR 是由美国计算机技术咨询和评估集团提出的一种供应链的管理思想。企业资源计划是指建立在信息技术基础上,以系统化的管理思想,为企业决策层及员工提供决策运行手段的管理平台。ERP 系统支持离散型、流程型等混合制造环境,应用范围从制造业扩散到了零售业、服务业、银行业、电信业、政府机关和学校等事业部门,通过融合数据库技术、图形用户界面、第四代查询语言、客户服务器结构、计算机辅助开发工具、可移植的开放系统等对企业资源进行了有效的集成。

(二)企业资源计划的核心思想

企业资源计划的核心管理思想就是实现对整个供应链的有效管理,主要体现在以下三个方面:

1. 体现对整个供应链资源进行管理的思想

在知识经济时代,仅靠自己企业的资源已不足以在市场竞争中争取优势地位,还必须把经营过程中的有关各方如供应商、制造工厂、分销网络、客户等纳入一个紧密的供应链中,才能有效地安排企业的产、供、销活动,满足企业利用全社会一切市场资源快速高效进行生产经营的需求,以期进一步提高效率和在市场上获得竞争优势。换句话说,现代企业竞争不是单一企业与单一企业间的竞争,而是一个企业供应链与另一个企业供应链之间的竞争。ERP 系统实现了对整个企业供应链的管理,适应了企业在知识经济时代市场竞争的需要。

2. 精益生产、并行工程和敏捷制造的思想

企业资源计划系统支持对混合型生产方式的管理，其管理思想表现在两个方面：其一是“精益生产”(Lean Production，LP)思想，它是由美国麻省理工学院(MIT)提出的一种企业经营战略体系，即企业把客户、销售代理商、供应商、协作单位纳入生产体系，企业与其销售代理、客户和供应商的关系，已不再简单的是业务往来关系，而是利益共享的合作伙伴关系，这种合作伙伴关系组成了一个企业的供应链，这即是精益生产的核心思想；其二是“敏捷制造”(Agile Manufacturing，AM)思想，当市场发生变化，企业遇到特定的市场和产品需求时，企业的基本合作伙伴不一定能满足新产品开发生产的要求，这时企业会组织一个由特定的供应商和销售渠道组成的短期或一次性供应链，形成“虚拟工厂”，把供应和协作单位看成是企业的一个组成部分，运用“并行工程”(Simultaneous Engineering，SE)组织生产，用最短的时间将新产品打入市场，时刻保持产品的高品质、多样化和灵活性，这即是“敏捷制造”的核心思想。

3. 体现了集成管理思想

如果企业资源计划系统能够将客户关系管理 CRM 软件、供应链管理 SCM 软件集成起来，则构成了企业电子商务的完整解决方案。企业资源计划系统将企业业务明确划分为由多个业务结点联结而成的业务流程，通过各个业务结点明晰了各自的权责范围，而各个结点之间的无缝联结，实现了信息的充分共享及业务的流程化运转。所以我们说，企业实施 ERP 系统，根本的目的不在于引进一套现代化信息系统，更重要的是运用 ERP 系统来对企业的业务进行重新梳理与优化，实现生产经营的精细化与集约化，而带来的好处就是成本的降低、生产周期的缩短、响应客户需求的时间更快、为客户提供更好的服务。

二、信息技术在企业管理学上的应用

(一)MIS(Management Information System)系统阶段

企业的信息管理系统主要是记录大量原始数据、支持查询、汇总等方面。

(二)MRP(Material Require Planning)阶段

企业的信息管理系统对产品构成进行管理，借助计算机的运算能力及系统达到对客户订单、在库物料等产品构成的管理能力，实现依据客户订单和产品结构清单展开并计算物料需求计划的目的，从而实现减少库存、优化库存的管理目标。

(三)MRPⅡ(Manufacture Resource Planning)阶段

在 MRP 管理系统的基础上，系统增加了对企业生产中心、加工工时、生产能力等方面的管理，以实现计算机进行生产排程的功能，同时也将财务的功能囊括进来，在企业中形成了以计算机为核心的闭环管理系统，这种管理系统已经动态监察到产、供、销的全部生产过程。

(四)ERP(Enterprise Resource Planning)阶段

进入 ERP 阶段后，以计算机为核心的企业级管理系统更为成熟，系统增加了包括财务预测、生产能力、调整资源调度等方面的功能。配合企业实现 JIT 管理、质量管理和生产资源调度管理及辅助决策的功能，成为企业进行生产管理及决策的平台工具。

(五)电子商务时代的ERP

Internet技术的成熟为企业信息管理系统增加与客户或供应商实现信息共享和直接的数据交换的能力,同时ERP系统实现互联的功能,使决策者及业务部门实现跨企业的联合作战,从而强化了企业间的联系,形成了共同发展的生存链,体现企业为达到生存竞争目标的供应链管理思想。

三、SAP的功能模块

1. FI 应收、应付、总账、合并、投资、基金、现金等;
2. CO 利润中心、成本中心,产品成本、项目管理、获利管理分析等;
3. AM 固定资产、技术资产、投资控制等;
4. SD 销售计划、询价报价、订单管理、运输发货、发票等;
5. MM 采购、库存管理、MRP、供应商评价等;
6. WM 仓库管理、捡配、上架、下架、移动扫描、条形码;
7. PP 工厂数据、生产计划、MRP、能力计划、成本核算等;
8. QM 质量计划、质量检测、质量控制、质量文档等;
9. PM 维护及检测计划、单据处理、历史数据、报告分析等;
10. HR 薪资、差旅、工时、招聘、发展计划、人事成本等;
11. PS 项目计划、预算、能力计划、资源管理、结果分析等;
12. WF 工作定义、流程管理、电子邮件、信息传送自动化等;
13. PI 与其他系统的集成;
14. IS 针对不同行业提供特别应用。

复习思考题

1. 什么是企业资源计划?
2. 信息技术在制造企业的四个应用阶段分别是什么?
3. SAP的功能模块主要有哪几部分,内容分别是什么?

任务6　国际物流

知识目标

1. 了解国际物流的定义。
2. 了解国际物流的整体运作流程。

能力目标

熟练掌握诺思软件中国际物流平台的操作。

职业素养

1. 熟悉国际物流的基本流程并能绘制流程图。
2. 具备国际物流虚拟软件的初步认知及操作能力。

3. 提高学生的团队合作能力,多角色扮演体验不同的工作岗位的职责及相互合作。

知识准备

一、国际物流的含义

国际物流(International Logistics,IL)是指在两个或两个以上国家(或地区)之间所进行的物流。

广义的国际物流研究范围包括国际贸易物流、非贸易物流、国际物流投资、国际物流合作、国际物流交流等领域。其中:国际贸易物流主要是指定组织货物在国际间的合理流动;非贸易物流是指国际展览与展品物流、国际邮政物流等;国际物流投资是指不同国家物流企业共同投资建设国际物流企业;国际物流合作是指不同国别的企业完成重大的国际经济技术项目的国际物流;国际物流交流则主要是指物流科学、技术、教育、培训和管理方面的国际交流。

狭义的国际物流主要是指,当生产消费分别在两个或两个以上的国家(或地区)独立进行时,为了克服生产和消费之间的空间间隔和时间距离,对货物(商品)进行物流性移动的一项国际商品或交流活动,从而完成国际商品交易的最终目的,即实现卖方交付单证、货物和买方收取货物。

国际物流的实质是根据国际分工的原则,依照国际惯例,利用国际化的物流网络、物流设施和物流技术,实现货物在国际的流动与交换,以促进区域经济的发展与世界资源的优化配置。国际物流的总目标是为国际贸易和跨国经营服务,即选择最佳的方式与途径,以最低的费用和最小的风险,保质、保量、适时地将货物从某国的供方运到另一国的需方。

二、国际物流的特点

国际物流与国内物流相比,在物流环境、物流系统、信息系统及标准化要求这四个方面存在着不同。

国际物流的一个非常重要的特点是物流环境的差异,这里的物流环境主要是指物流的软环境。(1)不同的国家有不同的与物流相适应的法律,这使国际物流的复杂性增强;(2)不同国家不同经济、科技发展水平,使国际物流处于不同的科技条件的支撑下,甚至会因为有些地区根本无法应用某些技术,导致国际物流全系统运作水平下降;(3)不同国家的不同标准使国际物流系统难以建立一个统一的标准;(4)不同国家的国情特征,必然使国际物流受到很大的局限。

由于物流环境的差异,迫使国际物流系统需要在多个不同法律、人文、习俗、语言、科技环境下运行,无疑会大大增加国际物流动作的难度和系统的复杂性。

职业能力训练

训练目标

通过模拟国际物流的软件,使学生对国际物流的过程有大致的了解,并可熟练操作该软件。学生熟悉各角色基本流程，掌握各种单据的缮制与运用。

训练条件

计算机、国际物流模拟软件。

工作流程

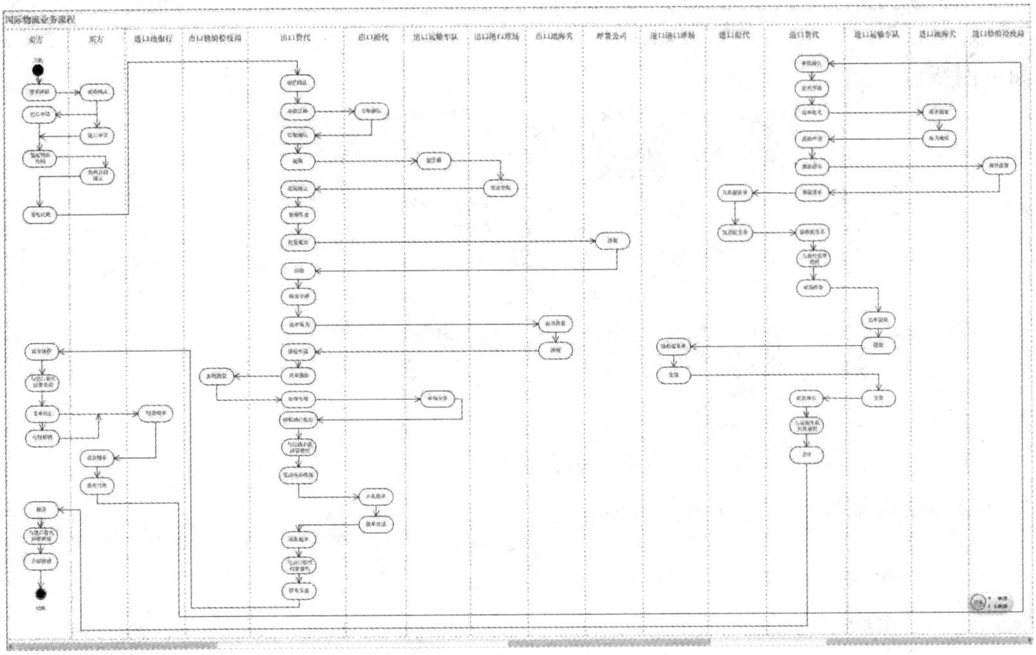

实训案例

情景描述：

- 买卖合同的磋商。
- 签订销售合同。
- 与货代签订代理合同。
- 货代申请订舱，船代订舱，订舱确认。
- 运输车队出车提空箱，装箱，提重箱，交货。
- 港口堆场发空箱，开具设备交接单，开具场站收据，交货。
- 货物交接，堆场交货。
- 货代接收场站收据。
- 船代开具提单，开具提货单。
- 货代获取提单，发送提单，获取提货单，发送提货单，交货。
- 卖方获取提单，交单结汇。
- 银行发送付款赎单通知。
- 买方付款赎单，提货。
- 进出口报关。

操作步骤：

步骤 1　登录

第一步：打开 IE 浏览器，输入 http://10.1.27.234:600/ilm，其中的 10.1.27.234 是指系统服务器 IP 地址，600 为系统访问端口。

第二步：输入用户名和密码，根据管理平台设置的用户名和密码进行登录。输入完毕，点“登录”按钮，登录系统。如想重新输入用户名和密码进行登录，请点“重置”按钮。如下图所示：

步骤 2　选择实验实例

登录系统后，在实验实例列表里，选择一个多人综合实验或单人综合实验，点“开始实验”按钮，进入角色页面。如下图所示：

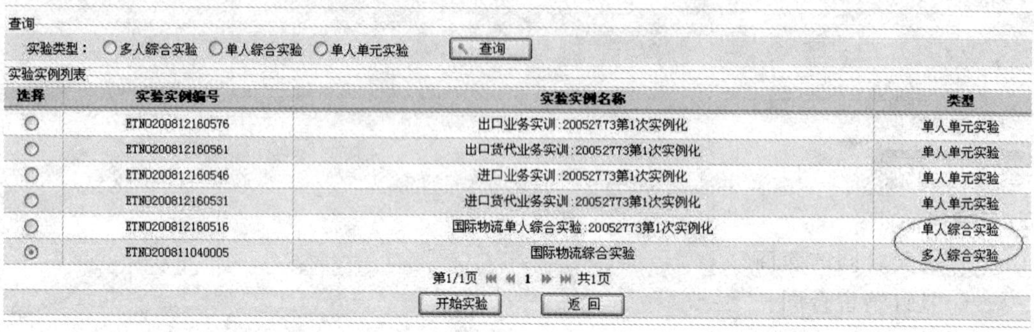

选择	实验实例编号	实验实例名称	类型
○	ETNO200812160576	出口业务实训:20052773第1次实例化	单人单元实验
○	ETNO200812160561	出口货代业务实训:20052773第1次实例化	单人单元实验
○	ETNO200812160546	进口业务实训:20052773第1次实例化	单人单元实验
○	ETNO200812160531	进口货代业务实训:20052773第1次实例化	单人单元实验
○	ETNO200812160516	国际物流单人综合实验:20052773第1次实例化	单人综合实验
⊙	ETNO200811040005	国际物流综合实验	多人综合实验

步骤 3　卖方与买方进行贸易磋商

第一步：在角色图页面，点“卖方”链接，进入卖方平台。

第二步：在卖方平台里，点“贸易磋商”链接，进入贸易磋商页面。

第三步：点“新增”按钮，进入新增贸易磋商页面，输入贸易磋商内容，点“保存”按钮。如下图所示：

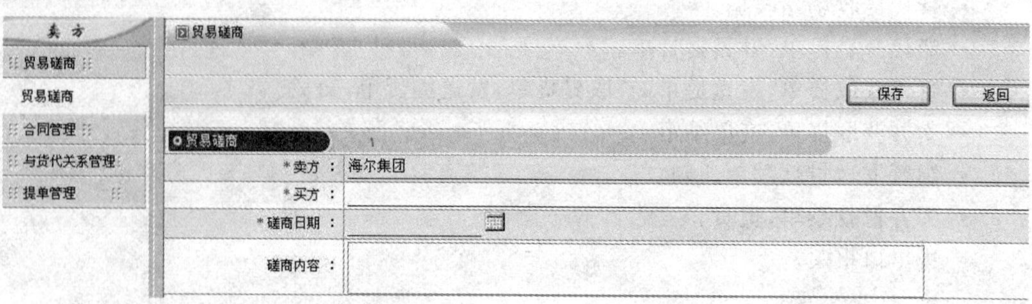

第四步：选择贸易磋商记录，点“审核”按钮，对贸易磋商进行审核。

第五步：在角色页面，点“买方”链接，进入买方平台。

第六步：在买方平台里，点“贸易磋商”链接，进入贸易磋商页面。

第七步：选择贸易磋商记录，点“确认”按钮，进行确认。如下图所示：

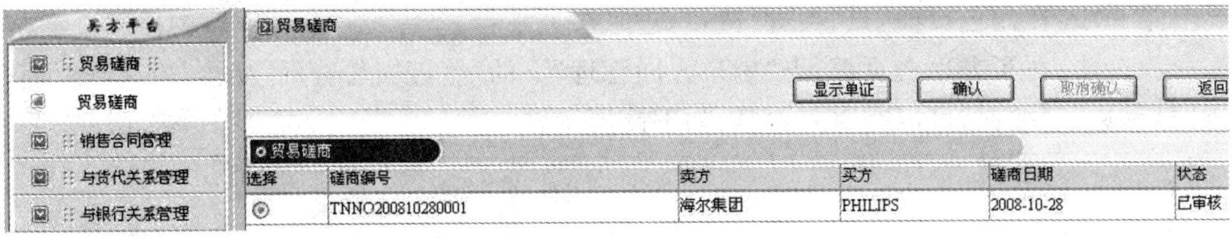

步骤 4　卖方签订销售合同

第一步：在角色页面，点“卖方”链接，进入卖方平台。

第二步：在卖方平台里，点“合同管理”下的“销售合同管理”链接，进入销售合同页面，如下图所示：

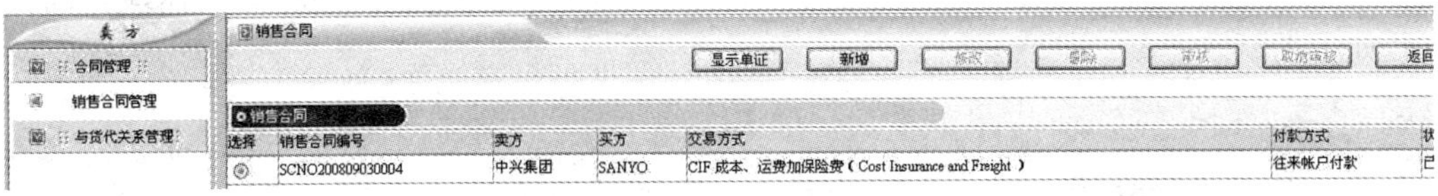

第三步：点“新增”按钮，进入新增销售合同页面，输入销售合同内容，点“保存”按钮。如下图所示：

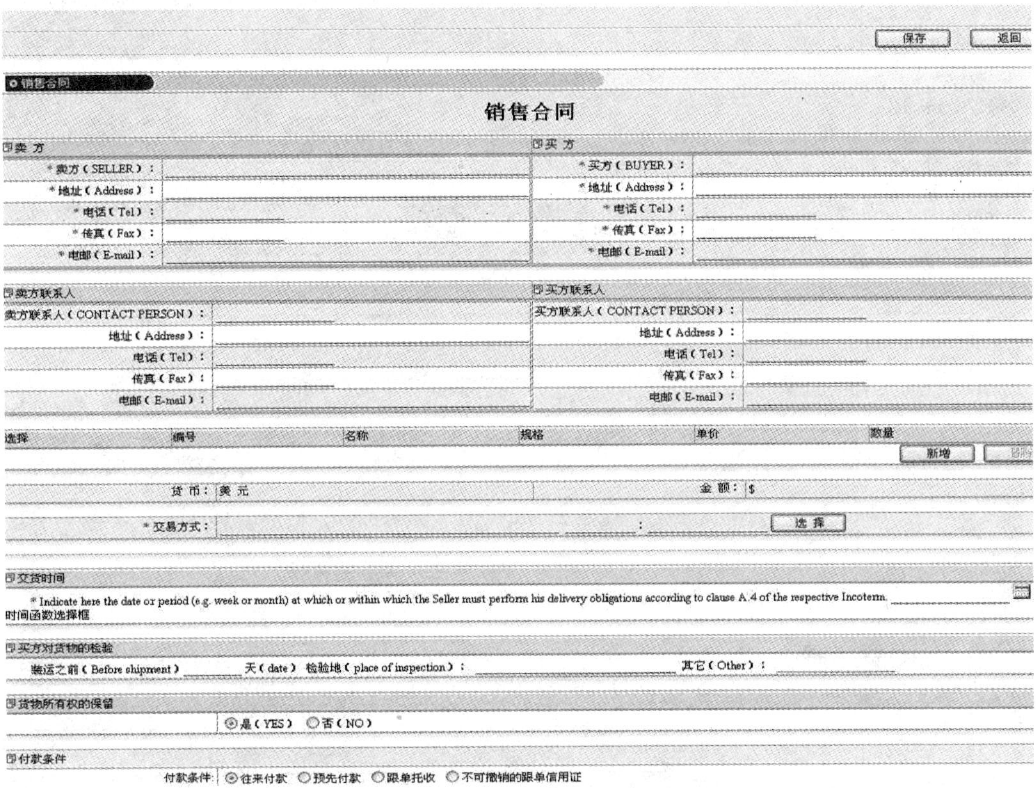

第四步：选择一个销售合同记录，点“审核”按钮，进行销售合同的审核。

注意：如需修改和删除销售合同，可以选择销售合同，点“修改”“删除”按钮即可。取消审核，点“取消审核”按钮即可。点“显示单证”按钮，可以浏览销售合同信息。

步骤 5　买方签订销售合同

第一步：在角色页面，点“买方”链接，进入买方平台。

第二步：在买方平台页面，点“销售合同管理”下的“签订销售合同”链接，进入其页面，点“显示单证”按钮，可以查看其内容，如下图所示：

步骤 6　卖方签订代理合同

第一步：在卖方平台里，点“与货代关系管理”下的“委托代理”链接，进入代理合同页面，如下图所示：

第二步：点“新增”按钮，进入新增代理合同页面，输入代理合同内容，点“保存”按钮。如下图所示：

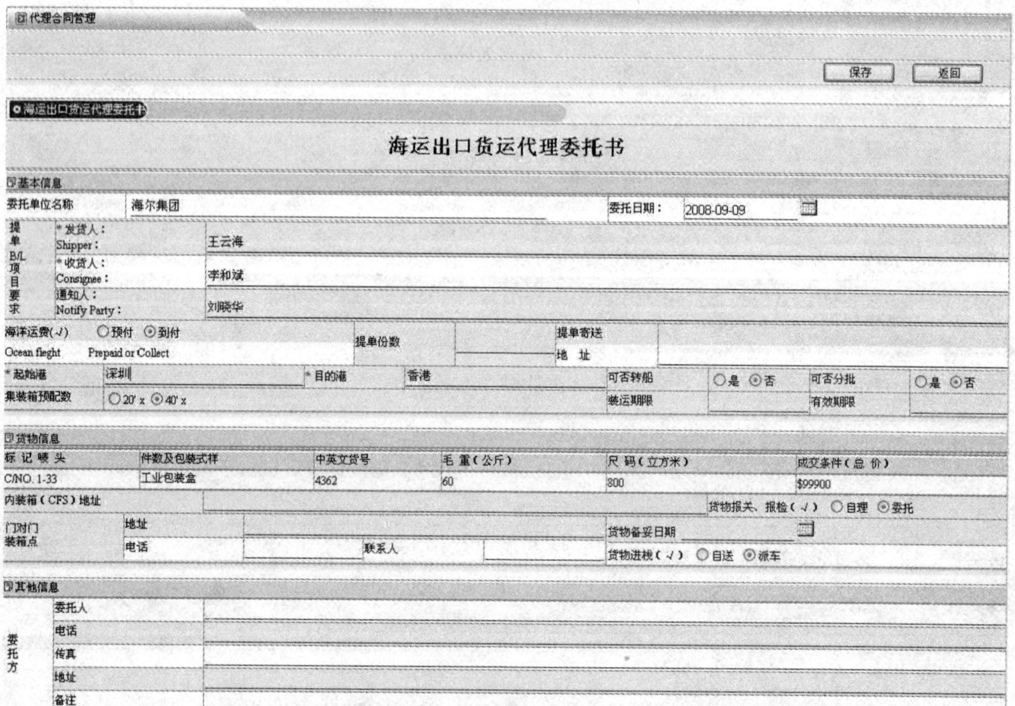

第三步：选择一个代理合同记录，点“审核”按钮，进行代理合同的审核。

注意：如需修改和删除代理合同，可以选择代理合同，点“修改”“删除”按钮即可。取消审核，点“取消审核”按钮即可。点“显示单证”按钮，可以浏览代理合同信息。

步骤 7　货代签订代理合同

第一步：在角色页面，点“货代”链接，进入货代平台。

第二步：在货代平台，点“合同管理”下的“委托确认”链接，进入代理合同管理页面，如下图所示：

第三步：选择一个代理合同，点“确认“按钮，即可确认代理合同。

注意：点“取消确认”按钮，即可取消签订代理合同。点“显示销售合同”按钮，可以浏览销售合同信息，点“显示代理合同”按钮，可以浏览代理合同信息。

步骤 8　出口货代报关

第一步：在货代平台，点“报关”下的“报关管理”链接，进入报关页面，如下图所示：

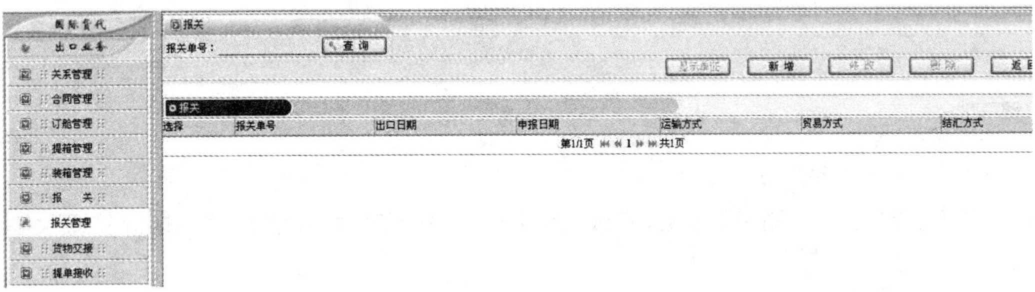

第二步：在报关页面点“新增”按钮，进入报关单新增页面，输入报关单的内容，点“保存”按钮，进入报关单页面。

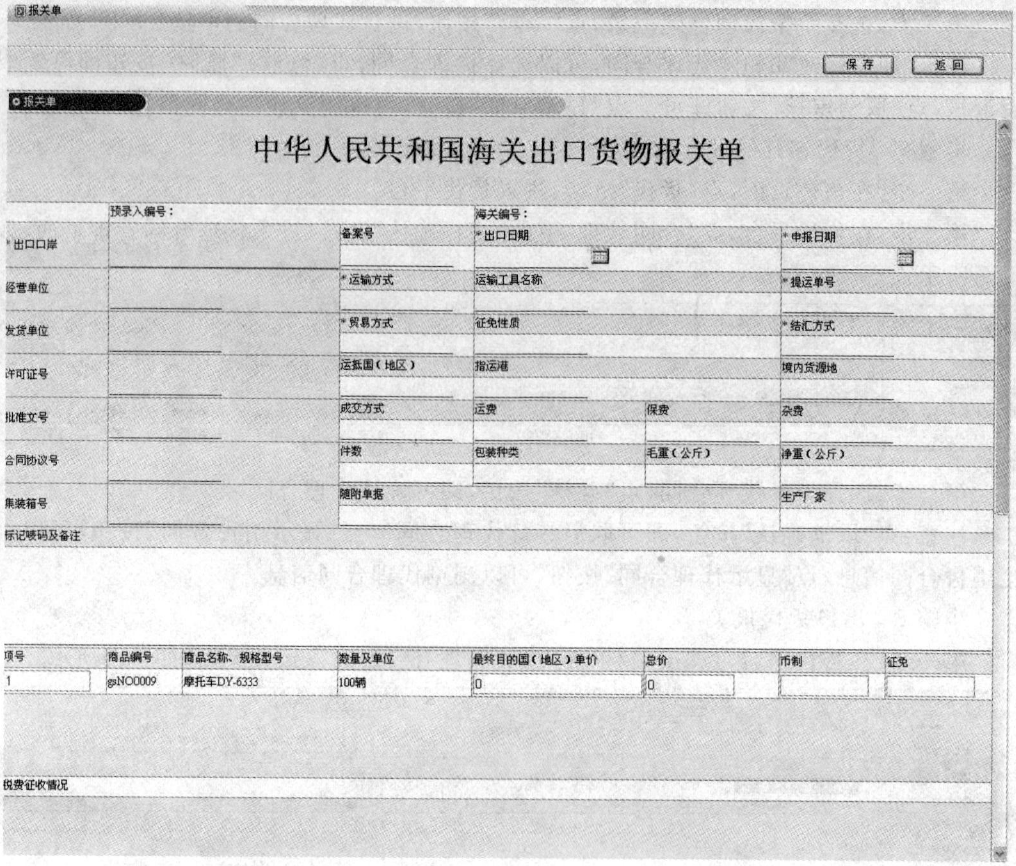

注意：点“修改”“删除”按钮，修改、删除报关单。点“显示单证”按钮，浏览报关单信息。

第三步：在报关页面点“报关报检”按钮，进入报关管理页面，点“报送海关”按钮。

步骤 9　出口海关查看出口报关申请

第一步：在角色页面，点“海关”链接，进入海关平台，点“出口业务”链接，进入出口海关界面。

第二步：点“报关管理”下的“报关申请”链接，进入报关单页面，选中报关单记录，点“显示报关单”按钮，即可查看报关单信息。如下图所示：

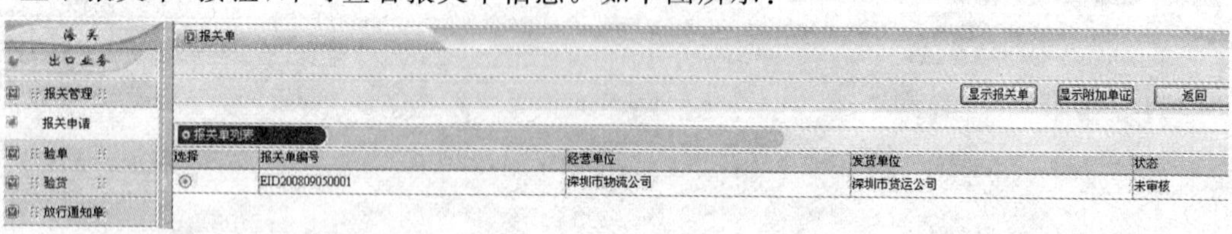

注意：点“显示附加单证”按钮，即可查看附加单证的信息。

步骤 10　货代申请订舱

第一步：在货代平台，点“订舱管理”下的“申请订舱”链接，进入申请订舱页面，如下图所示：

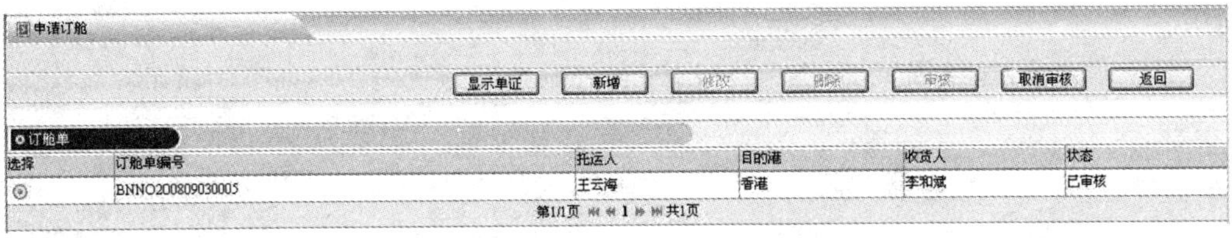

第二步：点“新增”按钮，进入新增订舱单页面，输入订舱单的内容，点“保存”按钮，如下图所示：

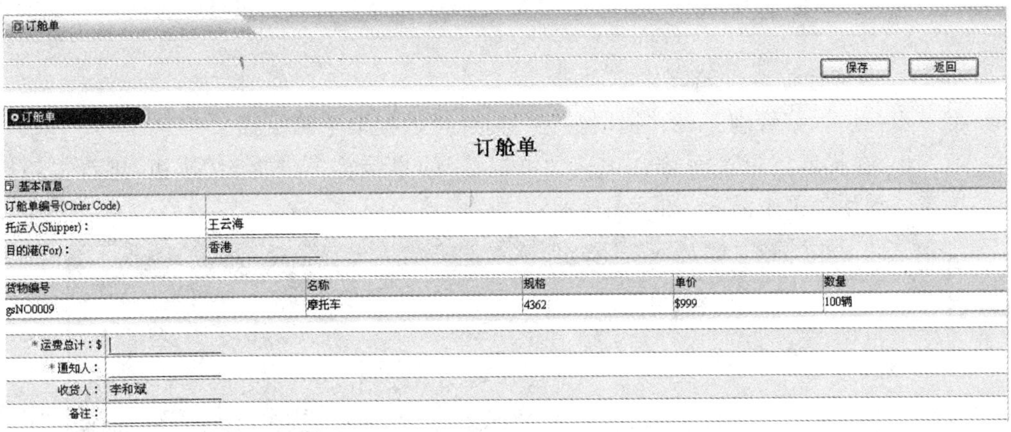

第三步：选择一个订舱单记录，点“审核”按钮，进行订舱单的审核。

注意：点“修改”和“删除”按钮，修改、删除订舱单。点“取消审核”按钮，可以取消审核订舱单。点“显示单证”按钮，浏览订舱单的信息。

步骤 11　船代订舱

第一步：在角色页面，点“船代”链接，进入船代平台。

第二步：在导航栏里，点“出口业务”，进入出口船代界面。

第三步：在左侧菜单里，点“订舱作业”下的“订舱确认”链接，进入订舱确认界面。

第四步：在订舱确认界面，点“新增”按钮，进入新增舱位页面，选择船名/船次、开船日期、集装箱号，点“确认”按钮。如下图所示：

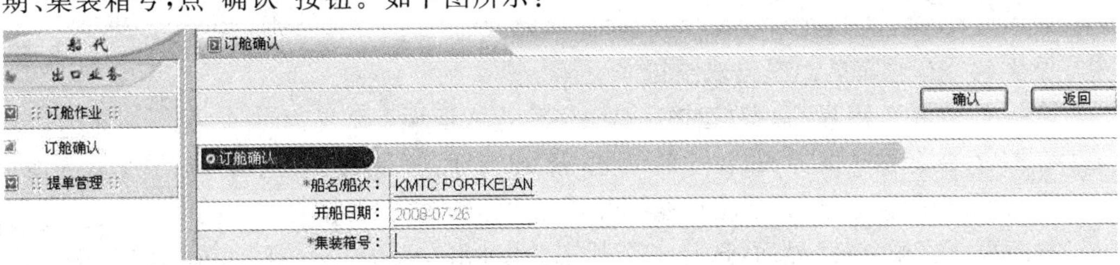

注意：若对订舱结果进行修改、删除、查看，点“修改”“删除”“显示订舱结果”按钮即可。

步骤 12　货代订舱确认

第一步：在出口货代平台，点“订舱管理”下的“订舱确认”链接，进入订舱确认页面。

第二步：选择一个“已审核”的订舱单，点“确认”按钮，进入订舱结果页面 ，进行订舱确认。

第三步：在订舱结果页面，点“确认”按钮，订舱结果即被确认。如下图所示：

步骤 13　货代提取空箱

第一步：点“提箱管理”下的“提取空箱”链接，进入提取空箱页面。

第二步：在提取空箱页面，选中一个“可提箱”的集装箱，点“提箱”按钮，进行提箱操作。提箱过程用动画来演示，如下图所示：

步骤 14　运输车队出车提取空箱

第一步：在角色图界面，点“运输车队”链接，进入运输车队界面。

第二步：在运输车队界面，在导航栏里，点“出口业务” 链接，进入出口运输车队界面。

第三步：点左侧菜单的“空箱作业”下的“提空箱”，进入“提空箱”界面。

第四步：在“提空箱”界面，选择一个状态为“可出车”的车辆，点“出车”按钮，进行出车。如下图所示：

提空箱

车牌号：　　查 询

出车　返 回

车辆信息列表

选择	车牌号	车辆类型	车型	载重	体积	司机	状态
◉	car_001	托车	1T	100	200	吴冬雨	可出车
○	car_002	托车	2T	100	200	王小雨	可出车
○	car_003	托车	4T	100	200	李希	可出车
○	car_004	托车	1T	100	200	江涛	可出车
○	car_005	托车	2T	100	200	黄梅	可出车
○	car_006	托车	1T	100	200	吴晓玉	可出车
○	car_007	托车	1T	100	200	蒋明	可出车
○	car_008	托车	1T	100	200	姜晓涛	可出车
○	car_009	托车	1T	100	200	肖旺	可出车

第1/1页 1 共1页

步骤 15　出口港口堆场发放空箱

第一步：在角色图界面，点“港口堆场”链接，进入港口堆场界面。

第二步：在港口堆场界面，在导航栏里，点“出口业务” 链接，进入出口港口堆场界面。

第三步：点左侧菜单的“提箱作业”下的“发放空箱”，进入发放空箱界面。

第四步：在发放空箱界面，选择一个集装箱编号为预选集装箱编号所显示的集装箱，并且集装箱的状态为“可提箱”，点“发放空箱”按钮，进行发放空箱。如下图所示：

出口堆场

集装箱编号　　查询

发放空箱　返回

预选集装箱编号： crNo0002

空箱发放

选择	集装箱编号	集装箱国际编码	规格	类型	箱型	状态
○	crNo0001	COSU8001200	容积:569*213*218;配货:17.5吨;体积:24-26方	普通箱	20	可提箱
◉	crNo0002	COSU8001215	容积:569*213*218;配货:17.5吨;体积:24-26方	油罐箱	20	可提箱
○	crNo0003	COSU8001220	容积:569*213*218;配货:17.5吨;体积:24-26方	冷冻箱	20	可提箱
○	crNo0004	COSU8001236	容积:569*213*218;配货:17.5吨;体积:24-26方	平板箱	20	可提箱
○	crNo0005	COSU8001241	容积:569*213*218;配货:17.5吨;体积:24-26方	开顶箱	20	可提箱
○	crNo0006	COSU8001257	容积:569*213*218;配货:17.5吨;体积:24-26方	高箱	20	可提箱
○	crNo0007	COSU8001262	容积:569*213*218;配货:17.5吨;体积:24-26方	框架箱	20	可提箱
○	crNo0008	COSU8001278	容积:569*213*218;配货:17.5吨;体积:24-26方	挂衣箱	20	可提箱
○	crNo0009	COSU8001283	容积:1180*213*218;配货:22吨;体积:54方	普通箱	40	可提箱
○	crNo0010	MSCU7719522	容积:1180*213*218;配货:22吨;体积:54方	油罐箱	40	可提箱
○	crNo0011	DFSU6043560	容积:1180*213*218;配货:22吨;体积:54方	冷冻箱	40	可提箱
○	crNo0012	CRXU9827600	容积:1180*213*218;配货:22吨;体积:54方	平板箱	40	可提箱
○	crNo0013	ECMU9666715	容积:1180*213*218;配货:22吨;体积:54方	开顶箱	40	可提箱
○	crNo0014	TGHU7083236	容积:1180*213*218;配货:22吨;体积:54方	框架箱	40	可提箱
○	crNo0015	FCIU2108674	容积:1180*213*218;配货:22吨;体积:54方	挂衣箱	40	可提箱

第1/2页 1 2 共2页

第五步：开具设备交接单。填写好相关内容后，点“保存”按钮即可。如下图所示：

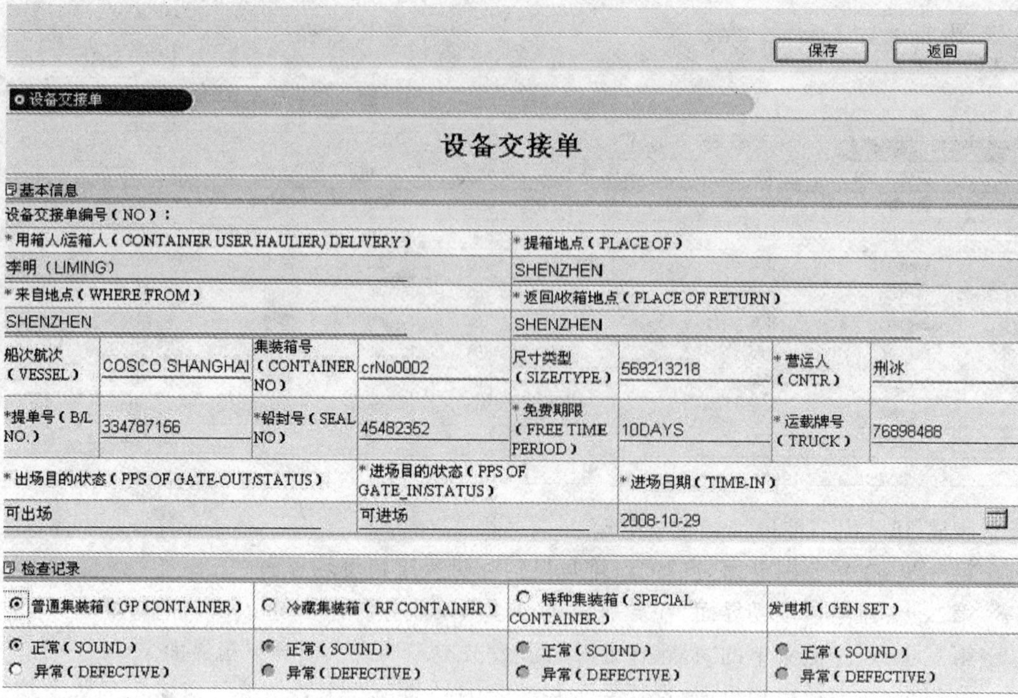

保存 返回

设备交接单

设备交接单

基本信息

设备交接单编号（NO）：

*用箱人/运箱人（CONTAINER USER HAULIER) DELIVERY）				*提箱地点（PLACE OF）			
李明（LIMING）				SHENZHEN			
*来自地点（WHERE FROM）				*返回/收箱地点（PLACE OF RETURN）			
SHENZHEN				SHENZHEN			
船次航次（VESSEL）	COSCO SHANGHAI	集装箱号（CONTAINER NO）	crNo0002	尺寸类型（SIZE/TYPE）	569213218	*营运人（CNTR）	刑冰
*提单号（B/L NO.）	334787156	*铅封号（SEAL NO）	45482352	*免费期限（FREE TIME PERIOD）	10DAYS	*运载牌号（TRUCK）	76898488
*出场目的/状态（PPS OF GATE-OUT/STATUS）		*进场目的/状态（PPS OF GATE_IN/STATUS）		*进场日期（TIME-IN）			
可出场		可进场		2008-10-29			

检查记录

普通集装箱（GP CONTAINER）	冷藏集装箱（RF CONTAINER）	特种集装箱（SPECIAL CONTAINER）	发电机（GEN SET）
正常（SOUND） 异常（DEFECTIVE）	正常（SOUND） 异常（DEFECTIVE）	正常（SOUND） 异常（DEFECTIVE）	正常（SOUND） 异常（DEFECTIVE）

步骤 16　出口货代提箱确认

第一步：在出口货代平台，点“提箱确认”链接，进入提箱确认页面。

第二步：在提箱确认页面，选择一个状态为“提箱”的订舱单，点“确认”按钮，进入设备交接单页面，录入设备交接单的检查记录，点“保存”按钮即可。

注意：点“设备交接单”和“显示订舱单”按钮，可以显示设备交接单和订舱单的信息。

步骤 17　装箱管理

第一步：点“装箱管理”下的“整箱作业”链接，进入装箱单页面。

第二步：在装箱单页面，点“新增”按钮，进入选取集装箱页面，选一个集装箱，点“装箱”按钮。

第三步：输入装箱单的内容，点“保存”按钮，如下图所示：

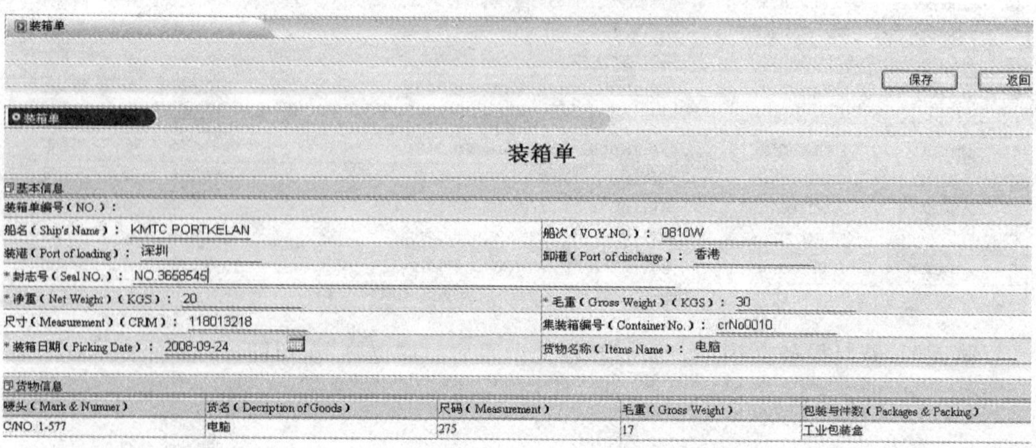

装箱单

保存 返回

装箱单

装箱单

基本信息

装箱单编号（NO.）：

船名（Ship's Name）：KMTC PORTKELAN	船次（VOY.NO.）：0810W
装港（Port of loading）：深圳	卸港（Port of discharge）：香港
*封志号（Seal NO.）：NO.3658545	
*净重（Net Weight）（KGS）：20	*毛重（Gross Weight）（KGS）：30
尺寸（Measurement）（CRM）：118013218	集装箱编号（Container No.）：crNo0010
*装箱日期（Picking Date）：2008-09-24	货物名称（Items Name）：电脑

货物信息

唛头（Mark & Numner）	货名（Decription of Goods）	尺码（Measurement）	毛重（Gross Weight）	包装与件数（Packages & Packing）
C/NO. 1-577	电脑	275	17	工业包装盒

第四步：选中一条装箱单记录，点审核按钮，可以对未审核的装箱单进行审核。

注意：选中一条装箱单记录，点“修改”“删除”按钮可以修改或删除此装箱单。点“取消审核”按钮，也可以取消已审核的装箱单。点“显示单证”按钮，可以浏览其信息。

步骤18 货物交接

第一步：在出口货代平台，点“货物交接”下的“交接”链接，进入货物交接界面。

第二步：选择一个“装箱单”，点“确认”按钮即可。

步骤19 出口运输车队堆场交货

第一步：进入出口运输车队界面。

第二步：选择车辆，点“交货”按钮。如下图所示：

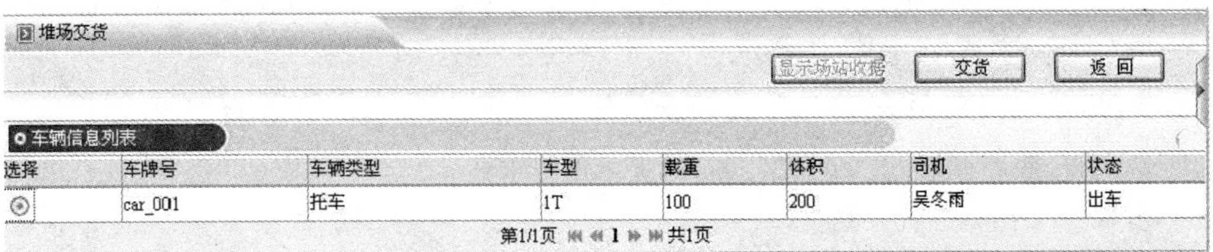

第三步：交货之后，保存场站收据，点“保存”按钮即可。

步骤20 货代接收场站收据

第一步：进入出口货代平台，点“货物交接”下的“接收场站收据”链接，进入接收场站收据界面。

第二步：点“接收”按钮，并点“保存”按钮，即可成功接收场站收据。

步骤21 货代发送场站收据

第一步：在出口货代平台，点“提单管理”下的“发送场站收据”链接，进入发送场站收据界面。

第二步：选择场站收据，点“发送”按钮，即可把场站收据发送给出口船代。如下图所示：

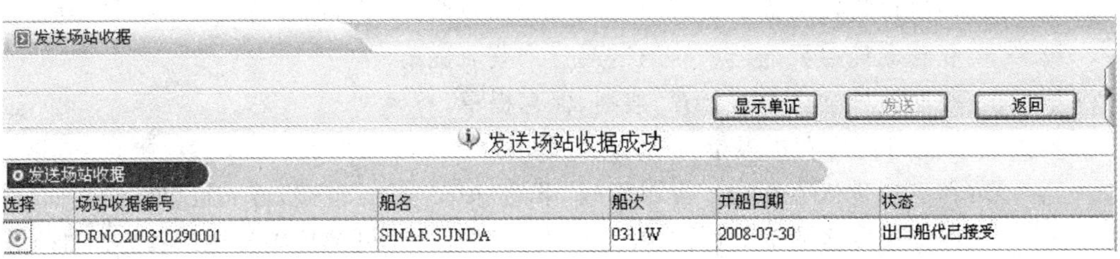

步骤22 出口船代开具提单

第一步：在角色图界面，点“船代”链接，进入出口船代界面。

第二步：在出口船代界面，点“提单管理”下的“开具提单”链接，进入开具提单界面。

第三步：在开具提单界面，点“新增”按钮，进入场站收据界面。

第四步：选择场站收据，点“下一步”按钮，进入提单界面。

第五步：在提单界面，输入提单的相关信息，点“保存”按钮，即可完成开具提单。如下图所示：

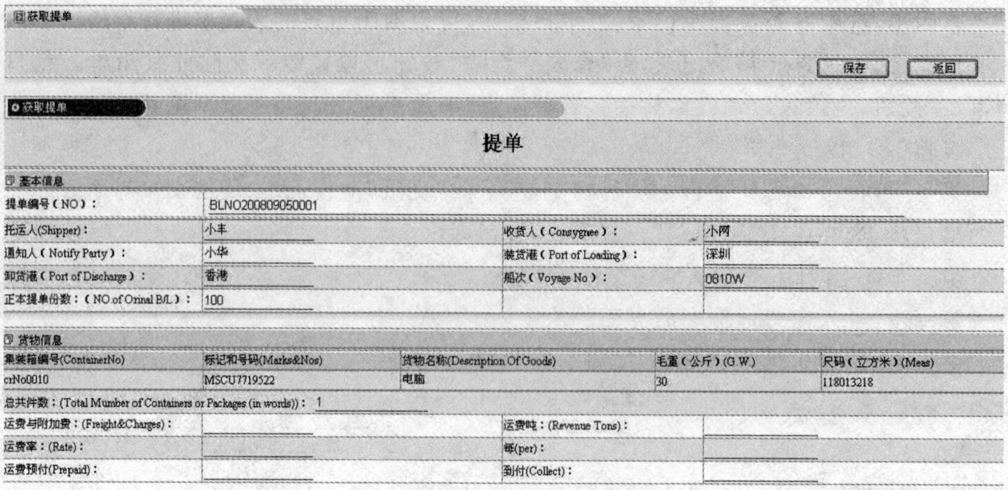

第六步：选择提单，点“审核”按钮，对提单进行审核。

步骤 23　出口船代发送提单

第一步：在出口船代界面，点“提单管理”下的“提单发送”链接，进入提单发送界面。

第二步：在提单发送界面，选择提单，点“发送”按钮，即可把提单发送给出口货代。如下图所示：

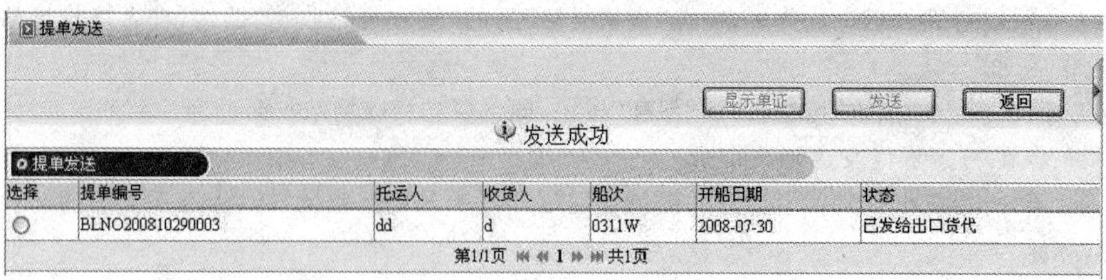

步骤 24　出口货代获取提单

第一步：在出口货代界面，点“提单管理”下的“获取提单”链接，进入获取提单界面。

第二步：在获取提单界面，点“获取”按钮，来获取提单。

第三步：获取提单之后，点“保存”按钮，保存提单。

步骤 25　出口货代发送提单

第一步：在出口货代界面，点“提单管理”下的“提单发送”链接，进入提单发送界面。

第二步：在提单发送界面，选择提单，点“发送”按钮，即可把提单发送给卖方。如下图所示：

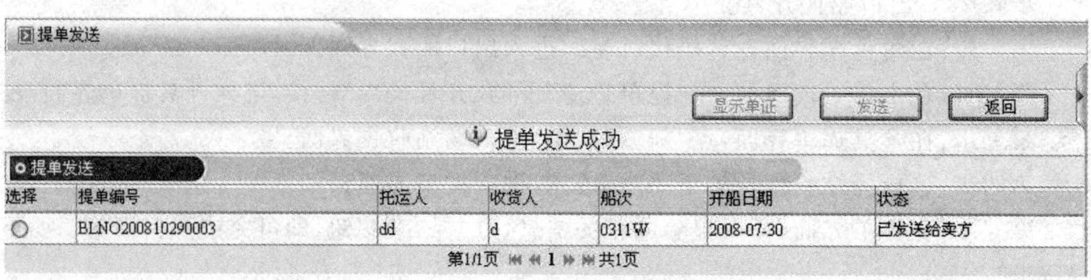

步骤 26　卖方接收提单

第一步：在卖方平台，点“提单管理”下的“提单接收”链接，进入提单接收界面。

第二步：在提单接收界面，点“接收”按钮，即可成功接收提单。

第三步：接收提单之后，点“保存”按钮，保存该提单。

步骤 27　卖方交单结汇

第一步：在卖方平台，点“交单结汇”链接，进入交单结汇界面。

第二步：在交单结汇界面，选择提单，点“交单结汇”按钮，即可完成交单结汇。如下图所示：

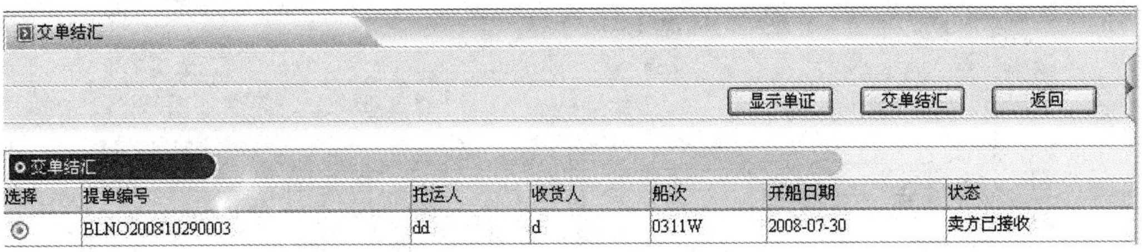

步骤 28　进口银行付款赎单

第一步：在角色图界面，点“银行”链接，进入银行界面。

第二步：点“进口业务”链接，进入进口银行界面。

第三步：在进口银行界面，选择提单，点“付款赎单”按钮，即可完成付款赎单。如下图所示：

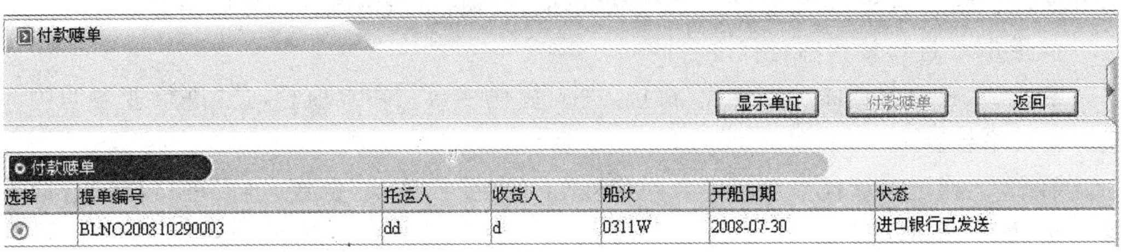

步骤 29　买方付款赎单

第一步：在角色图界面，点“买方”链接，进入买方界面。

第二步：在买方界面，点“与银行关系管理”下的“付款赎单”链接，进入付款赎单界面。

第三步：在付款赎单界面，选择提单，点“付款赎单”按钮，即可完成付款赎单。如下图所示：

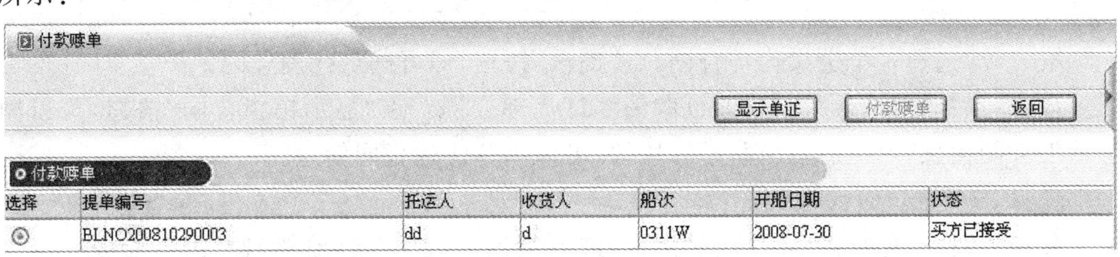

步骤 30　买方签订代理合同

第一步：在买方平台，点“与货代关系管理”下的“委托代理”链接，进入委托代理界面。

第二步：在委托代理界面，点“新增”按钮，进入新增代理合同页面，输入代理合同内容，点“保存”按钮。如下图所示：

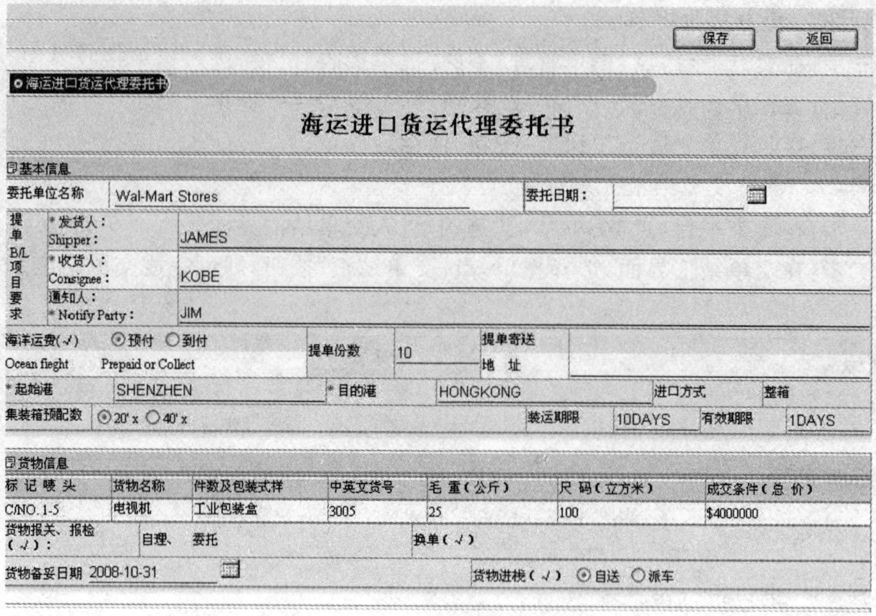

第三步：选择一个代理合同记录，点“审核”按钮，进行代理合同的审核。

注意：如需修改和删除代理合同，可以选择代理合同，点“修改”“删除”按钮即可。取消审核，点“取消审核”按钮即可。点“显示单证”按钮，可以浏览代理合同信息。

步骤 31　进口货代签订代理合同

第一步：在角色页面，点“货代”链接，进入货代平台。在导航栏，选“进口业务”，进入进口货代平台。

第二步：在进口货代平台，点“合同管理”下的“委托确认”链接，进入进口代理合同管理页面，如下图所示：

第三步：选择一个进口代理合同，点“确认”按钮，即可确认代理合同。

注意：点“取消确认”按钮，即可取消签订代理合同。点“显示销售合同”按钮，可以浏览销售合同信息，点“显示代理合同”按钮，可以浏览代理合同信息。

步骤 32　进口货代报关

第一步：在角色页面，点“货代”链接，进入货代平台。在导航栏，选“进口业务”，进入进口货代平台。

第二步：在进口货代平台，点“报关报检”下的“报关”链接，进入进口报关界面。

第三步：在进口报关界面，点“新增”按钮，进入报关单新增页面，输入报关单的内容，点“保存”按钮。如下图所示：

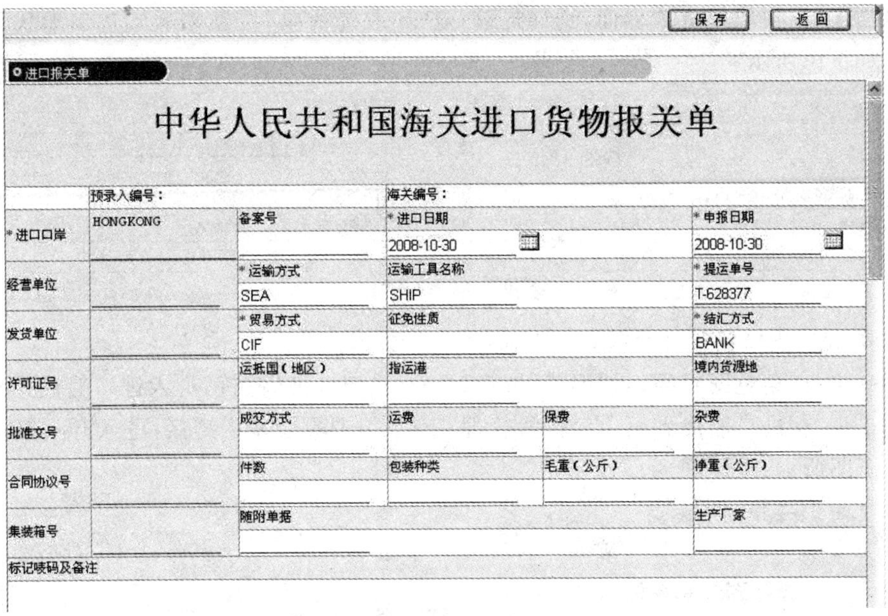

注意：点“修改”“删除”按钮可修改、删除报关单。点“显示单证”按钮，浏览报关单信息。

第四步：在报关页面点“报关报检”按钮，进入报关管理页面，点“报送海关”按钮。

步骤 33　进口海关查看进口报关申请

第一步：在角色页面，点“海关”链接，进入海关平台，点“进口业务”链接，进入进口海关界面。

第二步：点“报关管理”下的“报关申请”链接，进入报关单页面，选中报关单记录，点“显示报关单”按钮，即可查看报关单信息。如下图所示：

步骤 34　进口货代换取提货单

第一步：在进口货代界面，点“提货管理”下的“换取提货单”链接，进入换取提货单界面。如下图所示：

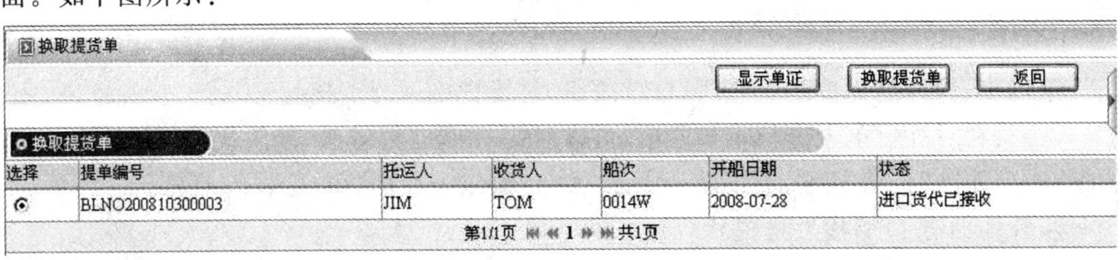

第二步:在换取提货单界面,选择提单,点"换取提货单"按钮来通知进口船代开具提货单。如下图所示:

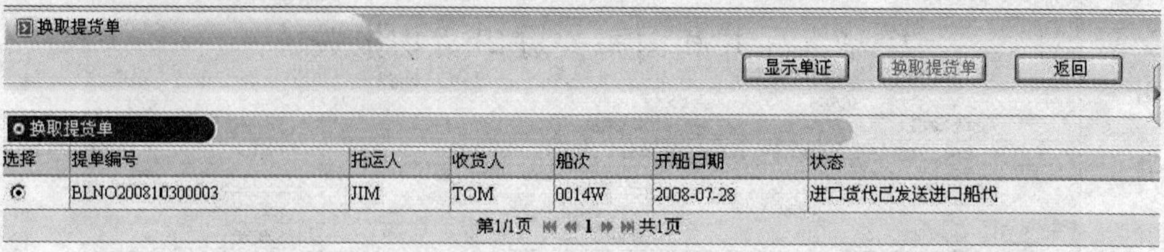

步骤 35 进口船代开具提货单

第一步:在角色图界面,点"船代"链接,再点"进口业务"链接,进入进口船代界面。

第二步:在进口船代界面,点"提货管理"下的"开具提货单" 链接,进入开具提货单界面。如下图所示:

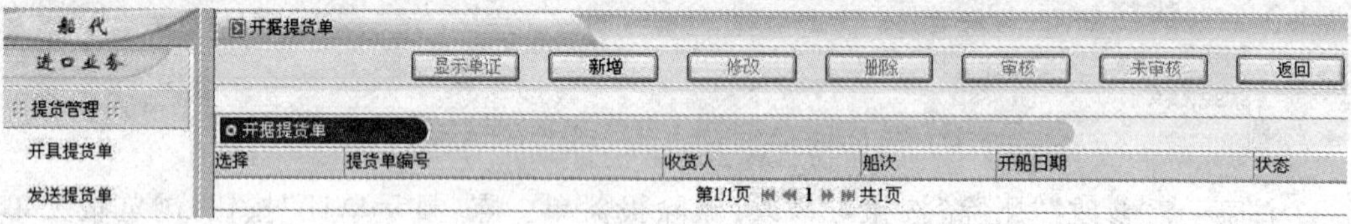

第三步:在开具提货单界面,点"新增"按钮,进入新增提货单界面,输入提货单的相关信息后,点"保存"按钮,即可成功开具提货单。如下图所示:

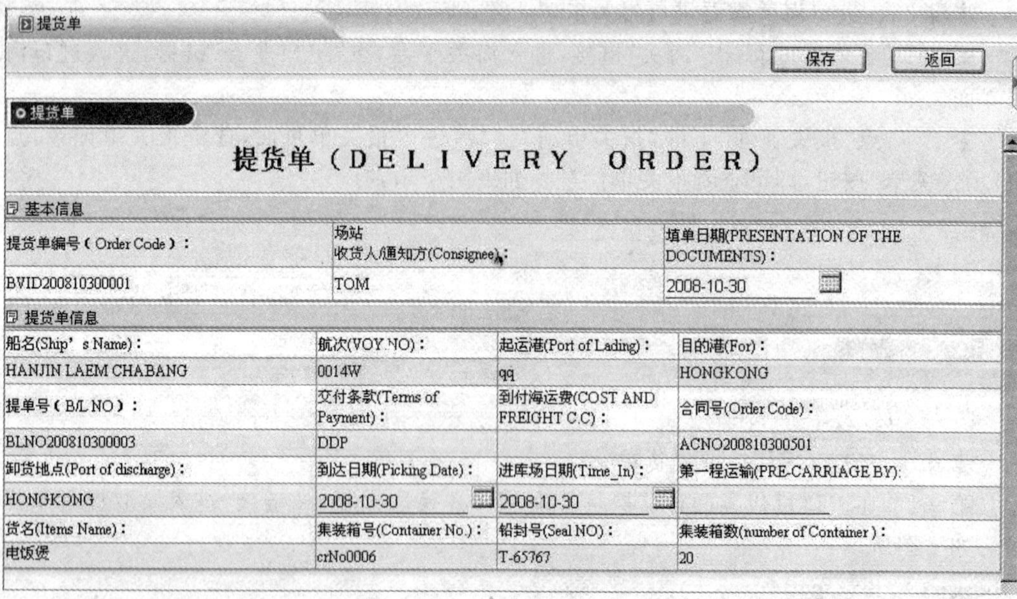

第四步:保存提货单之后,点"审核"按钮,对提货单进行审核。

注意:在对提货单未进行审核之前,可以对提货单进行修改、删除操作,选中提货单,点"修改""删除"按钮即可。点"显示单证"按钮,可以查看提货单的详细信息。

步骤 36 进口船代发送提货单

第一步:进入进口船代界面,点"提货管理"下的"发送提货单"链接,进入发送提货单界面。

第二步：在发送提货单界面，选择提货单，点“发送提货单”按钮，即可成功发送提货单给进口货代。如下图所示：

步骤 37 进口货代接收提货单

第一步：进入进口货代界面，点“提货管理”下的“接收提货单”链接，进入接收提货单界面。

第二步：在接收提货单界面，点“接收提货单”按钮，开始接收提货单。

第三步：接收提货单之后，点“保存”按钮，保存此提货单。如下图所示：

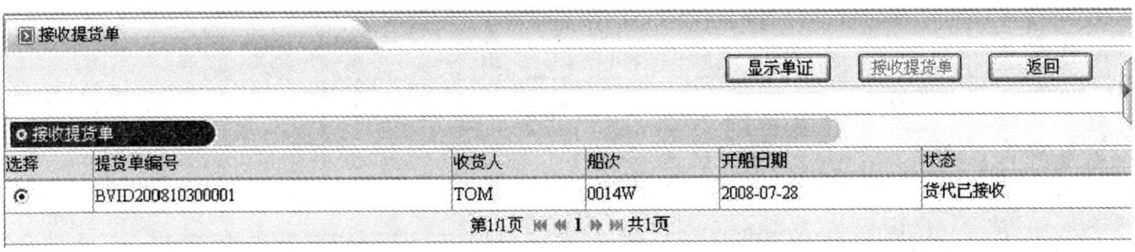

步骤 38 进口货代通知进口运输车队去进口堆场提货

第一步：进入进口货代界面，点“提货管理”下的“堆场提货”链接，进入堆场提货界面。

第二步：在堆场提货界面，选择提货单，点“提货”按钮，即可把提货单发送给进口运输车队，通知运输车队去进口堆场提货。如下图所示：

步骤 39 进口运输车队出车提货

第一步：进入进口运输车队界面，点“提货作业”下的“出车提货”链接，进入出车提货界面。

第二步：在出车提货界面，选择一个状态为“可出车”的车辆，点“出车”按钮，如下图所示：

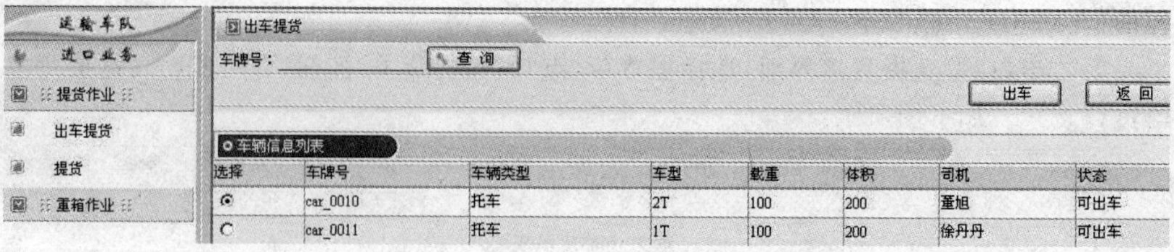

第三步：出车之后，开始提货，点"提货" 链接，进入提货界面。

第四步：在提货界面，选择提货单，点"提货"按钮，即可把提货请求发给进口场站堆场，来通知进口场站堆场交货。如下图所示：

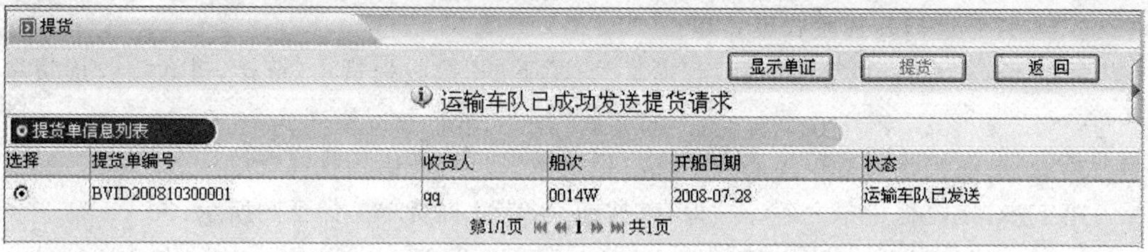

步骤 40 进口港口堆场接收提货单

第一步：进入进口港口堆场界面，点"提货单管理"下的"接收提货单"链接，进入接收提货单界面。

第二步：在接收提货单界面，点"接收提货单"按钮，进行提货单接收。

第三步：接收之后，点"保存"按钮，进行提货单保存，即可成功接收提货单。

步骤 41 进口港口堆场交货

第一步：进入进口港口堆场界面，点"提货单管理"下的"交货"链接，进入交货界面。

第二步：在交货界面，选择提货单，点"交货"按钮，显示交货记录列表，交货记录列表里显示要交货物的详细信息。点"交货"按钮，即可成功交货。如下图所示：

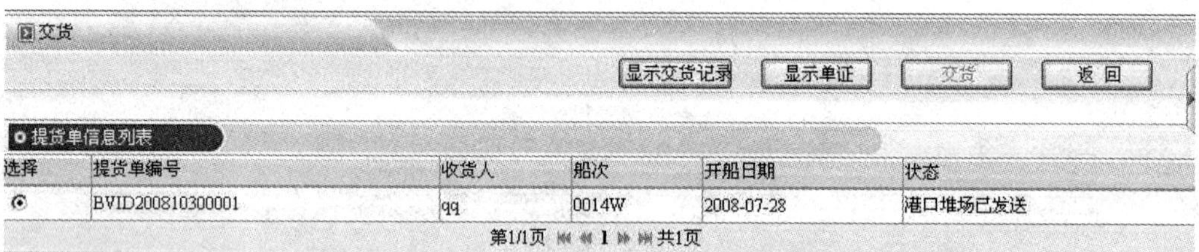

步骤 42 进口运输车队交货

第一步：进入进口运输车队界面，点"重箱作业"下的"交货"链接，进入交货界面。

第二步：在交货界面，选择提货单，点"交货"按钮，显示交货记录列表，交货记录列表里显示要交货物的详细信息。点"交货"按钮，即可成功交货。如下图所示：

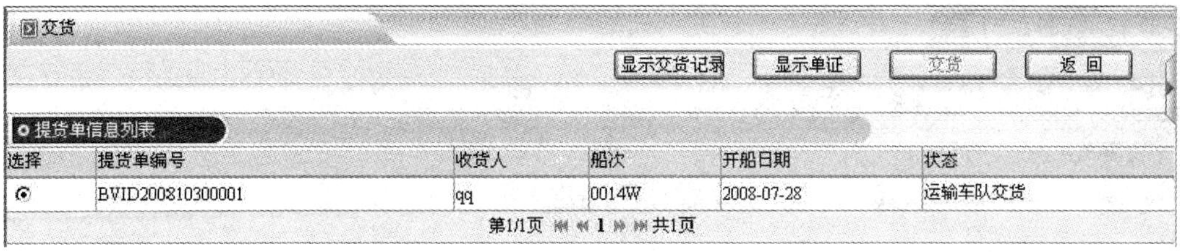

步骤 43 进口货代提货确认

第一步：进入进口货代界面，点“交货管理”下的“提货确认”链接，进入提货确认界面。

第二步：在提货确认界面，先查看一下交货记录，如果货物信息正确，则点“提货确认”按钮，进行提货确认。如下图所示：

步骤 44 进口货代交货

第一步：进入进口货代界面，点“交货管理”下的“交货”链接，进入交货界面。

第二步：在交货界面，先查看交货记录，确认无误后，点“交货”按钮，即可成功交货。如下图所示：

步骤 45 买方提货

第一步：进入买方界面，点“提货管理”下的“提货”链接，进入提货界面。

第二步：在提货界面，先查看交货记录，确认无误后，点“提货”按钮，即可成功提货。如下图所示：

实验报告（总结）

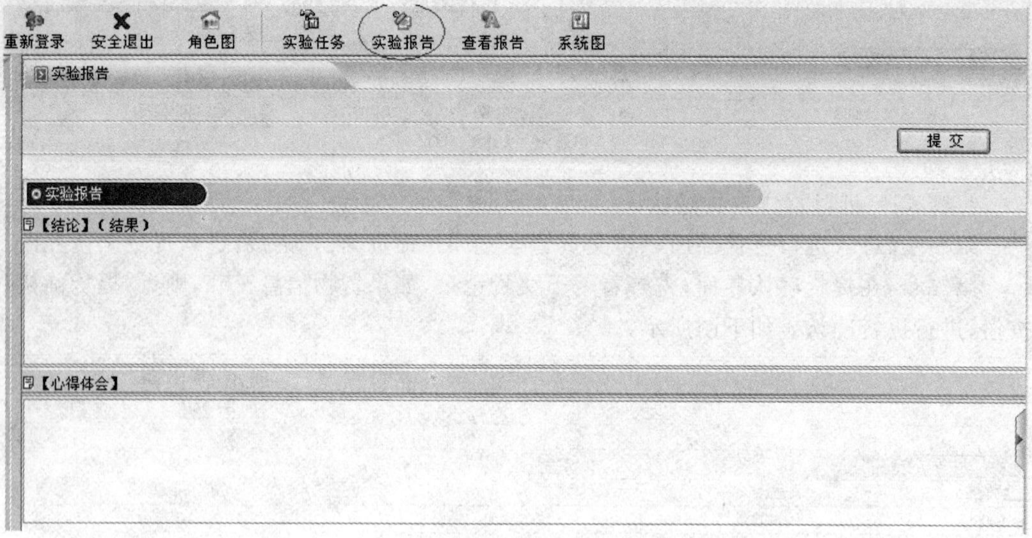

主要参考文献

1. 都国雄:《物流信息管理》,高等教育出版社 2012 年版。
2. 鲍吉龙、江锦祥:《物流信息技术》,机械工业出版社 2010 年版。
3. 王苏兰、谢颖:《物流信息技术》,清华大学出版社 2007 年版。
4. 黄莉、王雅蕾、安小风:《物流信息与物联网技术》,清华大学出版社 2013 年版。
5. 李忠国:《物流信息技术应用》,北京理工大学出版社 2010 年版。
6. 李日宝:《现代物流信息化》,经济管理出版社 2005 年版。
7. 倪志伟:《现代物流技术》,中国物资出版社 2006 年版。
8. 唐四元:《现代物流技术与装备》,清华大学出版社 2011 年版。
9. 魏国辰:《现代物流技术与实务》,中国物资出版社 2007 年版。
10. 刘凯:《现代物流技术基础》,清华大学出版社 2008 年版。
11. 中国物流网,http://www.6-china.com/
12. 中国物流与采购网,http://www.chinawuliu.com.cn/
13. 中国物通网,http://www.chinawutong.com/
14. 物流门户,http://www.56mh.cn/
15. 中国物流产业网,http://www.xd56b.com/